精品课程配套教材
21世纪应用型人才培养"十三五"规划教材
"双创"型人才培养优秀教材

总主编　陈茹茜

XIANDAI LÜYOU FUWU LIYI SHIWU

现代旅游服务礼仪实务

主　编　於　天
副主编　谢　新　许　燕　谭　冰
　　　　陈　杰　李小明　马燕好
　　　　吴　迪　罗达丽　汪　丹
　　　　杨志慧　董　慧　李　静

湖南师范大学出版社

图书在版编目（CIP）数据

现代旅游服务礼仪实务／於天主编．—长沙：湖南师范大学出版社，2017.1
ISBN 978-7-5648-2254-5

Ⅰ.①现… Ⅱ.①於… Ⅲ.①旅游服务-礼仪职业教育-教材 Ⅳ.①F590.63

中国版本图书馆 CIP 数据核字（2015）第 210723 号

现代旅游服务礼仪实务
XIANDAI LVYOU FUWU LIYI SHIWU
於　天　主编

◇全程策划：凌永淦
◇组稿编辑：杨君群
◇责任编辑：张　严　何海龙
◇责任校对：汪洪波
◇出版发行：湖南师范大学出版社
　　　　　　地址╱长沙市岳麓山　　邮编╱410081
　　　　　　电话╱0731-88872751　　传真╱0731-88872636
　　　　　　网址╱http：//press. hunnu. edu. cn
◇经　　销：全国新华书店
◇印　　刷：北京俊林印刷有限公司

◇开　　本：787mm×1092mm　1/16
◇印　　张：15.25
◇字　　数：347 千字
◇版　　次：2017 年 1 月第 1 版　2017 年 1 月第 1 次印刷
◇书　　号：ISBN 978-7-5648-2254-5
◇定　　价：35.00 元

前　言

《现代旅游服务礼仪实务》是全国酒店旅游通识教材之一。

"世治则礼祥，世乱则礼简。"中国素以"礼仪之邦"著称。随着社会文明的不断进步和发展，人们在追求物质生活的同时，更强调精神文明的提高和发展，讲究风度和涵养，注重礼仪和公关行为已成为时尚，这不仅是因为激烈的竞争使得人们意识到要想保持良好的信誉，就必须注重企业和自己的形象，更是人们文化水平、社会文明进步的一种体现。掌握礼仪，遵守礼仪规范，是人们展现自我，更好地与他人进行交往和增进感情的法宝。社会生活中时时处处都要讲究礼仪，讲究礼仪是一个社会文明与开化的象征，也是一个国家、民族进步与兴旺的标志。

礼仪是人生的必修课。知书达理、待人以理是每个人应当具备的基本素养，也是立足社会、科学发展的重要保障，因为礼仪关系到每个人的形象塑造和人格展示，只有知礼、守礼、行礼才能够得到他人的尊重和信任，才能够在交往日益频繁的现代社会让自己具备广博的人脉基础和资源。因此，礼仪教育也是学校教育不可或缺的重要内容。正是基于这样的背景，我们编写了这本《现代旅游服务礼仪实务》。

本教材在内容选择上学生校园生活和走向社会所需要的社会交往中最基本的社交礼仪事项及其规范加以介绍，通过学习让学生树立起基本的礼仪意识，考虑到社交礼仪课程往往是各专业的通识类课程或选修类课程，学生专业特点存在差异，所以在内容的选择上又适当突破了社交礼仪的范围，取之广义，供不同专业教学中酌情取舍。每个章节的课题先以"引例"导入，通过正面或反面的案例给学生以感性的认识，提出讨论的问题，引发学生的思考，驱动教学的开展；然后以"常识学习"介绍该课题应该了解和把握的基本礼仪知识，介绍中尽可能舍弃了理论色彩较浓的内容，介绍最基本最实用的礼仪事项及其规范，这样做一是突出职业教育的实用、够用的要求，二是给教学活动留有一定的空间。同时还灵活穿插"温馨提醒""小链接""小经验""小故事"等小栏目，使教材形式活泼，符合高职学生的学习特点，与此同时课后思考与练习、案例分析阅读相结合，与每个章节的前置学习目标遥相呼应。

於天任主编并编写第一章至第七章，谢新、许燕、杨志慧、谭冰、陈杰、李小明、马燕好、吴迪、罗达丽、汪丹、董慧、李静任副主编第八章至第十二章，本教材由陈茹茜任总主编。於天设计编写大纲和编写体例，并负责全书统稿，在统稿过程中对全书的内容、体例和行文风格等进行了修改和完善。

本教材在编写过程中，参阅了大量已经出版的礼仪教材和礼仪读物，参考、借鉴、引用、使用了其中的许多观点、材料、案例等，为行文方便，未能在书中一一注明，在此，谨向相关作者表示感谢！

限于编者的学力、视野和时间，本教材难免存在不当乃至错误之处，恳请使用本教材的广大师生和社会读者提出宝贵的意见和建议，以便修订时完善。

编　者
2017 年 1 月

目　录

第一章 礼仪概述

 学习目标

知识目标

1. 礼的历史沿革
2. 礼的功能特征和作用
3. 常见的礼仪类别
4. 掌握个人应具备的礼仪素养与形象塑造

技能目标

1. 了解礼仪的历史沿革
2. 熟悉礼仪的功能特点及作用
3. 掌握常见礼仪的类别划分
4. 掌握个人应具备的礼仪素养与形象塑造

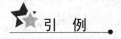 引 例

礼贤下士

　　齐桓公（前716—前643），中国春秋时齐国国君（前685—前643年在位）。齐桓公礼贤下士的事颇多，《新序·杂事》载，齐桓公听说小臣稷是个贤士，渴望见他一面，与他交谈一番。一天，齐桓公连着三次去见他，小臣稷托故不见，跟随桓公的人就说："主公，您贵为万乘之主，他是个布衣百姓，一天中您来了三次，既然未见他，也就算了吧。"齐桓公却颇有耐心地说："不能这样，贤士傲视爵禄富贵，才能轻视君主，如果其君主傲视霸主也就会轻视贤士。纵有贤士傲视爵禄，我哪里又敢傲视霸主呢？"这一天，齐桓公接连五次前去拜见，才得以见到小臣稷。

分析讨论 →

古人说："世治则礼详，世乱则礼简。"中国素以"礼仪之邦"著称。随着社会文明的不断进步和发展。人们在追求物质生活的同时，更强调精神文明的提高和发展。讲究风度和涵养，注重礼仪和公关行为已成为时尚，这不仅是因为激烈的竞争使得人们意识到要想保持良好的信誉，就必须注重企业和自己的形象，更是人们文化水平、社会文明进步的一种体现。掌握礼仪，遵守礼仪规范，是人们展现自我，更好地与他人进行交往和增进感情的法宝。社会生活中时时处处都要讲究礼仪，讲究礼仪是一个社会文明与开化的象征，也是一个国家、民族进步与兴旺的标志。

1.1 礼的历史沿革

中国是传承千年的礼仪之邦，声教播于海外。古代中国就有着"礼仪之邦"、"华夏大地"的美称，礼仪之邦说中国古人有讲究礼节的风尚，"华夏大地"中的"华"指服装之美，礼仪之大故称夏，服装之美故称华。"夏"是说古人是如何注重服饰仪表，是讲究礼节、礼仪的重要内容和方面。象形字"礼"就是两个人在对拜。

相传在三千多年前的殷周之际，周公制礼作乐，就提出了礼治的纲领。其后经过孔子和七十子后学，以及孟子、荀子等人的提倡和完善，礼乐文明成为儒家文化的核心。西汉以后，作为礼乐文化的理论形态和上古礼制的渊薮，《仪礼》、《周礼》、《礼记》先后被列入学官，不仅成为古代文人必读的经典，而且成为历代王朝制礼的基础，对于中国文化和历史的影响之深远，自不待言。随着东亚儒家文化圈的形成，礼乐文化自然成为东方文明的重要特色。

"人无礼则不生，事无礼则不成，国家无礼则不采。"古人给我们留下灿烂的文化，培养了人们良好的社会道德和风尚，更创造、发展和完善了礼仪规范，形成了我们今天丰富多彩的礼仪文化。

1.1.1 礼仪的起源

礼仪文化的发展有其历史渊源，可以追溯到久远的过去。应当说，中华民族的历史掀开第一页的时候，礼仪就伴随着人的活动，伴随着原始宗教而产生了。从人类把对神、对自然力的恐惧和敬畏转向人类自身之后，随着人类社会生活的发展，人们表达敬畏、祭祀的活动日益纷繁，逐步形成种种固定的模式……终于成为礼仪规范。在原始社会，人类还处在蒙昧时代，生产力水平极端低下，靠"天"吃饭。人们对日月星辰、风雨雷电、山崩地裂、洪涝海啸和灾害瘟疫等许多自然现象无法解释，从而认为有超自然的力量对人类的生活进行干预，对自然界产生神秘感和畏惧感，同时也形成了对自然的崇拜，并按人的形象想象出各种神灵（即"图腾"）作为偶像崇拜。

另一方面，人们对自身的梦幻现象、祖先的更替无法解释，于是产生"灵魂不死"的观念，进而产生了对民族祖先的崇拜。对自然力量的崇拜和民族祖先的崇拜一直是原始社会最主要的两个崇拜对象。人类最初的礼仪就是和祭鬼神、祭祖先相联系的，其主要形式是用礼器举行祭祀仪式，以表达人类对神和祖先的信仰和崇拜，期望通过人类的虔诚能感化、影响神灵和祖先，从而得到力量和保护。因此，有"礼立于敬而源于祭"之说。

1.1.2　礼仪的演变

随着人类社会的产生和发展，礼仪也经历了从起源到发展，从低级到高级的过程，并在其传承沿袭的过程中不断发生变革。不同的历史阶段和时期，礼仪有着十分显著的特征。

1.1.2.1　原始社会的礼仪

在原始社会，由于缺乏科学知识，人们不理解一些自然现象。他们猜想，照耀大地的太阳是天神，河有河神……因此，他们敬畏"天神"，祭祀"河神"。从某种意义上说，早期礼仪包含原始社会人类生活的若干准则，又是原始社会宗教信仰的产物。

从考古资料来看，在辽宁喀左发现的距今约五千年的红山文化遗址中，有大型的祭坛、神庙、积石冢等，是举行大规模祭祀活动的场所；有裸体怀孕的妇女陶塑像，可能是受先民膜拜的生育女神。更早的仰韶文化彩陶上的人面虫身图像，墓葬中死者头颅西向而卧，也都透露出远古时代礼仪制度的若干信息。例如在今西安附近的半坡遗址中，发现了生活距今约五千年的半坡村人的公共墓地。墓地中坑位排列有序，死者的身份有所区别：有带殉葬品的仰身葬，还有无殉葬品的俯身葬等。此外，仰韶文化时期的其他遗址及有关资料表明，当时人们已经注意到尊卑有序、男女有别。而长辈坐上席，晚辈坐下席；男子坐左边，女子坐右边等礼仪日趋明确。所以这个时期的礼仪反映了民主、平等等级的观念。

1.1.2.2　奴隶社会的礼仪

随着原始社会的解体，人类进入奴隶社会，"礼"开始打上阶级的烙印，礼的涵义也有所变化。礼仪从原始社会主要用于祭祀仪式发展成为符合奴隶制社会需要的伦理道德规范，礼仪已成为阶级统治的工具；成为社会等级制度的表征；成为区分贵贱、尊卑、顺逆、贤愚的准则。周代"三礼"（《仪礼》、《周礼》、《礼记》）提出了一整套礼制，所谓"礼仪三百"、"威仪三千"，它的出现标志着"周礼"达到系统、完备的阶段，礼仪的内涵也由单纯祭祀天地、鬼神、祖先跨入全面制约人们行为的领域。奴隶社会尊君成为礼仪的核心，奴隶和奴隶主没有平等可言，妇女的地位更得不到起码的尊重。奴隶主用"礼"来树立君主的尊严和绝对权威，维护自己的统治。在此期间，相继涌现出孔子、孟子、荀子等思想巨人，发展和革新了礼仪理论，系统地阐述了礼的起源、本质和功能，第一次在理论上全面而深刻地论述了社会等级秩序划分及其意义。如孔子认为的"不学礼，无以立"。（《论语·季氏篇》）他还要求人们用道德规范约束自己的行为，要做到："非礼勿视，非礼勿听，非礼勿言，非礼勿动。"（《论语·颜渊》）孔子的"三礼"，是中国古代最早、最重要的礼仪著作。

1.1.2.3 封建社会的礼仪

到了封建社会，礼仪逐渐成为统治阶级进行封建统治的工具，有些还以法律的形式固定下来，形成"礼制"，成为束缚人们行为的工具。

奴隶社会尊君的观念在此时发展成为"君权神授"的理论体系，即皇权是神给的，皇帝是"真命天子"，他的话被当作"金科玉律"。西汉思想家董仲舒，把封建专制制度的理论系统化，提出"唯天子受命于天，天下受命于天子"的"天人感应"之说。（《汉书·董仲舒传》）他把儒家礼仪具体概括为"三纲五常"。"三纲"即"君为臣纲，父为子纲，夫为妻纲"。"五常"即"仁、义、礼、智、信"。完整的封建礼仪道德规范形成了。到了宋代，封建礼制有了进一步的发展，"三纲五常"始终不变。此时的封建礼教强调的中心是道德和行为规范，"三从四德"成为妇女的道德礼仪标准和套在中国妇女身上的精神枷锁，妇女的地位进一步下降。

封建社会的礼仪适应了封建社会等级森严的政治制度的需要，是维护其统治的重要手段。同时也为调整封建社会人们的相互关系，为中华民族形成具有特色的伦理道德准则提供了标准。

1.1.2.4 半封建半殖民地社会的礼仪

中国近代伴随着西方侵略者的尖船利炮，被迫打开了封建王朝闭关锁国的大门，沦为半封建半殖民地社会。西方侵略者进入中国的同时，西方的政治、经济、文化、思想及资本主义道德和西方礼仪也一同进入中国，西方文明和文化冲击了中国的传统伦理道德，在一定范围和一定层次上融合，形成了中西合璧的礼仪大杂烩。资本主义的礼仪规范一方面冲击着中国的封建礼制，比如西方礼仪中强调的"一切人生而平等"、"女士优先"的原则很大程度上冲击着中国封建社会的"君权神授"、"男尊女卑"思想。另一方面又为中国传统礼仪注入新的生机，简化了中国传统礼仪文化的繁文缛节，如北洋新军时期的陆军便采用西方军队的举手礼等，以代替不合时宜的打千礼。（"打千"是辽金时代的古礼，延续到清代仍在使用。其动作是先掸箭袖使袖头放下，然后左膝前屈，右腿后弯，头与上身向前俯倾，左手贴身，右手下垂，口称"给××大人请安"。受礼者弯腰、两手前伸、掌心向上表示还礼。）这些客观上促进了世界各国礼仪文化的交流。

1.1.2.5 现代社会的礼仪

辛亥革命在推翻了封建帝制的同时，也结束了封建礼制，"五四"新文化运动使中华民族开始了新文化建设征程。破旧立新，用民权代替君权；用自由、平等取代宗法等级制；普及教育，废除祭孔读经；改易陋俗，剪辫子、禁缠足等，从而正式拉开现代礼仪的帷幕。尊老爱幼、讲究信义、以诚待人、先人后己、礼尚往来等中国传统礼仪中的精华，则得到继承和发扬。

人们对礼仪重新进行了文化审视和理性思考，汲取了西方文明的优秀成果，使东西方文化和东西方礼仪有机地交融，逐步地完善和发展，使现代礼仪发展进入了一个新的历史时期。

1.2 礼的功能特征和作用

1.2.1 礼仪的特征

礼仪作为一种文化现象和社会交往规范，与其他的社会规范相比，有着以下特征。

1.2.1.1 传承性

礼是历史的产物，从原始人围着火堆跳舞，表示庆祝到今天人们每逢喜事敲锣打鼓，宴请宾客，礼都在不断地演变和进化。礼仪是人类在长期共同生活中形成和确认的，是维护正常社会秩序的经验结晶，代表了一个民族或一定区域的人们在长期的历史发展过程中逐渐形成并世代相传的文化传统。正因为中国的礼仪文化经历了数千年的继承和发展，所以其内容得以丰富。对于既往的礼仪遗产，正确的态度不应当是食古不化，全盘沿用，而应当是有扬弃，有继承，更有发展。

1.2.1.2 规范性

礼仪指的就是人们在交际场合待人接物时必须遵守的行为规范。这种规范性，不仅约束着人们在一切交际场合的言谈话语、行为举止，使之合乎礼仪；而且也是人们在一切交际场合必须采用的一种"通用语言"，是衡量他人、判断自己是否自律、敬人的一种尺度。礼仪是约定俗成的一种自尊、敬人的惯用形式，任何人要想在交际场合表现得合乎礼仪，彬彬有礼，都必须对礼仪无条件地加以遵守。另起炉灶，自搞一套，或是只遵守个人适应的部分，而不遵守不适应自己的部分，都难以为交往对象所接受、理解。

1.2.1.3 差异性

礼仪规范性是约定俗成的，但在具体运用时又会因为国家、地区或民族的不同而有所差别。比如东方人就不适用于西方人较开放的拥抱接吻；有些民族摸别人小孩的头以表示喜爱，而在泰国则被视为侮辱；在西方国家"13"被认为不吉利的数字，但在中国特别是广州，"13"则意味"实生"，象征"生龙活虎"。其次，礼仪的差异性还因为时间、空间或对象的不同有着不同的意义。如我们古代的跪拜礼已经被鞠躬礼和握手礼取代了，又如长辈抚摸小孩的头表示对其关心或喜爱；相反，晚辈则不能摸老人的头，会被视为不敬。

1.2.1.4 操作性

切实可行，规则简明，易学易会，便于操作，是礼仪的一大特征。既有总体上的礼仪原则、礼仪规范，又在具体的细节上以一系列的方式、方法，仔细周详地对礼仪原则、礼仪规范加以贯彻，把它们落到实处，使之"言之有物"、"行之有礼"、不尚空谈。礼仪的易记易行，能够为其广觅知音，使其被人们广泛地运用于交际实践，并受到广大公众的认可，而且反过来，又进一步地促使礼仪以简便易行、容易操作为第一要旨。

1.2.1.5 时代性

从本质上讲，礼仪可以说是一种社会历史发展的产物，并具有鲜明的时代特点。一方面，它是在人类长期的交际活动实践之中形成、发展、完善起来的，绝不可能凭空杜撰，一蹴而就，完全脱离特定的历史背景。另一方面，社会的发展，历史的进步，由此而引起的众多社交活动的新特点、新问题的出现，又要求礼仪有所变化，有所进步，推陈出新，与时代同步，以适应新形势下新的要求。与此同时，随着世界经济的国际化倾向日益明显，各个国家、各个地区、各个民族之间的交往日益密切，他们的礼仪随之也不断地相互影响，相互渗透，相互取长补短，不断地被赋予新的内容。这就使礼仪具有时代性的特点。

1.2.2 礼仪的功能

礼仪是人类社会文明发展的产物，是人们社会活动的行为准则。加强礼仪教育，对于提高自身的修养和素质，塑造良好形象，扩大社会交往，促进社会主义精神文明建设，都具有十分重要的作用。礼仪的作用主要表现在以下几个方面。

1.2.2.1 礼仪有助于提高人们的自身修养和素质

在人际交往中，礼仪往往是衡量一个人文明程度的准绳。它不仅反映着一个人的交际技巧与应变能力，而且还反映着一个人的气质风度、阅历见识、道德情操、精神风貌。因此，在这个意义上，完全可以说礼仪即教养，而有道德才能高尚，有教养才能文明。这也就是说，通过一个人对礼仪运用的程度，可以察知其教养的高低、文明的程度和道德的水准。由此可见，学习礼仪，运用礼仪，有助于提高个人的修养，有助于"用高尚的精神塑造人"，真正提高个人的文明程度。

我国近现代历史上有许多伟大人物，在礼仪修养上堪称楷模，修养十分深厚，他们的作风、态度、处事、举手投足都成为我们的典范。如周恩来总理是世界公认的最有风度的领导人和外交家，他的一举一动都给人留下深刻难忘的印象，人们用"富有魅力"、"无与伦比"等优美的词语来赞美他的翩翩风度。

1.2.2.2　礼仪有助于人们美化自身、外塑形象

个人形象，是一个人仪容、表情、举止、服饰、谈吐、教养的集合，而礼仪在上述诸方面都有自己详尽的规范，因此学习礼仪，运用礼仪，无疑将有益于人们更好地、更规范地设计个人形象、维护个人形象，更好地、更充分地展示个人的良好教养与优雅的风度，这种美化自身的礼仪功能，任何人都难以否定。当个人重视了美化自身，大家个个以礼待人时，人际关系将会更和睦，生活将变得更加温馨。这时，美化自身便会发展为美化生活，这也是礼仪的运用所发挥的作用。

形象的主要构成部分包括一个人的音容笑貌、言行举止、着装打扮以及气质修养，人的外表形象也在社会交际中发挥着重要的作用。形象的重要性特别在一些特殊场合，如在面试场合，因注重个人形象给考官留下良好印象，更容易获得心仪的工作。但也有不少人虽然有能力但因为忽略个人形象细节而得不到考官的青睐。

1.2.2.3　礼仪有助于促进人们的社会交往，改善人们的人际关系

马克思说过"社会是人们交往作用的产物"。没有社交活动，人类的生活是不可想象的。人们参加社交活动，多为调节紧张的生活、建立友谊、交流感情、融洽关系、广结良友、增长见识、获取信息。现代化的社会对人们的社交提出了新的要求，社会越发展，物质生活越丰富，人们社交的需要就会越显示出它的价值，而处在社交活动中的每个人的仪表、仪态及对礼仪知识的了解也变得极其重要。

运用礼仪，除了可以使个人在交际活动中充满自信，胸有成竹，处变不惊之外，还能够帮助人们规范彼此的交际活动，更好地向交往对象表达自己的尊重、敬佩、友好与善意，增进大家彼此之间的了解与信任。假如人皆如此，长此以往，必将促进社会交往的进一步发展，帮助人们更好地取得交际成功，进而造就和谐、完美的人际关系，并取得事业的成功。

1.2.2.4　礼仪有助于净化社会风气，推进社会主义精神文明建设

一般而言，人们的教养反映其素质，而素质又体现于细节。反映个人教养的礼仪，是人类文明的标志之一。一个人、一个单位、一个国家的礼仪水准如何，往往反映着这个人、这个单位、这个国家的文明水平、整体素质、整体教养。古人曾经指出"礼义廉耻，国之四维"，将礼仪列为立国的精神要素之本。荀子也曾说过："人无礼则不立，事无礼则不成，国无礼则不宁。"反过来说，遵守礼仪，应用礼仪，将有助于净化社会的空气，提升个人乃至全社会的精神品位。当前，我国正在大力推进社会主义精神文明建设。其中的一项重要内容，就是要求全体社会成员讲文明、讲礼貌、讲卫生、讲秩序、讲道德，心灵美、语言美、行为美、环境美。这些内容，与礼仪完全吻合。因此，完全可以说，提倡礼仪的学习、运用，与推进社会主义精神文明建设是殊途同归、

相互配合、相互促进的。这种社会主义的礼治，对于我国的现代化建设，是不可或缺的。

可见，讲究礼仪、按照礼仪要求规范我们的行为，对继承我国礼仪传统，弘扬我国优良的礼仪风范，具有十分重要的作用。

礼仪与礼貌，用现代人的眼光，它是一种信息传递，它可以以闪电般的速度把你的尊重之情准确表达出来并传递给对方，使对方立即获得情感上的满足，与此同时，礼貌又反馈回来——对方以礼貌回敬。于是双方热情之火点燃了，支持与协作便开始了。假如人皆如此，长此以往，必将促进社会交往的进一步发展，帮助人们更好地取得交际成功，进而造就和谐、完善的人际关系，取得事业的成功。

1.3　常见的礼仪类别

现代礼仪大致分为政务礼仪、商务礼仪、服务礼仪、社交礼仪、涉外礼仪等五大分支。但所谓五大分支，因为礼仪是门综合性的学科，所以又是相对而言。各分支礼仪内容都是相互交融的，大部分礼仪内容都大体相同。

1.3.1　政务礼仪

又称公务礼仪，它是公务员在从事公务活动、执行国家公务时所必须遵守的礼仪规范。政务礼仪属于社会礼仪，但有其特定的适应范围，即适用于从事公务活动、执行国家公务的公务员。政务礼仪具有鲜明的强制性特点，它要求公务员在执行国家公务时必须严格遵守。

1.3.2　商务礼仪

商务礼仪是在商务活动中体现相互尊重的行为准则。商务礼仪的核心是一种行为的准则，用来约束我们日常商务活动的方方面面。商务礼仪的核心作用是为了体现人与人之间的相互尊重。可以用一种简单的方式来概括商务礼仪，它是商务活动中对人的仪容仪表和言谈举止的普遍要求。

1.3.3　服务礼仪

服务礼仪是服务人员在服务岗位上面对服务对象时，表示尊重对方、尊重自己的一种规范化的表达形式。它的要点有五个关键词：讲尊重、讲沟通、讲规范、强调心态、实现互动。在整个服务过程中，要善始善终，要引起共鸣，要实现我们服务目标。

1.3.4　社交礼仪

现代社交礼仪泛指人们在社会交往活动过程中形成的应共同遵守的行为规范和准

则。具体表现为礼节、礼貌、仪式、仪表等。

1.3.5 涉外礼仪

涉外礼仪就是人们参与国际交往所要遵守的惯例，是约定俗成的做法。它强调交往中的规范性、对象性、技巧性。

礼仪是一门综合性较强的行为科学，是指在人际交往中，自始至终地以一定的、约定俗成的程序、方式来表现的律己、敬人的完整行为。由于地区和历史的原因，各地区、各民族对于礼仪的认识各有差异。所以，在我们学习了礼仪的分类以后，因根据不同的对象、不同的领域行使不同的礼仪方式。

1.4 掌握个人应具备的礼仪素养与形象塑造

有礼走遍天下，无礼寸步难行。礼仪虽是生活小节，但它不仅可以展现一个人的风度和魄力，还体现了一个人的内在精神面貌、个人学识及文化修养。

1.4.1 博学强识、加强自身的修养

广泛涉猎科学、文化知识，加强艺术文化修养。一方面，文化知识对一个人品格的塑造有着很大的影响；另一方面，文化对人们的行为规范、生活方式也有着较深的影响。穿衣戴帽，各有所好，这不仅表现一个人的志趣，而且更是一种文化的体现。提升自己、增长见识、净化心灵、加强修养。孔子云："博学于文，约之于礼。"

国务院总理温家宝在一年一度的与中外记者见面会上，谈到台湾问题时，连续引用了台湾近代爱国诗人丘逢甲的诗"春愁难遣强看山，往事惊心泪欲潸。四百万人同一哭，去年今日割台湾"，以及当代乡土文学家钟理和的诗句"原乡人的血，必须流返原乡，才会停止沸腾！"来表达他对祖国统一的热切期望，连当时在场的台湾记者也感叹，有必要去求助于资料以核实出处，真是"书到用时方恨少"。总理以他广博的文史知识，恰到好处的寻章摘句，显示出其深厚的文学功底，这是智慧才学、文化底蕴的自然流淌，更是腹有诗书的厚积薄发。有媒体点评："以诗言志"是这位新中国第六位总理的鲜明独特的风格。所以，在现实生活中，我们应当努力掌握各种各样的知识，不管是社会科学知识，还是自然科学知识，都应当有所涉猎，随时积累。大到国际形势、尖端科技，小到民间笑话、趣闻逸事，都可以在交往中信手拈来，引发奇效。如果一个人是"上知天文，下知地理"的饱学之士，开口说话旁征博引、精辟独到，哪

个人会不为之折服呢?

1.4.2　自觉学习知识，注重习惯培养，提高素质

不学礼，无以立。要丰富自己的知识，就要学习、掌握包括社交规范在内的各种理论知识。但关键在于运用，只有在实践中，人们才能比较准确地认识到自己在礼仪知识方面的欠缺，认识到自己的行为习惯与社会要求不协调或相抵触的地方，从而促使自己有意识地及时补充"新鲜血液"，改进不足。

每一个现代人都应当学礼、懂礼、守礼、用礼。在修养方面，有着良好习惯的人往往知"礼"行"礼"，究其原因，习惯使然。良好的素质，应注重日常养成，循序渐进，必须从身边的点滴小事做起，从大处着眼，小处着手，寓于细敛之中，绝非一朝一夕之功。正如专家金正昆教授强调："教养体现于细节，细节展示素质，细节决定成败。"

礼仪是美的一种。一个具有良好的修养的人，应当是热爱生活，不断进取的，他必然表现为积极上进、热情执着、精力充沛、富有感染力；应当是品德高尚、诚恳善良、内心丰富的，他必然是有涵养的、稳重的、受人尊重的；应当有一定的文化修养、知识丰富、兴趣广泛，他必然是高雅聪慧、风度翩翩的。因为良好的修养是一个人深层次的精神状态、个性气质、品德修养、文化品位、生活情调的外在表现，是一种更深刻的美。让我们不断地通过各种途径，学习、丰富自身，提高修养，从而尽显个人最佳魅力。

 课后思考与练习

（1）简述礼仪的起源和演变过程？
（2）礼仪有哪些方面的特点和功能？
（3）礼仪常见的类别有哪些？
（4）提高自身礼仪素养的方面有哪些？

案例　分析

案例一

古时候牛皋向一位老大爷吼叫着问路，这位老大爷不但没给他指路，还骂他是个"冒失鬼"。过了一会儿，岳飞也来到这里，他先离镫下马，然后很有礼貌地施礼并问路，这位老大爷见岳飞很有礼貌，便给他指路。

案例二

一个女青年下公共汽车，她的长裙拖在车厢的踏板上，被后面的小学生踩了一下，女青年看见了，小学生连忙抬脚，向女青年道歉，女青年并没和他计较，反而说了声"没关系"，于是一场可能发生的纠纷避免了。

证析：

案例一中岳飞因为行礼仪而得到指路，案例二中因为懂礼所以避免了纠纷，说明礼仪非常重要。

第二章　个人基本礼仪

知识目标
1. 仪容礼仪
2. 仪表礼仪
3. 仪态礼仪

技能目标
1. 理解外在形象塑造的重要性
2. 掌握仪容仪表修饰的要点
3. 通过站姿、行姿训练，掌握正确的仪态礼仪

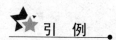

形象就是你的财富

罗伯特·庞德说过：大多数不成功的人之所以失败是因为他们看起来首先就不像个成功者。

1960年9月，尼克松和肯尼迪二人举行竞选总统的第一次辩论。当时两个人的声望与才华不相上下。据大多数评论员估计，尼克松是经验丰富的"电视演员"，击败缺乏电视演讲经验的肯尼迪是在情理之中的事情。然而，事实却出人意料，肯尼迪最终获胜了。这是什么原因呢？因为肯尼迪竞选之前做了大量的准备工作，还到海滩晒太阳，养精蓄锐。

结果，当他出现在电视屏幕上时，红光满面、精神焕发、演讲论辩谈吐自如，浑身都散发着朝气和热情，他的样子看起来就能鼓舞他人，最终成功夺取"桂冠"。

而尼克松没有听从电视导演的劝告，在屏幕上显现出面容憔悴、脸色苍白、毫无生机的样子，这不得不使得民众对他感到失望，最终导致竞选失败。

● **分析讨论** →

尼克松之所以输给肯尼迪，重要原因之一就在于他的形象使人觉得他不像个成功者，没有"总统"的模样。"看起来像个领袖"对于政治家们来说，是获取选民信任的第一个至关重要的条件，只有当选民觉得他看起来就是个优秀的领袖的时候，他们才会投上他们那神圣的一票！由此可见，形象在人生的事业中所起的作用是很大的。

从以上的例子我们可以很直接地感受到形象对个人成功所产生的巨大作用，而对仪容仪表的讲究只是现代人交际过程中的一部分内容。现代人越来越注重公关意识，而公关意识就是指形象意识，它有助于事业的成功，尤其是从事旅游行业的工作人员，只有严格遵守仪容、仪态的有关要求，才能给服务对象留下美好印象，提升个人的魅力。

《礼记·冠义》中称："礼仪之始，在于正容体，齐颜色，顺辞令。"意思是说，礼是从端正容貌和服饰开始的，一个良好修养的人，一定是体态端正、服饰整洁、表情庄敬、言辞得体。这既是他内在修养的流露，也是尊敬他人的表现。仪容仪表美和内在美是一种表里的关系，一个人注重自身外在美的修饰，是个人素养的体现，既维护了个人自尊，又体现对他人的尊重。

2.1 仪容礼仪

2.1.1 仪容修饰

仪容指一的容貌，是个人礼仪的重要组成部分。要成功地塑造一个完美的形象应注意发型、化妆、服装等方面的因素。

2.1.1.1 发型

首先发型应适合自己的脸型，也要符合职业的要求，更要注意自己的发质和经常清洁头发，女性如果是长发则要注意分场合，有些场合要将头发收拢扎起来，酒店服务人员要用发网将长发网住。前面的刘海也要向后梳，不可遮住眼睛。酒店对男性服务员的头发要求是"前不附眉，后不及领，侧不掩耳"。

2.1.1.2 手部要求

一般来说手部要保持清洁，指甲要常剪常修，指甲内不可留有脏物，工作场合尽量不要涂指甲油，特别是有色的指甲油。酒店服务人员的指甲不能留长，标准是面对手掌看指甲，以看不到指甲为准。

2.1.1.3 脸部化妆

在一般的社交场合经常要用到脸部化妆，男士主要是修剪鼻手，刮干净胡须，清理牙齿使其洁白光洁，面部皮肤要经常护理，如遇问题性皮肤，如暗疮、青春痘等，要医治，以免看上去不舒服。男性在适当的时候要涂香水，以保持身体气味怡人。不论男性或女性如果有较难闻的体味，如狐臭，则一定要医治。

女性化妆则较为讲究，一般分为清洁、化妆、定妆的程序。

1. 清洁

首先要根据自己皮肤的性质选购适合的洗面液，按摩清洗，使皮肤干净光洁，要定期用去死皮膏，去除因新陈代谢而产生的死皮。

2. 化妆

（1）上粉底：根据皮肤的肤色选用不同颜色的粉底，涂抹均匀。注意颈部和耳廓要与脸部保持同一色调。而且粉底应选用质量较好的品牌，因为它起着保护皮肤，隔离化妆品的作用，使用不当易引起皮肤过敏。

（2）眉部化妆：清洗完脸部上粉底之前应该先进行眉部修剪。根据自己的脸型，用眉钳、剪刀修剪出清晰、大方的眉形，所谓"眉清目秀"，即是要求眼睛的漂亮离不开轮廓清晰的衬托。上粉底之后用眉笔加深眉毛的颜色。注意应该用眉笔沿着眉毛生长的方向一根一根地画，切忌画一条线。画完眉毛之后用眉刷沿着画的方向刷几下，使整个效果更自然随意。

如果是需要化浓妆，则要画眼线、涂睫毛液、涂眼影，而一般场合下画淡妆，则不用这些程序。

（3）涂唇膏：先用唇线笔勾出唇型。唇型一定要依照自己的嘴型稍加修饰，不过分加厚或化薄。之后再用唇膏将嘴唇涂满，并注意用嘴抿几下以使唇膏均匀。唇膏涂完之后用纸巾轻轻压在上面以吸去过多的唇膏。唇膏颜色的选择要根据肤色、服装、场合而定。

（4）用定妆粉定妆：用粉扑轻沾定妆粉拍打脸部，定妆粉可使脸部的化妆品保持时间较长，也可使整个化妆的效果更加自然协调，是必不可少的一部分。

2.1.1.4 脚部要求

一个优雅的人离不开整体的要求。例如脚部卫生要求，要保持脚部整洁。袜子的清洁程序和气味，鞋子也要尽量保持清洁，不要在某些场合，如有空调的室内或需要脱鞋进去的地方，一拿出脚，整个房子都是脚或鞋子的不雅味道，大家难受，自己也尴尬。

2.1.2 仪容保健

护肤是仪容美的关键。皮肤，尤其是面部皮肤的经常护理和保养，是实现仪容美的首要前提。

正常健康的人皮肤具有光泽，且柔软、细腻洁净、富有弹性；而当人处于病态或衰老的时候，其皮肤就会失去光泽、弹性，出现皱纹或色斑。对皮肤进行经常性的护理和保养有助于保持皮肤的青春活力。

皮肤一般分三种类型：干性皮肤、中性皮肤和油性皮肤。对于不同类型的皮肤需用不同的方法加以护理和保养。

干性皮肤红白细嫩，油脂分泌较少，经不起风吹日晒，对外界的刺激十分敏感，极易出现色素沉淀和皱纹。有些干性皮肤的人苦于自己的皮肤少了一份"亮光"，使劲往脸上涂抹"增亮"的油脂，殊不知此举减少了皮肤的透气性。其实对于这种皮肤，每天在洗脸的时候，可以在水中加入少许蜂蜜，湿润整个面部，用手拍干。坚持一段时间，就能改善面部肌肤，使其光滑细腻。

中性皮肤比较润泽细嫩，对外界的刺激不太敏感。这种皮肤比较易于护理，可以在晚上用水洗脸后，再用热水捂脸片刻，然后轻轻抹干。

油性皮肤肤色较深，毛孔粗大，油光满面，易生痤疮等皮脂性皮肤病，但适应性强，不易显皱。洗脸时可在热水中加入少许白醋，以便有效地去除皮肤上过多的皮脂、皮屑和尘埃，使皮肤富有光泽和弹性。

皮肤的护理是必要的，皮肤的保健更是十分必要的。精神愉快是最好的美容保健方法。俗话说："笑一笑，十年少。"美国一位科学家曾说："笑是一种化学刺激反应，它能激发人体各个器官，尤其是激发头脑和内分泌系统活动。"笑的时候，面部肌肉舒展活动，皮肤的新陈代谢加快，从而能促进血液循环，增强皮肤弹性。我们应当避免过分的焦虑、忧愁和悲伤，当遇到困难和烦恼时，要善于排解，可以通过向他人述说的方法向外排解，也可以通过听音乐、看小说等方法自我排解，乐观的人始终是美丽的。充足的睡眠是美容保健不可缺少的条件。在睡眠状态下，人体的器官能够自动休整，细胞加快更新，皮肤可以获得更多的氧。睡眠充足，精神才能振作，才能容光焕发。如果晚上经常熬夜，时间长了皮肤会干涩无光。

合理的饮食是美容保健的根本。人体需要多种养分，有了养分，皮肤才有自然健康的美。因此，我们在日常的生活中应注意饮食上的多种多样，多吃富含维生素的食物，少吃刺激性食物，保持吸收、消化系统的畅通。

有的人可不这样认为，大学生孙洁就是一个典型的例子。小孙有着对"高档"化妆品的强烈需求，在她每月的正常支出中，用于购买化妆品的支出几乎占了一半，她是同学们中最了解化妆品的人，每当有新品上市的时候，她总控制不住跃跃欲试的冲动，总会率先试用，然后把自己的感受以最快的速度向外传播，这也是她不无骄傲的一点。然而，家里给的钱是个定数，买了化妆品，吃饭的钱相应就少了，于是，小孙省吃俭用，尽可能把吃饭的消费降低到最低点。假如你也像小孙一样的话，请你和她一起调整一下支出比例，饮食是根本，小孙的做法恰恰是舍本逐末。一项研究表明：美好的容颜的养成，内在营养占80%，外在占20%。

其实，在我们的现实生活中，有不少人长期以来都没有用过像样的护肤品，虽然现在年事已高，但皮肤依然富有弹性和光泽，这其中的道理不说自明。

在皮肤护理的过程中，很容易产生心理错觉，努力克服这些错觉，才有助于拥有良好的仪容。这些护肤的错觉包括如下方面：

——任何香皂都会刺激皮肤。目前市场上香皂种类很多，其中大多数都含有滋润成分，不像过去那样会令肌肤干燥，许多品牌的浴皂性质温和，也可以用于清洁脸部。

——你的护肤品应出自同一系列。护肤产品的选择关键看是否合适你的肌肤，不必拘泥于同种品牌的同一系列，你觉得什么好就用什么吧！

——如果不化妆，只需要用水来清洁皮肤。事实上，水能使肌肤变得清新滋润，但不能洁净皮肤，油污会黏附在洗脸用的毛巾上，需要用一些能化脂去污的洁面产品。

——皮肤脱屑不是病。油性皮肤的人过分地清洗或使用收缩修复水会导致皮肤的表层干燥，看上去有剥落现象。但是不管你是哪种类型的皮肤，沿发际脱屑可能是皮炎，而鼻翼两侧脱屑可能是湿疹。如果肌肤持续这种干燥、脱屑情况，建议你去咨询医生。

——抗皱霜能去除皱纹。抗皱霜能真正做到的，只是营养皮肤，暂时令肌肤柔滑和平复细纹。皱纹的生成除了时间的影响最大之外，紫外线是致命的杀手，所以要延缓衰老，全面防晒当是上策。

——皮肤总是不够干净。很多人都认为，脸洗得越勤、水温越热，对皮肤越有帮助，这样做的结果只会造成"高原脸"，并使肌肤变得干燥而敏感。事实上，早晚各洗一次已经足够了。

——油性皮肤不需要使用润肤露。油性肌肤也会遇到干燥的问题，尤其是在空调房间里，因此也需适当加以滋润。现在也有许多清爽型的润肤霜，特别适合油性肌肤使用。

——天然系列的护肤品最适合敏感性肌肤。利用植物、草药提炼而成的护肤品的确很好，但以为它们最适合敏感性肌肤可就错了。因为，你可能对某一化学产品过敏，也完全有可能对植物花粉过敏。

——25 岁以后才需要使用眼霜。即使是 20 岁的年轻人也有可能需要眼霜，因为眼睛周围的皮肤非常薄，是最先出现皱纹的地方之一。这里的油脂腺很少，如不加以滋润，极易干燥，而靠一般的润肤霜可能会过于油腻，以致眼睛浮肿，产生脂肪粒。

——染发会严重伤害头发。事实上，只要方法正确，染发不会对秀发造成重大损伤，染发会使头发看上去更丰润亮泽。目前，染发剂的酸碱度适中，只含少量甚至不含阿摩尼西，且添加了护发素。

——护发素可修护开叉的头发。头发分叉后，靠护发素是不可能愈合的，唯一的补救方法是剪去分叉部分。

——沾在棉花球上的黑色物都是污垢。黑色物看起来总是吓人，特别是当你脸上擦过洁肤液后，它就成了专柜小姐借以推销产品的最佳手段了。其实，在棉球上所反映出的黑色，有的是污垢，有的只是残留的化妆品、死皮僵菌或油脂。

——定期在美容院做皮肤护理能增进皮肤的健康。脸部护理旨在深层洁肤，促进血液循环，令你放松并得到心理满足，如果你以为皮肤会因此得到显著医疗改善恐怕会失望哦。

——人人都应使用修复水。修复水对去除洁肤后的残留物效果很好，但如果你不化妆，或使用极易漂洗干净的洁面乳，就不需使用修复水。

——润肤霜抹得越多越好。肌肤对于润肤霜是需要多少吸收多少，抹多了，只会阻塞毛孔，并导致粉刺和眼睛发浮肿。所以开始还是少涂一些。

——低过敏就是不会有过敏反应。所谓低过敏是指产品中不含一些特别容易引起过敏反应的成分——譬如香料，但你仍然可能会对其中的其他成分过敏。

——修颜液可关闭毛孔。不要以为毛孔是扇门，可以随意开关。修颜液或收缩水只是使皮肤略微收缩一下，使毛孔看上去细小。这个效果维持时间不会太久，肌肤还是会回复原样。

2.2 仪表礼仪

2.2.1 服饰礼仪

古人云："冠者，礼之始也。"可见古人对穿衣是很重视的。古人认为，衣着是内心世界的展现，穿戴要与内心的品行相称，君子的服装不求华美，但求整洁。到了现代社会，穿衣打扮更是现代审美观中必不可少的一部分，特别是旅游行业的人员，更应努力将自己外在的形象塑造得充满朝气、富有健康活力，从而反映出自身的内在美。

2.2.1.1 服装的类别

不同社交场合，对服装的要求是不同的，比如参加宴会、晚会等重要社交活动的服装与交游、运动或居家休息的服装，就有很大区别。为了着装得体，就要了解在什么场合应穿什么衣服，什么服装适合在什么场合穿。

1. 正式服装

正式服装用于参加婚葬仪式、会客、拜访等社交场合。这类服装式样，一般是根据穿用的目的、时间、地点而定的。现在的正式服装正在简化，但是保持着它的美感和庄重感。在穿着正式服装时，要注意与自身条件相协调，并慎重选择款式和面料，才能给人以雅致的印象。

晚礼服：用于晚间宴会或外交场合，有正式、略式之分，在款式上没有固定的格式，但都有高格调和正统感。欧洲女士夜礼服的特点是露出肩、胸，有无袖，也有紧领、长袖的式样，长至脚边。多选用丝绸、软缎、织锦缎、麻丝等面料加工制作。如果装饰物合理，会显得格外漂亮雅致。夜礼服只能在特定的时间、场合穿。

午后礼服：这是在下午比较正式的拜访，宴会场合穿用的礼服。有正式，非正式之分。正式的用于参加婚礼、宴会等场合，非正式的可用于外出或拜访。裙长一般较长，款式不固定，格调高雅、华贵。典型的午后礼服要配戴帽子、提包，还要佩戴项链。

正式服装中还有晚会服、酒会服、婚礼服等。参加结婚仪式的宾客应穿正式的酒会礼服，气氛轻松，穿丝绸类套装、连衣裙等以示对主人的尊重，其次表明结婚仪式的庄重，但应注意色彩不要过于抢眼，以免喧宾夺主。

2. 便装

便装指平常穿的服装，使用范围广泛，根据不同的用途和环境，便装又分很多种。街市服比礼服随便得多，例如上街购物、看影剧、会见朋友等都可以穿着。它在很大程度上受流行趋势影响，是时装的重要组成部分。每个人可根据自己的爱好及自身的客观条件选择各式各样的街市服，但穿着时一定要注意到它是否符合将要去的环境与气氛。面料可用毛、丝绸、化纤等，并可根据季节的变化而变换。

旅游服、运动服等依据具体情况做准备，重要的是舒适、实用、便于行动。

家庭装与家庭的气氛相称。在家里要做家务，还要休息，以便养精蓄锐，所以家庭装应随便、舒适、格调轻松活泼。早晚穿着的有晨衣、睡衣等，但不能穿这类服装会客。

3. 补正装

补正装指贴身服装，可以起到保温、吸汗、防污垢、保持身体清洁的作用，还能成为外衣的陪衬，使外衣显得更美。补正装包括胸衣、围腰、衬裙、马甲等，其主要作用是调整或保护体型，使得外衣的形状更加完美。这种服装，应选伸缩性能好，有弹性的面料。法国服装设计大师费里，因有着肥胖厚实、强壮的身躯，一件小马甲背心对于他几乎成了一种规范："我的背部太厚，而且突起呈圆弧状，背后的衣服总容易弄皱，加上一件紧身背心，不仅遮住了背后皱巴的衬衫，上衣也有了架子。"一件小小的马甲背心，也有很多的讲究。现代生活更要注意补正装的效果。

4. 职业装

职业装即工作服装，适合各自职业的性质和工作环境，实用又便于活动，给人整齐划一，美观整洁之感，能振奋人心，增强职业自豪感。如果是旅游接待人员的工作服，应便于人体的各部分活动，自然得体大方；而作为教师，其职业服装应显出端庄、严谨并富有亲和力的特征。

2.2.1.2 着装的原则

1. TPO原则

TPO原则是由日本"男用时装协会"在1963年提出来的。TPO即英语"time"、

"place"、"occasion"三个单词的首字母，意思是人们在穿着、化妆及佩戴首饰时均应与时间、地点、目的相适应。

（1）时间原则：不同的时间选择不同的衣服，如上班时间应尽量穿职业装，有些单位有工作服。没有工作服也应该穿着适合于工作的服装且服装要大方精干。如果在工作严肃的场合，穿着太花哨或拖泥带水，显得不够端重。另外夏天一般穿着颜色较为鲜亮而冬天衣服颜色较为深沉。晚上出去参加宴会或重大活动则应穿得时髦一些，也可佩戴较为夸张的首饰。

（2）场合原则：服装的穿着一定要符合当时的场合，不然，再美的服装也会显得不协调甚至搞笑。如去爬山旅游就不能穿礼服，去参加晚会或朋友间聚会就不要穿便装。华丽的服饰适用于晚会，但要自然、不刺眼，要端庄、大方、高雅，不要显得轻佻俗气。在公共场合不要穿内衣、睡袍之类的衣服，当着客人的面穿睡衣不礼貌，而参加丧礼尽量穿颜色暗淡的衣服。

（3）目的原则：穿服装要根据目的而定。例如参加朋友的婚宴，自己不可穿得过于鲜艳夺目，即使是不太高档华丽的服装，也会有"喧宾夺主"之嫌，要注意自己的身份，生日晚会的主角尽可以穿得夸张一些。结合自己的角色选择服装，是穿着的一个原则。

2. 整体性原则

正确的着装，能起到修饰形体、容貌等作用，形成和谐的整体美。使用恰当，可使整体效果"画龙点睛"。相反，使用不当就会"画蛇添足"。

服饰的整体美构成，包括人的形体、内在气质和服饰的款式、色彩、质地、工艺及着装环境等。服饰美就是从这多种因素的和谐统一中显现出来。

3. 个性化原则

着装的个性化原则，主要指依个人的性格、年龄、身材、爱好、职业等要素着装，力求反映一个人的个性特征。选择服装因人而异，着重点在于展示所长，遮掩所短，显现独特的个性魅力和最佳风貌。现代人的服饰呈现出越来越强的表现个性的趋势。但作为旅游行业的工作人员，选择服饰时除了满足自我个性化需求的同时，还必须与自身的工作环境和对象相协调。

4. 整洁原则

在任何情况下，服饰都应该是整洁的。衣服不能沾有污渍，不能有绽线的地方，更不能有破洞，扣子等配件应齐全。衣领和袖口处尤其要注意整洁。穿皮鞋应该经常打油，保持鞋面的光亮。袜子要经常洗换，特别是汗脚的人更要注意袜子的清洁，有些场合需要入室换拖鞋的，如果袜子有臭味或穿洞的，会令人讨厌，自己也很难堪。当然，作为旅游从业人员，特别是导游，经常要在户外工作，衣服的整洁保养就更应注意了，因为你衣服的整体效应和整洁度将直接影响到客人对您的第一印象。

2. 2. 1. 3 着装的注意事项

1. 穿着要与年龄协调

在穿着上要注意你的年龄，与年龄相协调，不管青年人还是老年人，"爱美之心，人皆有之"，都有权利打扮自己，但是在打扮时要注意，不同年龄的人有不同的穿着要求。年轻人应穿着鲜艳、活泼、随意一些，这样可以充分体现出青年人的朝气和蓬勃向上的青春之美。而中、老年人的着装则要注意庄重、雅致、整洁，体现出成熟和稳重，透出那种年轻人所没有的成熟美。因此，无论你是青年、中年还是老年，只要你的穿着与年龄相谐调，那么都会使你显出独特的美来。

2. 穿着要与体型相协调

俗话说：人无完人。人类真正的标准体型是不存在的。它仅仅是人们心目中的一种理想状态，是大多数人体数据的平均值。体型较胖的人不宜穿浅色、带格的西服，最好穿单色且颜色较深的西服，面料应选择宽条面料，肥胖型不宜穿双排扣西服。身材矮小的衣着要简洁明快，适合穿肩部较宽的上衣，使身体呈 V 字型，可使身材显高一些，简单、一色的服装也能在视觉上增加人的高度。消瘦体型的人不宜穿深色的西服，最好穿颜色浅或是带花格的西服，面料应选择窄条面料。肤色较黑型的人不宜穿浅色的西服，适宜穿颜色较深的西服。皮肤较粗的人不宜穿质地特别精细的衣服，否则衬托出面部皮肤更加粗糙。

3. 穿着要和职业相协调

穿着除了要和身材、体型协调之外，还要与你的职业相谐调。这一点非常重要，不同的职业有不同的穿着要求。例如，教师、干部一般要穿着得庄重一些，不要打扮得过于妖冶，衣着款式也不要过于怪异，这样可以给人留下一个良好的印象；医生穿着要力求显得稳重和富有经验，一般不宜穿着过于时髦而给人以轻浮的感觉，这样不利于对病人进行治疗；青少年学生穿着要朴实、大方、整洁，不要过于成人化；而演员、艺术家则可以根据他们的职业特点，穿着得时尚一些。

4. 穿着要和环境相协调

穿着还要与你所处的环境相协调。上班，办公室是一个很严肃的地方，因此在穿着上就应整齐、庄重一些。外出旅游，穿着应以轻装为宜，力求宽松、舒适，方便运动。平日居家，可以穿着随便一些，但如有客人来访，应请客人稍坐，自己立即穿着整齐，如果只穿内衣内裤来接待客人，那就显得失礼了。除此之外，在一些较为特殊的场合，还有一些专门的穿着要求。

5. 穿着要注意色彩的协调

色彩，是服装留给人们记忆最深的印象之一，而且在很大程度上也是服装穿着成败的关键所在。色彩对他人的刺激最快速，最强烈，最深刻，所以被称为"服装之第一可视物"。以下介绍几种配色技巧。

（1）同类色相配：指深浅、明暗不同的两种同一类颜色相配，比如青配天蓝，墨绿配浅绿，咖啡配米色，深红配浅红等，同类色配合的服装显得柔和文雅。

（2）近似色相配：指两个比较接近的颜色相配，如：红色与橙红或紫红相配，黄色与草绿色或橙黄色相配等。近似色的配合效果也比较柔和。

（3）强烈色相配：指两个相隔较远的颜色相配，如黄色与紫色，红色与青绿色，这种配色比较强烈。

（4）补色相配：指两个相对的颜色的相配，如红与绿，青与橙，黑与白等，补色相配能形成鲜明的对比，有时会收到较好的效果。

根据以上的配色规律，我们可以按自己的肤色、气质、个性、职业的特点来选择自己的服装配色，用最协调的色彩来装扮自己。

6. 穿着要注意与场合协调

所谓穿着要注意场合，是说要根据不同场合来进行着装。在喜庆的场合不能穿得太古板，在悲伤的场合不能穿得太花哨，在庄重的场合不能穿得太随便，在休闲的场合不能穿得太隆重。作为酒店的工作人员，在上班时间一定要穿制服，下班后才能换下。旅游工作人员，在带团过程中如无特殊要求要穿工作服或休闲、运动服，不能穿得过于隆重或标新立异。

2.2.1.4　男士西装的选择与穿着

西装又称"西服"、"洋装"。广义指西式服装，是相对于"中式服装"而言的欧系服装。狭义指西式上装或西式套装，其结构源于北欧的日耳曼民族服装。西装的主要特点是外观挺括、线条流畅、穿着舒适。若配上领带或领结后，则更显得高雅典朴、潇洒大方，真是西装革履，一派绅士风度。西装是目前全世界最流行的一种服装，也是男士们在正式场合着装的最佳选择。男士们要想使自己所穿的西装称心如意，展现个人魅力，就要了解西装在选择、穿法和搭配上的相关礼仪规范和技巧了。

1. 西装的选择

有道是"西装一半在做，一半在穿"，所以在挑选西装时必须要下功夫，一般而言，要挑选一套面料上乘、做工精细、款式大方、适合于多种场合穿着的西装，需要关注其面料、色彩、图案、款式、造型、尺寸、做工等七个方面的主要细节。

（1）面料。

鉴于西装在商务活动中往往充当正装或礼服之用，故此，其面料的选择应力求高档。在一般情况下，毛料应为西装首选的面料。以高档毛料制作的西装，大都具有轻、薄、软、挺等四个方面的特点。轻，指的是西装不重、不笨，穿在身上轻飘犹如丝绸。薄，指的是西装的面料单薄，而不过分地厚实。软，指的是西装穿起来柔软舒适，既合身，又不会给人以束缚挤压之感。挺，则指的是西装外表挺括雅观，不发皱，不松垮，不起泡。

（2）色彩。

商界男士在穿西装时，往往将其视作自己在商务活动中所穿的制服。因此，西装的具体色彩必须显得庄重、正统，而不过于轻浮和随便。根据此项要求，适合于男士在商务交往中所穿的西装的色彩，理当首推藏蓝色。在世界各地，藏蓝色的西装往往是每一位商界男士首先必备的。按照惯例，商界男士在正式场合不宜穿色彩过于鲜艳或发光发亮的西装，朦胧色、过渡色的西装，通常也不宜选择。尽量选择保守的颜色，比如深蓝、深灰等颜色，这些颜色能适合各类专业场合，尤其是黑色，可以说是走遍天下都不怕的颜色。

（3）图案。

商界男士所推崇的是成熟、稳重，所以其西装一般以无图案为好。不要选择绘有花、鸟、虫 、鱼、人等图案的西装，更不要自行在西装上绘制或刺绣图案、标志、字母、符号等等。

通常，上乘的西装特征之一，便是没有任何图案。唯一的例外是，商界男士可选择以"牙签呢"缝制的竖条纹的西装。竖条纹的西装，以条纹细密者为佳，以条纹粗阔者为劣。在着装异常讲究的欧洲国家里，商界男士最体面的西装，往往就是深灰色的，条纹细密的竖条纹西装。

用"格子呢"缝制的西装，一般是难登大雅之堂的。只有在非正式场合里，商界男士才可以穿它。

（4）款式。

与其他任何服装一样，西装也有自己的不同款式。当前，区别西装的具体款式，主要有两种最常见的方法。

①按照西装的件数来划分。根据此项标准，西装有单件与套装之分。依照惯例，单件西装，即一件与裤子不配套的西装上衣，仅适用于非正式场合。商界男士在正式的商务交往中所穿的西装，必须是西装套装。有时，男士在商务交往中所穿的西装套装，索性被人们称作商务套装。

所谓西装套装，指的是上衣与裤子成套，其面料、色彩、款式一致，风格上相互呼应的多件西装。通常，西装套装又有两件套与三件套之分。两件套西装套装包括一衣和一裤。三件套西装套装则包括一衣、一裤和一件背心。按照人们的传统看法，三件套西装比起两件套西装来，要显得更加正规一些。上面所说的最正宗、最经典的商务套装，自然也非它莫属。是故，商界男士在参与高层次的商务活动时，以穿三件套的西装套装为好。

②按照西装上衣的纽扣数量来划分。根据这一标准，西装上衣有着单排扣与双排扣之别。一般认为，单排扣的西装上衣比较传统，而双排扣的西装上衣则较为时尚。单排扣的西装上衣，最常见的有一粒纽扣、两粒纽扣、三粒纽扣等三种。一粒纽扣、

三粒纽扣等两种单排扣西装上衣穿起来比较时髦，而两粒纽扣的单排扣西装上衣则显得更为正统一些。

双排扣的西装上衣，最常见的有两粒纽扣、四粒纽扣、六粒纽扣等三种。两粒纽扣、六粒纽扣等两种款式的双排扣西装上衣属于流行的款式，而四粒纽扣的双排扣西装上衣则明显地具有传统风格。

（5）造型。

西装的造型，又称西装的版型，它所指的是西装的外观形状。目前，世界上的西装主要有欧式、英式、美式、日式四种主要造型。

欧式西装的主要特征是：上衣呈倒梯形，多为双排两粒扣式或双排六粒扣式，而且纽扣的位置较低。它的衣领较宽，强调肩部与后摆，不甚重视腰部，垫肩与袖笼较高，腰身中等，后摆无开衩。

英式西装的主要特征是：不刻意强调肩宽，而讲究穿在身上自然、贴身。它多为单排扣式，衣领是"V"型，并且较窄。它腰部略收，垫肩较薄，后摆两侧开衩。

美式西装的主要特征是：外观上方方正正，宽松舒适，较欧式西装稍短一些。肩部不加衬垫，因而被称为"肩部自然"式西装。其领型为宽度适中的"V"型，腰部宽大，后摆中间开衩，多为单排扣式。

日式西装的主要特征是：上衣的外形呈现为"H"型，即不过分强调肩部与腰部。垫肩不高，领子较短、较窄，不过分地收腰，后摆也不开衩，多为单排扣式。

上述四种造型的西装，各有自己的特点：欧式西装洒脱大气，英式西装剪裁得体，美式西装宽大飘逸，日式西装则贴身凝重。商界男士在具体选择时，可以视情况而定。

（6）尺寸。

穿着西装，务必要令其大小合身，宽松适度。一套西装，无论其品牌名气有多大，只要它的尺寸不适合自己，就坚决不要穿它。在商务活动中，一位男士所穿的西装不管是过大还是过小，是过肥还是过瘦，都肯定会损害其个人形象。

要使自己所选择的西装真正合身，有必要注意如下三条：一是了解标准尺寸。人所共知，西装的衣长、裤长、袖长、胸围、腰围、臀围都有一定之规，唯有对此加以了解，才会在选择西装时有章可循。二是最好量体裁衣。市场上销售的西装多为批量生产。其尺寸尽管十分标准，但穿在每一个人身上都未必能尽如人意。所以说有条件者最好是寻访名师为自己量身缝制西装。三是认真进行试穿。假如购买成衣，务必要反复进行试穿。切勿得过且过，马马虎虎，买来不合身的西装。

（7）做工。

一套名牌西装与一套普通西装的显著区别，往往在于前者的做工无可挑剔，而后者的做工则较为一般。在选择西装时，对其做工精良与否的问题，是万万不可以忽略的。在挑选西装时，检查其做工的好坏，特别需要从下述六点着手：一是要看其衬里是否外露，二是要看其衣袋是否对称，三是要看其纽扣是否缝牢，四是要看其表面是否起泡，五是要看其针脚是否均匀，六是要看其外观是否平整。假如它在这六个方面不符合要求，则以放弃为妙。

在选择西装时，除了有如上七个方面的主要细节必须加以关注之外，还要了解西装有正装西装与休闲西装的区别。一般来说，正装西装适合在正式场合穿着，其面料多为毛料，其色彩多为深色，其款式则讲究庄重、保守，并且基本上都是套装。休闲西装则恰好与其相反。休闲西装大都适合在非正式场合穿着。它的面料可以是棉、麻、丝、皮，也可以是化纤、塑料。它的色彩，多半都是鲜艳、亮丽的色彩，并且多为浅色。它的款式，则强调宽松、舒适、自然，有时甚至以标新立异而见长。通常，休闲西装基本上都是单件的。

2. 西装的穿法

（1）西装与衬衫。

穿西装时，衬衫袖应该比西装长出 1~2 厘米，衬衫领应高出西装 1 厘米左右。衬衫下摆必须扎进裤内。若不系领带，衬衫的领口应敞开。在正式交际场合，衬衫的颜色最好是白色的。

（2）西装与内衣。

穿西装切忌穿过多内衣。衬衣内除了背心之外，最好不要再穿其他内衣，如果确实需要穿内衣的话，内衣的领圈和袖口也一定不要露出来。如果天气较冷，衬衣外面还可以穿上一件"V"字领的毛衣或毛背心，但毛衣一定要紧身，不要过于宽松，以免穿上显得过于臃肿，影响穿西装的效果。

（3）西装与领带。

在比较正式的社交场合，穿西装应系好领带。领带有简易打法和复杂打法之分。领带的长度要适当，以达到皮带扣处为宜。如果穿毛衣或毛背心，应将领带下部放在毛衣领口内。系领带时，衬衣的第一个纽扣要扣好，如果佩戴领带夹，一般应在衬衣的第四、第五个纽扣之间。

（4）西装与鞋袜。

穿西装一定要穿皮鞋，而不能穿布鞋或旅游鞋。皮鞋的颜色要与西装相配套。皮鞋还应擦亮，不要蒙满灰尘。穿皮鞋还要配上合适的袜子，袜子的颜色要比西装稍深一些，使它在皮鞋与西装之间显示一种过渡。

（5）西装与扣子。

穿西装时，上衣、背心与裤子的扣子都有一定的系法。通常，单排两粒扣式的西装上衣，讲究"扣上不扣下"，就是只扣上面一粒，或全部不扣。单排三粒扣式的只扣上面两粒或中间一粒，不可全扣。而双排扣西装上衣的扣子必须全部扣上，以示庄重。另外，西装背心也分单排扣和双排扣，根据着装惯例，单排扣的背心最下面一粒扣子应当不扣，但双排的背心扣子则要全部扣上。

（6）西装与商标。

西装上衣左边袖子上的袖口处，通常会缝有一块商标，有时，那里同时还会缝有一块纯羊毛标志，在正式穿西服前，一定要将它们先行拆除。现在有些商场在售卖西服时等客人付账后便会为顾客把商标拆除。但也有的人故意将商标露在外边以显示其西装的品牌和档次，这是十分不妥的。

3. 西装的搭配

男士穿西装时还要掌握西装与衬衫、领带、鞋袜和公文包之间进行组合搭配的基本常识和技巧。

（1）西装与衬衫的搭配。

①正装衬衫要选用精纺的纯棉、纯毛面料为主。以棉、毛为主要成分的混纺衬衫，亦可酌情选择。

②正装衬衫必须是纯色。白色是首选。除此之外，蓝色、灰色、棕色、黑色，有时亦可加以考虑。但是，杂色衬衫，或者红色、粉色、紫色、绿色、黄色、橙色等穿起来有失庄重之感的衬衫，则是不可取的。

③正装衬衫大体上以无任何图案为佳。印花衬衫，格子衬衫，以及带有人物、动物、植物、文字、建筑物等图案的衬衫，均非正装衬衫。唯一的例外是，较细的竖条衬衫在一般性的商务活动中可以穿着。但是，必须禁止同时穿着竖条纹的西装。

④正装衬衫的领型多为方领、短领和长领。具体进行选择时，须兼顾本人的脸形、脖长以及将打的领带结的大小，千万不要使它们相互之间反差过大。扣领的衬衫，有时亦可选用。此外，立领、翼领和异色领的衬衫，大都不适合于同正装西装相配套。

⑤正装衬衫必须为长袖衬衫，且必须盖过手掌的虎口。

⑥正装衬衫以无胸袋者为佳。即便穿有胸袋的衬衫，也要尽量少往胸袋里塞东西。

（2）西装与领带的搭配。

领带是西装最重要的饰物，是西装的灵魂，领带的选择讲究甚多。

①领带的款式。领带的款式往往受到时尚的左右。在这个问题上，商界人士主要应注意以下四点：一是领带有箭头与平头之分。一般认为，下端为箭头的领带，显得比较传统、正规；下端为平头的领带，则显得时髦、随意一些。二是领带有着宽窄之别。除了要尽量与流行保持同步以外，根据常规，领带的宽窄最好与本人胸围与西装上衣的衣领形成正比。三是简易式的领带，如"一拉得"领带、"一挂得"领带，均不适合在正式的商务活动中使用。四是领结宜于同礼服、翼领衬衫搭配，并且主要适用于社交场所。

②领带的配套。有时领带与装饰性手帕会被组合在一起成套销售。与领带配套使用的装饰性手帕，最好与其面料、色彩、图案完全相同。二者同时"亮相"，大多见于社交活动之中。

③领带的位置。穿西装上衣与衬衫时，应将其置于二者之间，并令其自然下垂。在西装上衣与衬衫之间加穿西装背心或羊毛衫、羊绒衫时，应将领带置于西装背心、羊毛衫、羊绒衫与衬衫之间。切勿将领带夹在西装上衣与西装背心、羊毛衫、羊绒衫之间。尤其是不要在穿两件羊毛衫或羊绒衫时将领带披在两者中间。

④领带的结法。领带打得漂亮与否，关键在于领带结打得如何。打领带结的基本要求是：挺括、端正，并且在外观上呈倒三角形。领带结的具体大小，最好与衬衫衣领的大小形成正比。要想使之稍有变化，则可在它的下面压出一处小窝或一道小沟来，此之谓"男人的酒窝"，是当今流行的领带结法之一。打领带时，最忌讳领带结不端不正、松松垮垮。在正式场合露面时，务必要提前收紧领带结。千万不要为使自己爽快，而将其与衬衫的衣领"拉开距离"。

⑤领带的长度。最标准的长度，是领带打好之后，下端的大箭头正好抵达皮带扣的上端。超过这一长度，搞不好领带就会像"肠子"一样暴露于上衣衣襟之外。而达不到这一长度的话，它则很有可能会时不时地从上衣衣襟里"蹦跳"出去。

⑥领带的配饰。领带配饰主要指领带夹，通常别在领带打好后的"黄金分割点"上，即衬衫自上而下的第四粒至第五粒纽扣之间。如果愿意，打领带时亦可使用领带针或领带棒。前者应插在领带打好后偏上方的正中央，后者则只能用在衬衫衣领上。应当强调的一点是：使用领带的配饰，数量上应以一件为限，千万不要同时使用多件，更不要滥用、乱用。

（3）西装与鞋袜的搭配。

鞋袜在正式场合亦被视作"足部的正装"。不遵守相关的礼仪规范，必定会令自己"足下无光"。

选择西装配套的鞋子，只能选择皮鞋。布鞋、球鞋、旅游鞋、凉鞋或拖鞋，显然都是与西装"互相抵触"的。按照惯例应为深色、单色。浅色皮鞋、艳色皮鞋与多色皮鞋，例如白色皮鞋、米色皮鞋、红色皮鞋、"香槟皮鞋"、拼色皮鞋等等，都不宜在穿西装时选择。

男士们在穿皮鞋时要注意保持鞋内无味、鞋面无尘、鞋底无泥、鞋垫相宜、尺码恰当等事宜。另外，穿皮鞋时所穿的袜子，最好是纯棉、纯毛制品。有些质量好的以棉、毛为主要成分的混纺袜子，也可以选用。不过，最好别选择尼龙袜、丝袜。袜子以深色、单色为宜，并且最好是黑色的。若西裤的颜色与皮鞋的颜色不一样时，袜子的颜色应与裤子的颜色一样。

（4）西装与公文包的搭配。

公文包，被称为商界男士的"移动式办公桌"，是其外出之际须臾不可离身之物。公文包的面料以真皮为宜，并以牛皮、羊皮制品为最佳。色彩以深色、单色为好。在常规情况下，黑色、棕色的公文包，是最正统的选择。最标准的公文包，是手提式的长方形公文包。箱式、夹式、挎式、背式等其他类型的皮包，均不可充当公文包之用。

使用公文包时，一是要注意包不宜多，以一只为限。二是包不宜张扬，使用前需先行拆去所附的真皮标志。三是包不可乱装，放在包里的物品，一定要有条不紊地摆放整齐，决不能使其"过度膨胀"。四是包不能乱放，应自觉地放在自己就座之处附近的地板上，或主人的指定之处。

小提示：试穿西装

试穿时应该照三面镜，这样才能看到自己的全貌。西装合身与否最重要的方面是肩膀和长度，西装肩部应该位于肩膀外侧骨头再出来1~2厘米，西装长度应盖住臀部，并且在双手自然下垂时，达到四指握拳的位置，围度以系扣后放进一拳为宜。同时你应该用平时的姿态来检查是否合身，而不是故意摆出挺胸抬头的样子，还要做些抬腿、转身、伸腰的动作，这样日常才会舒服。另外，还有几点需要注意：西装领的高度应该比衬衫稍低1厘米左右，袖长应合适，穿着西装后，衬衫的袖口应露出1厘米左右。

小建议：西装颜色的搭配

旅游从业人员在上班过程中除了穿正式的西装外，也可以选择休闲类的西装，在户外工作时特别适合。以下是不同颜色休闲西装的搭配方法，大家可做参考。

建议1　保守颜色不出错

专业场合里的西装颜色，保守的颜色例如深蓝、深灰、卡其、黑，永远比标新立异的颜色如酒红、黄绿好。如果要穿着"特别"的颜色，请将心思放在衬衫或领带上，而不是西装上。

建议2　深色衬托气度

深蓝色、灰色的西装最能显示专业气度与权威感，适合大企业、大公司的文职人员穿着需求。特别是正式会议、首次与重要客户见面时，深蓝色、灰色的西装会为你塑造出干练的形象；而深灰色与中深的灰色也比淡灰色西装看来更有分量。

建议3　棕褐色展人气

棕褐色西装予人温暖亲切感，很适合重要却不严肃的场合，或者需要缓和气氛的时候穿。例如正式的宴会、为熟客接机、安抚员工及律师、与客户第一次见面时穿较好。

建议4　淡色西装需注意质感

淡色西装有"极好极坏"的特色，所以在穿着时，要特别注意质料、剪裁、合身度、品质与搭配，以制造出"极好"的形象。

建议 5 黑色西装最经典

黑色西装很有弹性，不但婚丧喜庆皆适宜，上班场合亦可接受。是每位男士衣橱里必备的行头。

建议 6 白色西装惹人注目

除非在热带，白色西装是不适合上班穿着的。它适合演艺行业、创意行业与一般晚宴或休闲穿着。

2.2.1.5 女士服装的穿着

女士服装应讲究配套，款式较简洁，色彩较单纯，以充分表现出女士的精明强干，落落大方。

1. 女士服装的种类

（1）女士西装。

女士西装式样较多，它的领型就有西装"V"字领、青果领、披肩领等；款式有单排扣、双排扣；衣长也有变化，或短至齐腰处，或长至大腿；造型上有宽松的、束腰的，还可有各种图案的镶拼组合。女士西装有衣裤相配的套装，也有衣裙相配的套裙。

（2）女士连衣裙。

连衣裙的造型丰富多彩，有前开襟、后开襟、全开襟和半开襟的；有紧身的、宽松的、喇叭形、三角形、倒三角形的；有无领的、有领的；有方领的、尖领的、圆领的；有超短的、过膝的、拖地的，等等。

穿连衣裙要注意避免：一是受时髦潮流的影响，太流行或趋于怪异，变得俗不可耐或荒诞不经；二是不顾及环境，而穿着过低的领口，过紧的衣裙，过透的面料，使人感到极不雅观。正所谓"酌奇而不失其真，玩华而不坠其实"。

（3）女士旗袍。

旗袍拥有 300 年历史，因而被公认是最能体现女性曲线美的一种服装。近年来旗袍带着一股从未有过的震撼力在影响着世界各地女性的穿着，它像一种特殊的世界语，迅速被各种族的人们接受，打破了只有东方女性才适合穿着的传统论断，因而旗袍也可作为社交中的礼服。旗袍作为礼服，一般采用紧扣的高领、贴身、身长过膝，两旁开叉、斜式开襟、袖口至手腕上方或肘关节上端的款式，面料以高级呢绒绸缎为主，配以高跟鞋或半高跟鞋。

2. 女士服装的选择

（1）面料上乘。

最好是既是纯天然质地又质料上乘。上衣，裙子以及背心等，应当选同一面料。在外观上，套裙选用的面料，讲究的是匀称、平整、滑润、光洁、丰厚、柔软、悬垂、挺括，不仅弹性，手感要好，而且应当不起皱，不起毛，不起球。

（2）色彩宜少。

基本要求是以冷色调为主，借以体现出着装者的典雅、端庄与稳重。与此同时，还需使之与正风行一时的各种流行色保持一定的距离，以示自己的传统与持重。一套套裙的全部色彩不要超过两种，不然就显得杂乱无章了。

（3）图案忌花哨。

常规是，在正式场合穿着的套裙，可以不带有任何的图案。如果本人喜欢，可以穿着以各种或宽或窄的格子，或大或小的圆点，或明或暗的条纹为主的套裙。

（4）点缀忌多。

不宜添加过多的点缀，否则极有可能使其显得琐碎、杂乱。

（5）尺寸合适。

上衣不宜过长，下裙不宜过短。裙子的下摆恰好抵达着装者的小腿肚子上最为丰满之处，乃为最标准，最理想的裙长。

造型：上长下长式，上短下短式，上长下短式，上短下长式四种基本形式。着装只要选择恰当穿起来都能够令人赏心悦目。

（6）造型合身。

H型：上衣较为宽松，裙子为筒式。直上直下，浑然一体之感。可以让着装者显得优雅、含蓄和帅气，也可以为身材肥胖者遮丑。

X型：上衣为紧身式，裙子为喇叭式。它以上宽与下松来有意识地突出着装者腰部的纤细。轮廓清晰而生动，令着装者看上去婀娜多姿。

A型：上衣为紧身式，裙子为宽松式。能体现着装者上半身的身材优势，又能适当地遮掩下半身身材的劣势。总体造型显得松紧有致，富于变化和动感。

Y型：上衣为松身式，裙子为紧身式，并以筒式为主。遮掩着装者上半身的短处，表现下半身的长处。使着装者看上去端庄大方。

（7）款式时尚。

上衣的变化在衣领、衣扣、门襟、袖口、衣袋等方面。应根据自身特点进行合理选择。

（8）鞋袜搭配。

女士服装非常讲究与鞋袜的搭配，可使女性在展现整体美的同时尽显"脚上风光"。选择时应以皮鞋和丝袜与之搭配为宜。套裙的搭配要以高跟、半高跟船形皮鞋为主。在正式场合，一定不能穿露脚指头的鞋。穿丝袜时的长度应控制在裙子可遮挡住的位置，在南方，特别是广东地区，习惯了穿凉鞋时不穿袜子。

2.2.2　旅游业从业人员制服穿着规范

作为旅游业从业人员，特别是酒店和旅行社，企业都要求员工在上班期间穿着制服，从而可以更好地显现员工的精神面貌和企业的企业精神，也可使员工更好地进入工作状态。

旅游企业的员工制服在面料、色彩、款式类方面都做好了规范，下面主要介绍制服的穿法和搭配。

1. 制服的穿法

（1）忌脏。穿着制服在任何时候都必须保持干净清洁，因为它代表了一个企业的形象。

（2）忌皱。制服的面料有些会容易产生褶皱，必须采取防范措施。如脱下来以后应挂好或叠好，穿制服时不要乱倚、乱靠、乱坐。若是酒店员工的话可拿到专门的员工布草间进行熨烫或上浆。

（3）忌破。在工作过程中，旅游服务人员的制服经常会在一定程度上造成破损，在发现后一定要及时进行替换。

（4）忌乱。某些工作人员穿制服过于随便，不修边幅，影响整体造型。

2. 制服的搭配

旅游业人士在穿制服时应按规定使用与其配套的衣饰，如深圳某酒店的部分员工制服配备了竖形图案的胸针和珍珠项链。另外，个人饰物的佩戴也应在企业的规定范围内，如大部分酒店规定员工上班期间不能佩戴除结婚戒指以外的其他饰物。

制服在穿着与搭配上应当力求色彩单一。在一般情况下，一套制服中，上衣、裤子或裙子最好采用同一种色彩。进行色彩搭配时，总体上要坚持"三色原则"，即衬衫、领带、帽子、鞋袜，包括制服本身在内，其色彩应在总量上被限定在三种以内。这种做法，可使配色的效果最佳。

3. 制服的注意事项

（1）制服应干净、整齐、笔挺。

（2）非因工作需要，不得在馆外穿着制服，亦不得带出馆外。

（3）纽扣要全部扣好，穿西装制服时，不论男、女第一颗纽扣须扣上，不得敞开外衣，卷起裤脚、衣袖，领带必须结正。

（4）制服外衣衣袖、衣领处、制服衬衣领口，不得显露个人衣物，制服外不得显有个人物品，如纪念章、笔、纸张等，制服衣袋不得多装物品，显得鼓起。

（5）必须穿着皮鞋上班，禁止穿凉鞋，女员工只准着肉色袜，其他颜色和带花边、通花的袜子一律不准，袜头不得露出裙脚，袜子不得有破洞。

（6）行李员不准不戴制服帽出现在服务区域内。

一外商考察团来某企业考察投资事宜，企业领导高度重视，亲自挑选了庆典公司的几位漂亮女模特来做接待工作。并特别指示她们穿着紧身的上衣，黑色的皮裙，领导说这样才显得对外商的重视。但考察团上午见了面，还没有座谈，外商就找借口匆匆走了，工作人员被搞得一头雾水。后来通过翻译才知道，他们说通过接待人员的着装，认为这是个工作以及管理制度极不严谨的企业，完全没有合作的必要。原来，该企业接待人员在着装上，犯了大忌。根据着装礼仪的要求，工作场合女性穿着紧、薄的服装是工作极度不严谨的表现；另外，国际公认的是，黑色的皮裙只有三陪小姐才穿……

2.3 举止仪态

一个人优雅、得体、自然的举止，不是一时半刻就能装出来的，而是在日常生活中经过长久熏陶所表现出来的修养。这就要求我们要时常有意识地调整、训练自己的举止，从最基本的站、坐、行、蹲等做起。其中站姿、坐姿、行姿是本小节内容，其他如握手、鞠躬、拥抱、举手等将在下一小节的见面礼仪中介绍。

2.3.1 正确的基本姿势

1. 正确的站姿

判断一个人的人品，素质在第一印象中占70%，而优雅端庄的站姿是礼仪中的基本姿态。优美的站姿可美化一个人的形象，直接反映一个人的气质。正确的站姿总的说来要整个重心提起来，不应该弯胸驼背给人沮丧疲惫之感。站立时应眼睛正视前方，脸上带着自然的微笑，双肩放松，手臂自然下垂，或两臂微微弯曲双手相握，两腿靠拢，两脚呈小八字站立。男士可双脚稍稍分开，女士也可小八字站立。

值得注意的是，站立时挺直背，下巴抬得高度适中，太高则显傲慢，太低又过于谦卑。

如果等车或等人需长时间站立，则可两脚稍微分开，或重心交替移动在两条腿上。

图2-1 垂臂式站姿

图2-2 腹前握指式站姿

图 2-3　后背握指式站姿

图 2-4　左/右臂后背式站姿

图 2-5　左/右臂前曲式站姿

2. 坐的姿态

入座时走到座位前转身，右脚向后撤半步，轻稳地坐下。首先坐在椅子或沙发上应挺直腰，双腿收拢，女士可双腿侧面稍微斜放。双手应自然放在两腿上，坐的位置不可占据整张椅子或靠在沙发上。坐在椅子上两眼望向前方，目光应充满自信和微笑。特别是坐在沙发上，不可陷在沙发里或靠在沙发扶手和靠背上。

女士落座时一定要用双手在身后裙子上顺势向下拢一下。就座时注意：

（1）不可将腿伸直，脚底对人；

（2）双脚脚尖相对成内八字形也不雅观；

（3）双腿向外打开成外八字形，这样会让对面的人非常反感；

（4）坐下后跷起二郎腿不停摇晃或女同志露出衬裙；

（5）落座时双手扶住沙发扶手或一屁股坐在沙发里，头靠在沙发上，虽然舒服但有失风度；

（6）坐着与人交谈久了不可松懈地弯腰驼背，显得不够精神，也不可动来动去，像沙发上有东西被坐在屁股底下。

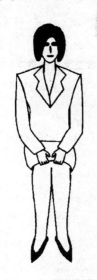

图2-6　基本坐姿

图2-7　开膝合手式坐姿

图2-8　前伸式坐姿

图2-9　双腿左/右斜式坐姿

图2-10　双腿左/右斜放交叉式坐姿

图 2-11　双腿前伸交叉式坐姿

图 2-12　双腿后收交叉式坐姿

图 2-13　双脚后点式坐姿

图 2-14　双脚右/左侧点地式坐姿

图 2-15　开并式坐姿

图 2-16　屈伸式坐姿

3. 优雅的行走姿势

走路时重心应稍向前倾 1~3 厘米，收腹挺胸、挺颈。脚尖既不向内也不向外，应正对前方，行走的路线应在一条线上，步伐大小应视自己身高而定，迈太大步显得匆忙，迈太小步又显得做作。

行走时轻盈灵活，眼睛平视，双臂自然摆动，放松自然地甩动双臂，面带微笑。

上下楼梯时注意重心整体移动，不可翘起臀部艰难地移动身体，更不可紧紧地抓着楼梯小心翼翼地注视每级台阶。

常见的错误的行走姿势：

（1）重心前倾太多，感觉头部带动全身，人没到达脑袋早早就伸过去；

（2）走路时习惯性地盯着地面；

（3）为追赶前面的人而疾跑（应大步追赶）；

（4）几个人走在一起搂肩搭背，占据路面太多位置，影响后面的行人行走；

（5）脚底擦着地面，发出难听的声音。

4. 引领人走路规范

一般来说要遵循"迎客走在前，送客走在后"的规则，走在前面时应站在客人左前方 1 米左右，眼睛在客人和行进方向之间，碰到转弯或阶梯时，应站在转角外侧稍稍停顿，伸出手臂，五指自然并拢手掌向上做出请的姿势，并声明"请往这边走"，"请注意台阶"。

带领客人上下楼梯时，如果对方是男性，一般请他先上，下楼梯时自己先下，并让出扶手一边给客人。

图 2-17 "请进"的手势

图 2-18 "请坐"的手势

图 2-19　曲臂式"请"

图 2-20　双臂横摆式"请"

图 2-21　双臂侧摆式"请"

图 2-22　直臂式"请"

5. 传递姿势

接递东西时一定要用双手，并且眼睛看着对方。如果递书或要客人签单则应将字体顺着对方，方便客人一目了然看到内容，并适当地指示在哪里签字，如果要递笔、刀等尖的东西，该把尖的方向朝向自己。

传递东西时一定要轻拿轻放，并且要看清对方拿稳后才松手，不可在对方未拿稳时就贸然松手。

6. 蹲下拾物的姿势

地上掉了东西或要在地上拿起一件物品，应该是走在这件东西的旁边，右腿向后缩半步，轻轻蹲下，伸出手拾起物品，然后站起身，再从容地走开。这种情况较难看的姿势是：离得太远伸出手去拿；不蹲下，双腿蹬直，翘起臀部去取东西。

图 2-23　高低式蹲姿　　　　　图 2-24　交叉式蹲姿

7. 上下车时的姿势

上车时正确的姿势是用手扶着车门，身体重心放低，轻轻滑进车子，不可以低着头，躬着背，头先钻进车子留下臀部在外面。下车时也应该是先伸出一只脚站稳，重心慢慢移出车外，不可头先钻出来，然后整个身体艰难地挪出来。

2.3.2　微笑的重要性

在表达自己的意思过程中，非语言的作用和语言同样重要。这里非语言的表达方式是指人的仪表、举止、语气、声调和表情，其比例大致为个体信息传播力 $1 = 0.07 \times$ 言辞 $+ 0.38 \times$ 声音 $+ 0.55 \times$ 表情、动作。

由此可见表情的重要作用。一般情况下微笑可美化你的表情，增强别人对你的好感，并传达友好的信息，一张美盈盈的脸的吸引力和感染力是不可估量的。与人交谈时保持在 120 厘米的安全距离，眼睛看着对方，带着真诚的微笑，注意眼睛、嘴巴、面部肌肉的运用。

星级宾馆对员工的日常工作考核内容包括是否对客人微笑这一项，如广州某宾馆的员工通道宣传栏上曾贴出这样的标语：你今天微笑了吗？

客人在酒店除享受星级豪华舒适的环境更应体会到服务人员细致入微的关怀和真诚的微笑。微笑是最容易做也是最有力的征服他人的武器，在社交场合常常地使用微笑，可增添个性魅力和美化气质。

本章小结

本章主要介绍了个人基本礼仪的三个方面，分别是仪容、仪表和仪态。旅游从业人员的工作内容和工作环境的特殊性决定了他们必须要非常注重和讲究个人的仪容、仪表及言谈举止，并懂得和运用与人交往过程中的交际技巧，从而提高个人的修养并

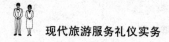

能给客人留下良好的印象。

 课后思考与练习

(1) 服饰的搭配有何技巧？谈谈你对旅游从业人员服饰穿着标准的理解。

(2) 西装着装有什么要求？

(3) 旅游业对从业人员在个人仪容方面有什么要求？

(4) 谈谈你对旅游从业人员语言要求的理解？

(5) 常见的社交礼仪有哪些方面？请简要概述各种社交礼仪的注意事项。

案例 分析

上海某五星级宾馆，服务员小姐为外宾提供擦鞋服务。外宾的这双皮鞋为高档油皮鞋，擦拭时不需用鞋油，只需用潮软布轻擦即可。王小姐由于对高档皮鞋的性能不熟悉，不懂擦法，就按常规用鞋刷、鞋油去擦，结果将皮鞋擦坏了。客房部李主管得知此事后，就让王小姐在托盘上铺上红绸子，将客人的鞋摆在上面，王小姐双手捧着托盘，随李主管来到客人房间。李主管代表王小姐向客人道歉："对不起，先生，您的皮鞋太高级了，我们服务员没有见过这么好的皮鞋，不会擦，结果给您擦坏了。我们愿意赔偿您的损失，真对不起，耽误您穿用了，请原谅！"李主管一再道歉，同时不住地恭维对方。客人见服务员态度这么好，再看看他那双皮鞋，端正地摆在垫红绸的托盘上，服务员还用双手捧着，而且即使赔偿也是鞋价的少部分，就非常大度地原谅了服务员，没有让服务员赔偿损失。

评析：

第一，擦鞋服务是高星级饭店服务中很重要的一部分。它操作程序看起来简单，但有时技术难度还很大。要求服务员对各种皮鞋及鞋油的性能非常熟悉，根据客人皮鞋的特性选择适宜的鞋油和不同的擦法，特别是外宾的高档皮鞋更应注意鞋油与擦拭方法的选择。如果服务员没有把握，就应向客人道歉，说明理由，不要接受这个工作。

第二，接受客人擦鞋服务时，应使用鞋篮，特别要注意做好标记，防止出错。

第三，擦拭中，如因不慎或不了解皮鞋质地特点擦坏了客人的皮鞋，应赔偿客人的损失，原则上是擦鞋费的10倍。一旦出现差错，首先向客人道歉。因为，一方面耽误了客人的穿用，另一方面，赔偿金远远少于鞋的价钱，使客人经济遭受损失。

第四，本案例中的服务员不懂外宾高档皮鞋的特性，就不该贸然擦鞋。遇到此情况，应虚心向客人请教，了解清楚后再行操作，这样就可防止以上情况的发生。

　　第五，本案例处理方法的优点是：（1）服务员出错，因事故较大，主管出面解决，显示了酒店对事故的重视和对客人的尊重；（2）主管与服务员严格按赔偿的规程办事；（3）主管注意研究客人心理，让服务员双手捧着垫红绸的托盘将鞋送到客人面前，对一双鞋采取了如此高的礼遇，满足了客人愿意被重视被尊重的心理，给足了客人面子，抬高了客人身份，以情动人，以理服人，终于使客人谅解了服务员，圆满地解决了这棘手的问题。

　　此例中主管与服务员，讲究服务艺术与语言技巧，巧妙圆满解决了赔偿问题、平息了事件、弥补了差错的做法是应该肯定的。

实训应用 →

　　实训项目：旅游社交礼仪。

　　实训目标：

　　用所学知识，分小组自编、自导、自演礼仪知识情景剧，以巩固所学的知识，并提高学生的兴趣及检验教学成果。

　　实训指导：

　　（1）结合旅游过程或酒店服务过程自己设定情节，编写剧本。

　　（2）内容包括：介绍、握手、递名片、走姿、坐姿、站姿、服饰打扮、语言礼仪等内容。

　　实训组织：

　　礼仪情景模拟要求：

　　（1）每四人一组，如需要可另请同学客串，但客串同学不记分。

　　（2）自己设定一个情景，内容包括：介绍、握手、递名片、走姿、坐姿、站姿、服饰打扮、语言礼仪等内容。少一项扣 10 分。

　　（3）出场后先由同学介绍剧情、人物。

　　（4）实训结束后参照实训项目表写出实训报告或总结。

　　实训成绩评定：

　　（1）准备实训服装两套以上。（10%）

　　（2）情节合理。（30%）

　　（3）实训记录完整，公平。（30%）

　　（4）实训报告完整。（30%）

内容 分数	介绍	握手	递名片	走姿	坐姿	站姿	服饰	语言礼仪	编排	总体印象	总分
小组	10	10	10	10	10	10	10	10	10	10	100
1											
2											

阅读材料

材料一

一批应届毕业生前往参观北京某部实验室，秘书为大家倒水，大多数同学都表情麻木，只有一位叫林晖的同学站起身并轻声说："辛苦了，谢谢你！"当部长讲完话为大家发纪念品时，林晖也是礼貌地站起身，身体微倾，双手接过手册，恭敬地说了一声"谢谢您！"部长见此情景，拍了拍林晖的肩膀并记下了他的姓名。两个月后，毕业了的林晖分到了该部实验室，而那些学习成绩比林晖好的同学感到不满，找到导师，导师告诉他们，除了学习你们应该补上一课，就是修养。

（资料来源：《青年文摘》2000 年第 10 期）

材料二

广州某著名酒店前来某院校招聘面试。面对考官，有的学生两腿不断地晃来晃去，有的学生在回答问题时眼睛不望考官而望向窗外，也有个别学生坐在考官对面，两腿叉开。面对这种情况，老师感到汗颜，考官叹气摇头，那些学习成绩再好，但却缺乏基本的仪态和仪容常识的人都没被录取，事后老师点明，他们才若有所悟。

成功的机会对于每个人来讲都是一样的，要看你怎样去争取，在你不经意的时候，也许别人正在观察你，你说话的声音，走路的姿势，服装的品位甚至吃相，都可能成为决定你成败的原因。

（资料来源：《青年文摘》2000 年第 10 期）

第三章 社会交往礼仪

知识目标

1. 称谓礼仪

2. 介绍礼仪

3. 握手礼仪

4. 名片礼仪

5. 电话礼仪

6. 拜访待客及馈赠礼仪

技能目标

1. 掌握称谓需注意和把握的原则

2. 掌握见面介绍礼仪的基本原则

3. 了解握手的规范及适用场所

4. 掌握名片递送和接收的技巧

5. 熟悉电话沟通应把握的基本原则

6. 了解拜访、赠礼和受礼的适当时机及要求

社交活动中常常遇到相互介绍这一礼节，它是人们开始交往的初步形式。良好的初步印象会为以后的进一步交往奠定基础，恰当的介绍方法也可免除初次见面的许多尴尬。相互见面，如彼此认识，一般先行礼，而初次见面介绍之后也要行礼。良好的社交行为是进一步交往的基础。

3.1 称谓礼仪

称谓礼仪是在对亲属、朋友、同志或其他有关人员称呼时所使用的一种规范性礼貌语，它能恰当地体现出当事人之间的隶属关系。大家的祖先使用称谓十分讲究，不同的身份、不同的场合、不同的情况，在使用称谓时无不入幽探微，丝毫必辨。

人际交往，礼貌当先；与人交谈，称谓当先。使用称谓，应当谨慎，稍有差错，便贻笑与人。恰当地使用称谓，是社交活动中的一种基本礼貌。称谓要表现尊敬、亲切和文雅，使双方心灵沟通，感情融洽，缩短彼此距离。正确地掌握和运用称谓，是人际交往中不可缺少的礼仪因素。

3.1.1　称谓的类别划分

1. 姓名称谓

姓名，即一个人的姓氏和名字。姓名称谓是使用比较普遍的一种称呼形式。用法大致有以下几种情况：

全姓名称谓，即直呼其姓和名，如："李大伟"、"刘建华"等。全姓名称谓有一种庄严感、严肃感，一般用于学校、部队或其他郑重场合。一般地说，在人们的日常交往中，指名道姓地称呼对方是不礼貌的，甚至是粗鲁的。

名字称谓，即省去姓氏，只呼其名字，如"大伟"、"建华"等，这样称呼显得既礼貌又亲切，运用场合比较广泛。

姓氏加修饰称谓，即在姓之前加一修饰字。如"老李"、"小刘"、"大陈"等，这种称呼亲切、真挚。一般用于在一起工作、劳动和生活中相互比较熟悉的同志之间。

2. 亲属称谓

亲属称谓是对有亲缘关系的人的称呼，中国古人在亲属称谓上尤为讲究，主要有：

对亲属的长辈、平辈决不称呼姓名、字号，而按与自己的关系称呼。如祖父、父亲、母亲、胞兄、胞妹等。

有姻缘关系的，前面加"姻"字。如姻伯、姻兄、姻妹等。

称别人的亲属时，加"令"或"尊"。如尊翁、令堂、令郎、令爱（令嫒）、令侄等。

对别人称自己的亲属时，前面加"家"。如家父、家母、家叔、家兄、家妹等。

对别人称自己的平辈、晚辈亲属，前面加"敝"、"舍"或"小"。如敝兄、敝弟，或舍弟、舍侄，小儿、小婿等。

对自己亲属谦称，可加"愚"字。如愚伯、愚岳、愚兄、愚甥、愚侄等。

随着社会的进步，人与人的关系发生了巨大变化，原有的亲属、家庭观念也发生了很大的改变。在亲属称谓上已没有那么多讲究，只是书面语言上偶用。现在我们在日常生活中，使用亲属称谓时，一般都是称自己与亲属的关系，十分简洁明了，如爸爸、妈妈、哥哥、弟弟、姐姐、妹妹等。

有姻缘关系的，在当面称呼时，也有了改变，如岳父—爸，岳母—妈，姻兄—哥，姻妹—妹等。

称别人的亲属时和对别人称自己的亲属时也不那么讲究了，如：您爹、您妈、我哥、我弟等。不过在书面语言上，文化修养高的人，还是比较讲究的，不少仍沿袭传统的称谓方法，显得高雅、礼貌。

3. 职务称谓

职务称谓就是用所担任的职务作称呼。这种称谓方式，古已有之，目的是不称呼其姓名、字号，以表尊敬、爱戴，如对杜甫，因他当过工部员外郎而被称"杜工部"，诸葛亮因是蜀国丞相而被称"诸葛丞相"等。现在人们用职务称谓的现象已相当普遍，目的也是为了表示对对方的尊敬和礼貌。主要有三种形式：

用职务称呼，如"李局长"、"张科长"、"刘经理"、"赵院长"、"李书记"等。

用专业技术职务称呼，如"李教授"、"张工程师"、"刘医师"等。对工程师、总工程师还可称"张工"、"刘总"等。

职业尊称，即用其从事的职业工作当作称谓，如"李老师"、"赵大夫"、"刘会计"等，不少行业可以用"师傅"相称。

行业称呼，直接以被称呼者的职业作为称呼。例如：老师、教练、医生、会计、警官等。

4. 性别称呼

一般约定俗成地按性别的不同分别称呼为"小姐"、"女士"、"先生"。其中，"小姐"、"女士"二者的区别在于：未婚者称"小姐"，不明确婚否者则可称"女士"。

3.1.2　国际交往中的称呼礼仪

1. 外国称谓礼仪普通男女的称呼

一般情况下，对男子不管其婚否都称为"先生"；对于女士，已婚的称为"夫人"，未婚的称"小姐"；婚姻状况不明的，也可称为"Miss"。在外事交往中，为了表示对女性的尊重，也可将其称为"女士"。

2. 官方人士的称呼

对高级官员，称为"阁下"，也可称职衔或"先生"；对有地位的女士可称为"夫人"，对有高级官衔的妇女，也可称"阁下"；对其他官员，可称职衔或"先生"、"女士"等。

3. 皇家贵族的称呼

对君主制或君主立宪制国家的国王、皇后，可称为"陛下"；王子、公主、亲王等可称为"殿下"；对有公、侯、伯、子、男等爵位的人士既可称其爵位，亦可称"阁下"，或称"先生"。

4. 技术人员的称呼

对医生、教授、法官、律师以及有博士等职称、学位的人士，可称为"医生"、"教授"、"法官"、"律师"、"博士"等，也可加上姓氏或"先生"。

5. 军人的称呼

一般称军衔，或军衔加"先生"，知道其姓名的可冠以姓与名。有的国家对将军、元帅等高级将领称"阁下"。

6. 教会人员的称呼

教会的神职人员，一般可称教会的职称或姓名加职称，也可以职称加"先生"，有时主教以上的神职人员也可称"阁下"。

7. 同志称呼

凡是与中国同志相称的国家，对其各种人员均可称为"同志"，有职衔的可加职。

3.2　见面礼仪

1. 介绍的基本规则

为他人做介绍时必须遵守"尊者优先了解情况"的规则，在为他人做介绍前，先要确定双方地位的尊卑，然后先介绍位卑者，后介绍尊者。具体如下：

（1）先将男士介绍给女士。

例如，介绍王先生与李小姐认识，介绍人应当引导王先生到李小姐面前，然后说："李小姐，我来给你介绍一下，这位是王先生。"注意在介绍的过程中，被介绍者的名字总是后提。

（2）先将年轻者介绍给年长者。

把年轻者引见给年长者，以示对前辈、长者的尊敬。如："王教授，让我来介绍一下，这位是我的同学王浩。""李阿姨，这是我的表妹李玲。""刘伯伯，我请您认识一下我的表弟郭强。"在介绍中应注意有时虽然男士年龄较大，但仍然是将男士介绍给女士。

（3）先将未婚女子介绍给已婚女子。

如："李太太，让我来介绍一下，这位是陈小姐。"注意当被介绍者无法辨别其是已婚还是未婚时，则不存在先介绍谁的问题，可随意介绍。如："张女士，我可以把我的女朋友李小姐介绍给你吗？"

（4）先将职位低的介绍给职位高的。

在实业界或公司中，在商务场合要先将职位低的介绍给职位高的。如："王总，这位是××公司的总经理助理刘女士。"注意这里我们先提到的是王总经理，这是因为我们把王总经理的职位看做高于刘女士，尽管王总经理是一位男士，仍不先介绍他。

（5）先将家庭成员介绍给对方。

在向别人介绍自己的家庭成员时，应谦虚地说出对方的名字。这不仅是出于礼貌，而且对介绍自己的家庭成员也比较方便。如："张先生，我想请你认识一下我的女儿小芳。""张先生，请允许我介绍一下我的妻子。"

（6）集体介绍时的顺序。

在被介绍者双方地位、身份大致相似，或者难以确定时，应当使人数较少的一方礼让人数较多的一方。一个人礼让多数人，先介绍人数较少的一方或个人，后介绍人数较多的一方或多数人。

若被介绍者在地位、身份之间存在明显差异，特别是当这些差异表现为年龄、性别、婚否、师生以及职务有别时，则地位、身份为尊的一方即使人数较少，甚至仅为一人，仍然应被置于尊贵的位置，最后加以介绍，而应先介绍另一方人员。

若需要介绍的一方人数不止一人，可采取笼统的方法进行介绍，例如可以说："这是我的家人"，"他们都是我的同事"，等等。但最好还是要对其一一进行介绍。进行此种介绍时，可比照他人介绍十位次尊卑顺序进行介绍。

若被介绍的双方皆不止一人，则可依照礼规，先介绍位卑的一方，后介绍位尊的一方。在介绍各方人员时，均需由尊到卑，依次进行。

2. 自我介绍

在不同场合，遇见对方不认识自己，而自己又有意与其认识，当场却没有他人从中介绍时，往往需要自我介绍。

（1）自我介绍的时机。

因业务关系需要相互认识，进行接洽时可自我介绍。

当遇到一位你知晓或久仰的人士，他不认识你，你可自我介绍："×××（称呼），您好！我是××××（单位）的×××（姓名），久仰大名，很荣幸与您相识。"

第一次登门造访，事先打电话约见，在电话里应自我介绍。

参加一个较多人的聚会，主人不可能一一介绍，与会者可以与同席或身边的人互相自我介绍。自我介绍前应有一句引言，以使对方不感到突然，如："我们认识一下吧。我叫×××，在××公司公关部工作。"

在出差、旅行途中，与他人不期而遇，并且有必要与之建立临时接触时，可适当自我介绍，等等。

初次前往他人住所、办公室，进行登门拜访时要自我介绍。

应聘求职时需首先做自我介绍，等等。

（2）自我介绍的要求。

自我介绍时，要及时、清楚地报出自己的姓名和身份。大方自然地进行自我介绍，可以先面带微笑，温和地看着对方说声"您好！"以引起对方的注意，然后报出自己的姓名身份，并简要表明结识对方的愿望或缘由。进行自我介绍一定要力求简洁，尽可能地节省时间，介绍时间总的以半分钟为佳。

进行自我介绍，态度务必自然、友善、亲切、随和。要充满信心和勇气，敢于正视对方的双眼，显得胸有成竹。介绍时语气要自然、语速要正常，语音要清晰，这对自我介绍的成功十分有好处。

进行自我介绍时所表述的各项内容，一定要实事求是，真实可信。没有必要过分谦虚，一味贬低自己去讨好别人，但也不可自吹自擂，夸大其辞，在自我介绍时掺水分，会得不偿失。

他人进行自我介绍时也要注意。一是引发对方做自我介绍时应避免直话相问，缺乏礼貌，如"你叫什么名字"，而应该尽量客气一些，用词更敬重些，如"请问尊姓大名"、"您贵姓"、"不知怎么称呼您"、"您是……"等。

二是他人做自我介绍时要仔细聆听，记住对方的姓名、职业等。如果没有听清楚，不妨在个别问题上仔细再问一遍，这比他人作过自我介绍，而你还是不明情况的好。

三是等一个人作了自我介绍后，另一个人也作相应的自我介绍，这才是礼貌的。

3. 他人介绍

（1）他人介绍的时机。

他人介绍即社交中的第三者介绍。在他人介绍中，为他人做介绍的人一般由社交活动中的东道主、社交场合中的长者、家庭中聚会的女主人、公务交往活动中的公关人员（礼宾人员、文秘人员、接待人员）等。他人介绍的时机包括：

在家中接待彼此不相识的客人；

在办公地点，接待彼此不相识的来访者；

与家人外出，路遇家人不相识的同事或朋友；

陪同亲友，前去拜会亲友不相识者；

本人的接待对象遇见了其不相识的人士，而对方又跟自己打了招呼；

陪同上司、长者、来宾时，遇见了其不相识者，而对方又跟自己打了招呼；

打算推荐某人加入某一交际圈；

受到为他人做介绍的邀请。

（2）他人介绍的注意事项。

在为他人做介绍时，介绍者对介绍的内容应当字斟句酌，慎之又慎。

在正式场合，内容以双方的姓名、单位、职务等为主。如："我来给两位介绍一下。这位是 A 公司的公关部主任张燕女士，这位是 B 公司的总经理李洋先生。"

在一般的社交场合，其内容往往只有双方姓名一项，甚至可以只提到双方姓氏为止。接下来，则由被介绍者见机行事。如："我来介绍一下，这位是老张，这位是小王，你们认识一下吧。"

　　在比较正规的场合，介绍者有备而来，有意将某人举荐给某人，因此在内容方面，通常会对前者的优点加以重点介绍。如："这位是李明先生，这位是我们公司的李力总经理。李先生是一位管理方面的专业人士，他还是北大的 MBA。林总我想您一定很想认识他吧！"

　　在进行他人介绍时，介绍者与被介绍者都要注意自己的表达、态度与反应。介绍者为被介绍者介绍之前，不仅要尽量征求一下被介绍双方的意见，而且在开始介绍时还应再打一下招呼，切勿上去开口即讲，显得突如其来，让被介绍者措手不及。

　　被介绍者在介绍者询问自己是否有意认识某人时，一般不应加以拒绝或扭扭捏捏，而应欣然表示接受。实在不愿意时，则应说明缘由。

　　当介绍者走上前来，开始为被介绍者进行介绍时，被介绍的双方应起身站立，面含微笑，大大方方地注视介绍者或者对方，神态庄重、专注。

　　当介绍者介绍完毕后，被介绍双方应依照合乎礼仪的顺序进行握手，并且彼此问候对方。此时的常用语有："你好"、"很高兴认识你"、"久仰大名"、"认识你非常荣幸"、"幸会，幸会"，等等。必要时还可做进一步的自我介绍。

　　介绍时要注意实事求是，掌握分寸，不能胡吹乱捧。介绍姓名时，一定要口齿清楚，发音准确，把易混的字咬准，如"王"和"黄"、"刘"和"牛"等。对同音字、近音字必要时要加以解释，如"邹"和"周"、"张"和"章"等。

3.3　握手礼仪

　　握手礼最早起源于古欧洲，人们为向对方表示没有敌意，伸出手来展示给对方看自己手里没有武器，以示友好。后来发展为双方伸出手互相展示没有武器，并相互握一下，这就是今天的握手礼。

　　握手是最普遍的交际礼节，基本上成为世界各国和各地区通用的礼节。除部分少数民族和部分国家或宗教习俗以外，它表达了人们友好、亲切、寒暄、道别、感谢、祝贺、慰问等感情和意向。

　　根据礼仪规范，握手时双方伸手的先后次序，一般应当遵守"尊者先伸手"的原则，应由尊者首先伸出手来，位卑者只能在此后予以响应，而绝不可贸然抢先伸手，不然就是违反礼仪的举动。

　　1. 握手规范

　　一般情况下，男士要等女士先伸出手之后再握，年轻者要等年长者先伸手，宾主之间应该是主人先伸出手，上下级之间要上级或身份高的先伸出手。但如果是主宾关系，则主人即使是下级也应先向上级伸出手表示欢迎。

2. 握手适用的场合

握手是日常交际的基本礼节，在应该握手的场合拒绝或忽视别人伸出的热情友谊的手，则意味着失礼和没有修养，甚至可能被误解为有仇视和敌对的情绪。

一般情况下，当初次见面互相认识时、相识的人重逢时、客人到访时、拜访告辞时、送别客人时、前去恭贺时、赠送礼物时、拜托别人时、感谢别人时、前去慰问时，在不违反一些民族习惯或某些宗教习俗的情况下，人们经常地使用握手礼。

3. 握手的姿态

首先握手要用右手，右臂向前伸出与身体略约成 50 度角，掌心朝里微向上，大拇指与手掌分开，其余四指并拢微曲，同时身体略微前倾以示尊敬。握手时身体保持端正，面带微笑，精神集中，注视对方。相握时间一般为 3~5 秒钟。如果对年长者或身份高者表示特别的尊敬则可双手握对方手。握手同时可送上一些常用的礼貌用语。

4. 握手应注意的问题

（1）亲疏关系。

关系一般者稍用力握一下即可放开，而关系较亲密者则可握住后上下微摇几下，同时左手互拍肩膀。

（2）男女握手。

男士同女士握手一般只轻握对方手指部分，不宜握得太紧太久。

（3）不能左手握手。

右手握手是约定俗成的礼仪。伸出左手是十分失礼的，即使是左撇子，也应用右手握手。

（4）不应坐着握手。

除非老弱病残者，一般不应坐着与人握手。但如果双方都坐着则身体趋前握手。

（5）神情应专注。

握手时不可东张西望或同别人谈论，更不可握着甲的手而去盯着乙看，这会让甲觉得不被尊重。

（6）不可戴手套握手。

戴手套握手非常失礼，现代交际场合即使是女士也应脱去手套方可握手。

（7）不可拒绝握手。

社交场合，对于别人伸出来的手拒绝或忽视是非常失礼和傲慢的表现，显得很没有修养，即使自己手很脏不便与对方握手，也要做出握手的姿态，伸出双手，对对方解释，说："不好意思。"

（8）握手之后不要拍打双手。

与别人握手完毕，不能马上拍打双手，以免对方误会。

3.4　递名片礼仪

为了更直接准确地说明自己的身份或全面了解对方，人们往往互赠名片。名片是一个人的第二张"脸"，它可帮助人们更好地相互了解和交往，一目了然，直接方便。

1. 名片的内容

一般情况下名片内要注明姓名、工作单位、职务、联系方式（邮政编码、电话号码等），有的用中英文同时标注名片内容。注意表明自己身份时避免吹嘘或夸张。有些名片把诸多职务一一罗列，这样显得臃肿，也会让人误会为故意炫耀。

2. 接递名片手势

赠送或接受名片时一般以双手呈上或接下，单手赠送或接取名片很不礼貌。一般赠送名片应将字朝向对方，并留出部分给对方接受的空间。接受对方名片时应仔细看一遍，如遇看不懂的字应请教，然后收起来。看也不看，随便放进什么地方，或看完之后没记住对方身份就很失礼。一般看完名片就应改称名片上表明的身份，如"王经理"，"张厂长"。

在赠送或接受名片时常说："请指教"，"请多关照"。而回答则说："不敢当"，"你太客气了"。

一般职务较低者先递名片，或主动访问者先递名片。

3. 索取名片

如果没有必要最好不要强索他人名片。若索取他人名片，则不宜直言相告，而应委婉表达此层意思：可向对方提议交换名片、主动递上本人的名片；询问对方，"今后如何向您讨教"（向尊长者索要名片时多用此法）；询问对方，"以后怎么与你联系"（向平辈或晚辈索要名片时多用此法）。

反过来，当他人向自己索取名片时，自己不想给对方时，不宜直截了当，也应以委婉方式表达此意。可以说"对不起，我忘带名片了"，或"抱歉，我的名片用完了"。

3.5　电话礼仪

随着科学技术的发展和人们生活水平的提高，电话的普及率越来越高，人人离不开电话，每天要接、打大量的电话。看起来打电话很容易，对着话筒同对方交谈，觉得和当面交谈一样简单，其实不然，打电话大有讲究，可以说是一门学问、一门艺术。

3.5.1 接听电话的基本礼仪

1. 重要的第一声

当打电话给某单位，若一接通，就能听到对方亲切、优美的招呼声，心里一定会很愉快，使双方对话能顺利展开，对该单位有了较好的印象。在电话中只要稍微注意一下自己的行为就会给对方留下完全不同的印象。同样说："你好，这里是××公司。"但声音清晰、悦耳、吐字清脆，给对方留下好的印象，对方对其所在单位也会有好印象。因此要记住，接电话时，应有"代表单位形象"的意识。

2. 要有喜悦的心情

打电话时要保持良好的心情，这样即使对方看不见你，但是从欢快的语调中也会被你感染，给对方留下极佳的印象。由于面部表情会影响声音的变化，所以即使在电话中，也要抱着"对方看着"的心态去应对。

3. 清晰明朗的声音

打电话过程中绝对不能吸烟、喝茶、吃零食，即使是懒散的姿势对方也能够"听"得出来。如果你打电话的时候，弯着腰躺在椅子上，对方听你的声音就是懒散的，无精打采的；若坐姿端正，所发出的声音也会亲切悦耳，充满活力。因此打电话时，即使看不见对方，也要当作对方就在眼前，尽可能注意自己的姿势。

4. 迅速准确的接听

现代工作人员业务繁忙，桌上往往会有两三部电话，听到电话铃声，应准确迅速地拿起听筒，最好在三声之内接听。电话铃声响一声大约3秒钟，若长时间无人接电话，或让对方久等，是很不礼貌的，对方在等待时心里会十分急躁，你的单位会给他留下不好的印象。即便电话离自己很远，听到电话铃声后，附近没有其他人，应该用最快的速度拿起听筒，这样的态度是每个人都应该拥有的，这样的习惯是每个办公室工作人员都应该养成的。如果电话铃响了五声才拿起话筒，应该先向对方道歉，若电话响了许久，接起电话只是"喂"了一声，对方会十分不满，会给对方留下恶劣的印象。

5. 认真清楚的记录

随时牢记5W1H技巧，所谓5W1H是指：① When 何时；② Who 何人；③ Where 何地；④What 何事；⑤Why 为什么；⑥How 如何进行。在工作中这些资料都是十分重要的，对打电话、接电话具有相同的重要性。电话记录既要简洁又要完备，有赖于5W1H技巧。

6. 了解来电的目的

上班时间打来的电话几乎都与工作有关，公司的每个电话都十分重要，不可敷衍。即使对方要找的人不在，切忌只说"不在"就把电话挂了。接电话时也要尽可能问清事由，避免误事。首先应了解对方的来电的目的，如自己无法处理，也应认真记录下来，委婉地探求对方的来电目的，就可不误事而且赢得对方的好感。

7. 挂电话前的礼貌

要结束电话交谈时，一般应当由打电话的一方提出，然后彼此客气地道别，说一声"再见"，再挂电话，不可只管自己讲完就挂断电话。

3.5.2　使用移动电话时应注意几点原则：

（1）不要在医院或者是在机场用手机，以免影响机场及医院的电子设备。

（2）打电话时，请注意一下，有些地方是不允许使用手机的。如加油站、一些餐馆、酒吧、剧院、电影院以及图书馆都禁止使用手机。

（3）当不使用手机时，请锁住手机按钮，以防意外拨打诸如 119、110、120 等特殊的电话号码。

3.5.3　电话礼仪中的礼貌用语

（1）您好！这里是×××公司×××部（室），请问您找谁？

（2）我就是，请问您是哪一位？……请讲。

（3）请问您有什么事？（有什么能帮您?）

（4）您放心，我会尽力办好这件事。

（5）不用谢，这是我们应该做的。

（6）×××同志不在，我可以替您转告吗？（请您稍后再来电话好吗?）

（7）对不起，这类业务请您向×××部（室）咨询，他们的号码是……（×××同志不是这个电话号码，他/她的电话号码是……）

（8）您打错号码了，我是×××公司×××部（室），……没关系。

（9）再见！（与以下各项通用）

（10）您好！请问您是×××单位吗？

（11）我是×××公司×××部（室）×××，请问怎样称呼您？

（12）请帮我找×××同志。

（13）对不起，我打错电话了。

（14）对不起，这个问题……请留下您的联系电话，我们会尽快给您答复好吗？

3.6　拜访及待客礼仪

　　勤于走往，建立广泛的社会联系，了解和沟通各方面信息，联络感情，是旅游从业人员的责任之一，借此也可以拓展自我的关系网，对个人或工作都会带来很大的好处。

3.6.1　拜访礼仪

拜访又叫做拜会、拜见，是指前往他人的工作单位或住所，去会晤、探望对方，进行接触。拜访时要注意一定的礼仪规范。

3.6.1.1　要有约在先

拜访人时，切勿未经约定便不邀而至，尽量避免前往其私人居所进行拜访。在约定的具体时间通常应当避开节日、假日、用餐时间、过早或过晚的时间，及其他一切对对方不方便的时间。

3.6.1.2　要守时践约

这不只是为了讲究个人信用，提高办事效率，而且也是对交往对象尊重友好的表现。万一因故不能准时抵达，务必要及时通知对方，必要的话，还可将拜访另行改期。在这种情况下，一定要记住向对方郑重其事地道歉。

3.6.1.3　要进行通报

进行拜访时，倘若抵达约定的地点之后，未与拜访对象直接见面，或是对方没有派专员在此迎候，则在进入对方的办公室或私人居所的正门之前，有必要先向对方进行一下通报。

3.6.1.4　要登门有礼

切忌不拘小节，失礼失仪。当主人开门迎客时，务必主动向对方问好，互行见面礼节。倘若主人一方不止一人之时，则对对方的问候与行礼在先后顺序上合乎礼仪惯例。标准的做法有二：其一，是先尊后卑。其二，是由近而远。在此之后，在主人的引导之下，进入指定的房间，切勿擅自闯入。在就座之时，要与主人同时入座。倘若自己到达后，主人这处尚有其他客人在座，应当先问一下主人，自己的到来会不会影响对方。为了不失礼仪，在拜访外国友人之前，需随身携带一些备用的物品。主要是纸巾、擦鞋器、袜子与爽口液等，简称为"涉外拜访四必备"。"入室后的四除去"是指帽子、墨镜、手套和外套。

3.6.1.5　要举止有方

在拜访外国友人时要注意自尊自爱，并且时刻以礼待人。与主人或其家人进行交谈时，要慎择话题。切勿信口开河，出言无忌。与异性交谈时，要讲究分寸。对于主人家里遇到的其他客人要表示尊重，友好相待。不要有意无意间冷落对方，置之不理。若遇到其他客人较多时，既要以礼相待，也要一视同仁。切勿明显地表现出厚此薄彼，而本末倒置地将主人抛在一旁。在主人家里，不要随意脱衣、脱鞋、脱袜，也不要大手大脚，动作嚣张而放肆。未经主人允许，不要在主人家中四处乱闯，随意乱翻、乱动、乱拿主人家中的物品。

3.6.1.6 要适可而止

在拜访他人时，一定要注意在对方的办公室或私人居所里停留的时间长度。从总体上讲，应当具有良好的时间观念。不要因为自己停留的时间过长，从而打乱对方既定的其他日程。在一般情况下，礼节性的拜访，尤其是初次登门拜访，应控制在一刻钟至半小时之内。最长的拜访，通常也不宜超过两个小时。有些重要的拜访，往往需由宾主双方提前议定拜访的时间长度。在这种情况下，务必要严守约定，绝不单方面延长拜访时间。自己提出告辞时，虽主人表示挽留，仍须执意离去，则要向对方道谢，并请主人留步，不必远送。在拜访期间，若遇到其他重要的客人来访，或主人一方表现出了厌客之意，应当机立断，知趣地告退。

3.6.2 待客礼仪

礼貌待客是中华民族的传统美德，讲究待客的礼仪，最重要是要待客以礼，做到主随客便。

3.6.2.1 认真准备

如果你事先知道有客人来访，要提前打扫门庭，以迎嘉宾，并备好茶具、烟具、饮料等，也可根据自己的家庭条件，准备好水果、糖、咖啡等。客人在约定时间到来，应提前出门迎接。

客人来到家中，要热情接待。如在家中穿内衣、内裤，应换便衣，即使是十分熟悉的客人，也应换上便衣。客人进屋后，首先请客人落座，然后敬茶、递烟、端出糖果。端茶送糖果盘时要用双手，并代为客人剥糖纸，削果皮，点香烟。

3.6.2.2 热情迎接

对来访客人，主人可根据需要亲自或派人在大门口、楼下、办公室或住所门外迎接。迎接时应热情主动与客人握手、问候并表示欢迎。

进屋后应帮客人把外衣、帽子等放好并引导客人"上座"。

3.6.2.3 以礼相待

要事先把茶具洗干净。在倒茶时，要掌握好茶水的量。常言待客要"浅茶满酒"。所谓浅茶，即将茶水倒入杯中三分之二为佳。

端茶也是应注意的礼节。按我国的传统习惯，应双手给客人端茶。对有杯耳的杯子，通常是用一只手抓住杯耳，另一只手托住杯底，把茶水送给客人，随之说声"请您用茶"或"请喝茶"。切忌用手指捏住杯口边缘往客人面前送，这样敬茶既不卫生，也不礼貌。

3.6.2.4 礼貌送客

客人告辞，一般应婉言相留。客人要走，应等客人起身后，再起身相送，不可客人一说要走,主人就站起来。送客一般应送到大门或弄堂口。有些客人常常会带礼物来,对此,我们送客时应有所反应,如表示谢意,或请求客人以后来访再不要携带礼品了,或相应地回谢一些礼物,决不能受之无愧似的若无其事,毫无表示。

3.6.3 馈赠礼仪

中华民族素来重交情,古代就有"礼尚往来"之说。亲友和商务伙伴之间的正当馈赠是礼仪的体现,感情的物化。在正常的交际活动中,用以增进友情的合理、适度的赠礼与受礼是必要的。

3.6.3.1 馈赠原则

馈赠作为社交活动的重要手段之一,受到古今中外人士的普遍肯定。馈赠作为一种非语言的重要交际方式,是以物的形式出现,以物表情,礼载于物,起到寄情言意的"无声胜有声"的作用。得体的馈赠,恰似无声的使者,给交际活动锦上添花,给人们之间的感情和友谊注入新的活力。然而送给谁(Who),为什么送(Why),如何送(How),送什么(What),何时送(When),在什么场合送(Where),是一个既老又新的问题。因此,我们只有在明确馈赠目的和遵循馈赠基本原则的前提下,在明确弄清以上5W1H的基础上,才能真正发挥馈赠在交际中的重要作用。

1. 馈赠的目的

任何馈赠都是有目的的,或为结交友谊,或为祝颂庆贺,或为酬宾谢客,或为其他。

(1)以交际为目的的馈赠。这是一种为达到交际目的而进行的馈赠,有两个特点:一是送礼的目的与交际目的的直接一致。无论是个人还是组织机构,在社交中为达到一定目的,针对交往中的关键人物和部门,通过赠送一定礼品,以促使交际目的达到。二是礼品的内容与送礼者的形象一致。礼品的选择,一个非常重要的原则就是要使礼品能反映送礼者的寓意和思想感情的倾向,并使寓意和思想倾向与送礼者的形象有机地结合起来。

(2)以巩固和维系人际关系为目的的馈赠。这类馈赠,即为人们常说的"人情礼"。在人际交往过程中,无论是个人间的抑或是组织机构间,必然产生各类关系和各种感情。人与生俱来的社会性,又要求人们必须重视这些关系和感情,因而,围绕着如何巩固和维系人际关系和感情,人们采取了许多办法,其中之一就是馈赠。这类馈赠,强调礼尚往来,以"来而不往非礼也"为基本行为准则。因此,这类馈赠,无论从礼品的种类、价值的轻重、档次的高低、包装的精美与否、蕴含的情义多寡等方面都呈现出多样性和复杂性。这在民间交际中尤其具有重要的特殊作用。

(3)以酬谢为目的的馈赠。这类馈赠是为答谢他人的帮助而进行的。因此在礼品的选择上十分强调其物质价值。礼品的贵贱厚薄,首先取决于他人帮助的性质。帮助的性质分为物质的和精神的两类。一般说来，物质的帮助往往是有形的、能估量的；而精神的帮助则是无形的、难以估量的，然而其作用又是相当大的。其次取决于帮助的目的，是慷慨无私的，还是另有所图的，还是公私兼顾的。只有那种真正无私的帮助，才是值得真心酬谢的。再次取决于帮助的时机，一般情况下，危难之中见真情。因此，得到帮助的时机是日后酬谢他人最重要的衡量标准。

（4）以公关为目的的馈赠。这种馈赠，表面上看来不求回报，而实质上其索取的回报往往更深地隐藏在其后的交往中，或是金钱，或是权势，或是其他功利，是一种为达到某种目的而用礼品的形式进行的活动。多发生在对经济、政治利益的追求和其他利益的追逐活动中。

2. 馈赠的基本原则

（1）轻重原则——轻重得当，以轻礼寓重情。

通常情况下，礼品的贵贱厚薄，往往是衡量交往人的诚意和情感浓烈程度的重要标志。然而礼品的贵贱厚薄与其物质的价值含量并不总成正比。因为礼物是言情寄意表礼的，它仅仅是人们情感的寄托物，人情无价而物有价，有价的物只能寓情于其身，而无法等同于情。也就是说，就礼品的价值含量而言，礼品既有其物质的价值含量，也有其精神的价值含量。"千里送鹅毛"的故事，在我国妇孺皆知，被标榜为礼轻情意重的楷模和学习典范。"折柳相送"也常为文人津津乐道，因为柳的寓意有三：一为表示挽"留"；二因柳枝在风中飘动的样子如人惜别的心绪；三为祝愿友人如柳能随遇而安。在这里，如果仅就这些礼物本身的物质价值而言，的确是很轻的，对于受礼人来说甚至是微乎其微，然而它所寄寓的情意则是浓重的。我们提倡"君子之交淡如水"，提倡"礼轻情意重"。但是，当我们因种种原因陷入"人情债务链"时，则不妨既要注意以轻礼寓重情，又要入乡随俗地根据馈赠目的和自己的经济实力，择定不同轻重的礼物。对于那些人情礼轻重的把握尺度，目前国内常以个人收入的1/3为最上限，下限则视情而定。总之，除非是有特殊目的的馈赠，其他馈赠礼物的贵贱厚薄都应以对方能愉快接受为尺度。

（2）时机原则——选时择机，时不我待。

就馈赠的时机而言，及时适宜是最重要的。中国人很讲究"雨中送伞"、"雪中送炭"，即十分注重送礼的时效性，因为只有在最需要时得到的才是最珍贵、最难忘的。因此，要注意把握好馈赠的时机，包括时间的选择和机会的择定。一般说来，时间贵在及时，超前滞后都达不到馈赠的目的；机会贵在事由和情感及其他需要的程度，"门可罗雀"时和"门庭若市"时，人们对馈赠的感受会有天壤之别。所以，对于处境困难者的馈赠，其所表达的情感就更显真挚和高尚。

（3）效用性原则。

同一切物品一样，当礼以物的形式出现时，礼物本身也就具有了实用价值。就礼品本身的实用价值而言，人们经济状况不同，文化程度不同，追求不同，对于礼品的实用性要求也就不同。一般说来，物质生活水平的高低，决定了人们精神追求的不同，在物质生活较为贫寒时，人们多倾向选择实用性的礼品，如食品、水果、衣料、现金等；在生活水平较高时，人们则倾向于选择艺术欣赏价值较高、趣味性较强和具有思想性纪念性的物品为礼品。因此，应视受礼者的物质生活水平，有针对性地选择礼品。

（4）投好避忌的原则。

就礼品本身所引发的直接后果而言，由于民族、生活习惯、生活经历、宗教信仰以及性格、爱好的不同，故不同的人对同一礼品的态度是不同的，或喜爱或忌讳或厌恶等，因此我们要把握住投其所好、避其禁忌的原则。在这里尤其强调要避其禁忌。禁忌是一种不系统的、非理性的、作用极大的心理和精神倾向，对人的活动影响强烈。当自己的禁忌被冒犯时，无论是有意的还是无意的，心中的不快不满甚至愤恨是不言而喻的。当我们冒犯了别人时，就会引起纠纷，甚至冲突。所以，馈赠前一定要了解受礼者的喜好，尤其是禁忌。例如，中国人普遍有"好事成双"的说法，因而凡是大贺大喜之事，所送之礼，均好双忌单。但广东人则忌讳"4"这个偶数，因为在广东话中，"4"听起来就像是"死"，是不吉利的。再如，白色虽有纯洁无瑕之意，但中国人比较忌讳，因为在中国，白色常是悲哀之色和贫穷之色；同样，黑色也被视为不吉利，是凶灾之色、哀丧之色；而红色，则是喜庆、祥和、欢庆的象征，受到人们的普遍喜爱。另外，我国人民还常常讲究给老人不能送"钟"，给夫妻或情人不能送"梨"，因为"送钟"与"送终"，"梨"与"离"谐音，是不吉利的。这类禁忌，还有许多需要我们去遵循，这里就不一一列举了。

3.6.3.2 赠礼的注意事项

1. 注意礼品的包装

精美的包装不仅使礼品的外观更具艺术性和高雅的情调，并显现出赠礼人的文化和艺术品位，而且还可以使礼品产生和保持一种神秘感，既有利于交往，又能引起受礼人的兴趣和探究心理及好奇心理，从而令双方愉快。好的礼品若没有讲究包装，不仅会使礼品逊色，使其内在价值大打折扣，使人产生"人参变萝卜"的缺憾感，而且还易使受礼人轻视礼品的内在价值，而无谓地折损了由礼品所寄托的情谊。

2. 注意赠礼的场合

赠礼场合的选择，是十分重要的。尤其那些出于酬谢、应酬或有特殊目的的馈赠，更应注意赠礼场合的选择。通常情况下，当众只给一群人中的某一个人赠礼是不合适的。因为那会使受礼人有受贿和受愚弄之感，而且会使没有受礼的人有受冷落和受轻视之感。给关系密切的人送礼也不宜在公开场合进行，只有礼轻情重的特殊礼物才适宜在大庭广众面前赠送。既然是关系密切，送礼的场合就应避开公众而在私下进行，以免给公众留下你们关系密切完全是靠物质的东西支撑的感觉。只有那些能表达特殊情感的特殊礼品，方能在公众面前赠予，如一本特别的书，一份特别的纪念品等，最好当着受礼人的面赠礼。因为这时公众已变成你们真挚友情的见证人。赠礼是为巩固和维持双方的关系，赠礼也必须是有针对对象的。因此赠礼时应当着受礼人的面，以更易于观察受礼人对礼品的感受，并适时解答和说明礼品的功能、特性等，还可有意识地向受礼人传递你选择礼品时独具匠心的考虑，从而激发受礼人对你一片真情的感激和喜悦之情。

3. 注意赠礼时的态度、动作和言语表达

只有那种平和友善的态度，和落落大方的动作并伴有礼节性的语言表达，才是令赠受礼双方所能共同接受的。那种做贼似的悄悄将礼品置于桌下或房中某个角落的做法，不仅达不到馈赠的目的，甚至会适得其反。

4. 注意赠礼的具体时间

一般说来，应在相见或道别时赠礼。

3.6.3.3　受礼的礼仪

（1）受礼者应在赞美和夸奖声中收下礼品，并表示感谢。一般应赞美礼品的精致、优雅或实用，夸奖赠礼者的周到和细致，并伴有感谢之辞（按中国传统习惯，是伴有谦恭态度的感谢之辞）。

（2）双手接过礼品。视具体情况或拆看或只看外包装，还可伴有请赠礼人介绍礼品功能、特性、使用方法等的邀请，以示对礼品的喜爱。

（3）只要不是贿赂性礼品，一般最好不要拒收，那会很驳赠礼人面子的。可以找机会回礼就是了。

3.6.3.4　礼品的选择

因人因事因地施礼，是社交礼仪的规范之一，对于礼品的选择，也应符合这一规范要求：对家贫者，以实惠为佳；对富裕者，以精巧为佳；对恋人、爱人、情人，以纪念性为佳；对朋友，以趣味性为佳；对老人，以实用为佳；对孩子，以启智新颖为佳；对外宾，以特色为佳。

本章小结

本章主要介绍了社交礼仪的几大组成部分，包括称谓礼仪、介绍礼仪、握手礼仪、名片礼仪、电话礼仪和拜访待客及馈赠礼仪。旅游从业人员的工作内容和工作环境的特殊性决定了他们必须要懂得和运用与人交往过程中的交际技巧，从而提高个人的修养并能给客人留下良好的印象。

课后思考与练习

常见的社交礼仪有哪些方面？请简要概述各种社交礼仪的注意事项。

案例 分析

案例一

美国作家欧·亨利在其著名的小说《麦琪的礼物》里讲了这样一个故事：一位妻子十分想在圣诞节来临时送给丈夫一份礼物，她盼望能买得起一条表链，以匹配丈夫祖上留下的一只表。因为没有钱，于是她把自己秀丽的长发剪下来卖了。圣诞之夜，妻子对丈夫献上了自己的礼物——一条精美的表链。丈夫也在惊愕之中拿出了他献给妻子的礼物，竟是一套精美的发梳。原来，丈夫为给妻子买礼物把自己的表卖了。这时，他们紧紧地拥抱在一起，彼此的爱成为这圣诞之夜唯一的却是最珍贵的礼物。这对夫妻献给对方的礼物，在此时似乎已毫无效用，然而并非如此，它们不仅升华了他们之间的爱，使他们得到了最大的精神满足；而且更激发了他们战胜生活困难，追求幸福生活的决心和意志。有这样的情和爱，世上还有不可克服的困难和不可逾越的生活难关吗？

案例二

有一篇《影星与狗》的文章，记载了这样一件感人的事：国际著名影星奥黛丽·赫本十分爱狗。多年来一直豢养着一只叫杰西的长耳罗塞尔种的小猎犬。白天，杰西那无忧无虑和温柔的品性，令赫本感到平和亲近，夜晚杰西暖融融地依偎在赫本的脚旁，伴她入睡。然而，有一天，杰西误吃了毒药，很快就死了，赫本爱犬心切，竟无法控制自己，一连数日，终因悲伤过度而一病不起。这时，她的朋友克里斯多夫·格里文森托人给她送来了又一只长耳罗塞尔狗，它叫彭妮，小巧玲珑，毛色白亮，十分可爱。彭妮给了赫本无限的慰藉，赫本说："彭妮不仅使我恢复了健康，也赐给我无限的幸福，它真是来自天堂的宝贝。"

评析：

案例一和案例二在生活中我们会碰到各式各样的事情，但不是只要懂得运用礼仪就能送人玫瑰手留余香。

实训应用 →

1. 情景模拟

（1）在会议上遇到客户，但是，你实在想不起他的名字，你会怎么处理？

（2）如何在展销会上向客户介绍你公司的同事？

（3）在会议上与陌生人握手并交换名片。

2. 情景模拟

背景介绍：

A 公司总经理张宏安排主管华东区事务的营销副总张伟强、技术副总李想、助理林娟前往机场接机。根据沟通确认，B 公司一行乘坐的航班将在北京时间 14：15 到达机场。由于这一时刻到达的航班很多，大厅十分拥挤。

任务要求：

（1）两团队合作扮演 B 公司和 A 公司人员在机场的相逢；

（2）模拟在机场迎接、问候的情景；

（3）准备好相关接待物品。

任务提示：

（1）称呼的要求：注意对上级、女士的称谓。

（3）介绍与自我介绍要求：介绍的顺序、介绍的方式。

（3）名片交换要求：提前准备名片、名片递接和使用。

（4）握手的要求：注意握手的顺序、方式、时间和禁忌。

第四章 公、商务礼仪

知识目标

1. 掌握搭乘不同车型的座次顺序

2. 掌握宴会的形式、桌次和座位安排

3. 掌握会晤会谈常见的形式

实训目标

掌握宴会服务的程序和礼仪及桌次、座位的安排

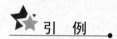

有一次 B 公司经理要来，A 公司就派一名女职员去接她，当一起乘车回来时。女职员竟无所顾忌地与经理肩并肩坐在司机后面的位置上，大家分不清接的是谁。这位女职员闹了个混淆上下级关系的大笑话，其实职员坐在司机旁边的位置上，才是对职位高的人的礼貌。

问题：（1）你是否知道乘车时座位的排列顺序呢？

（2）身在商务场合，如果不懂乘车礼仪，不仅使你本人难堪，也会影响公司的声誉。商务场合应注意哪些乘车礼仪呢？

4.1 乘车礼仪

4.1.1 乘车上下车的顺序礼仪

基本要求是：倘若条件允许，需请尊长、女士、来宾先上车，后下车。

（1）主人亲自驾车。要后上车，先下车，以便照顾客人上下车。乘坐由专职司机驾驶的轿车时，坐于前排者，要后上车，先下车，以便照顾坐于后排者。

（2）乘坐由专职司机驾驶的轿车，并与其他人同坐于后一排时，应请尊长、女士、来宾从右侧车门先上车，自己再从车后绕到左侧车门后上车。下车时，则应自己先从左侧下车，再从车后绕过来帮助对方。若左侧车门不宜开启，于右门上车时，要里座先上，外座后上。下车时，要外座先下，里座后下。总之，以方便易行为宜。乘坐多排座轿车，通常应以距离车门的远近为序。上车时，距车门最远者先上，其他人随后由远而近依次而上。下车时，距车门最近者先下，其他随后由近而远依次而下。

4.1.2　不同车型的座次礼仪

小轿车：

小轿车的座位，如有司机驾驶时，以后排右侧为首位，左侧次之，中间座位再次之，前坐右侧殿后，前排中间为末席。

如果由主人亲自驾驶，以驾驶座右侧为首位，后排右侧次之，左侧再次之，而后排中间座为末席，前排中间座则不宜再安排客人。

主人夫妇驾车时，则主人夫妇坐前座，客人夫妇坐后座，男士要服务于自己的夫人，宜开车门让夫人先上车，然后自己再上车。

如果主人夫妇搭载友人夫妇，则应邀友人坐前座，友人之妇坐后座，或让友人夫妇都坐前座。

主人亲自驾车，坐客只有一人，应坐在主人旁边。若同坐多人，中途坐前座的客人下车后，在后面坐的客人应改坐前座，此项礼节最易疏忽。

女士登车不要一只脚先踏入车内，也不要爬进车里。需先站在座位边上，把身体降低，让臀部坐到位子上，再将双腿一起收进车里，双膝一定保持合并的姿势。

吉普车：

吉普车无论是主人驾驶还是司机驾驶，都应以前排右坐为尊，后排右侧次之，后排左侧为末席。上车时，后排位低者先上车，前排尊者后上。下车时前排客人先下，后排客人再下车。

旅行车：

我们在接待团体客人时，多采用旅行车接送客人。旅行车以司机座后第一排即前排为尊，后排依次为小。其座位的尊卑，依每排右侧往左侧递减。

特别注意的是，根据常识，轿车的前排，特别是副驾驶座，是车上最不安全的座位。因此，按惯例，在社交场合，该座位不宜请妇女或儿童就座。而在公务活动中，副驾驶座，特别是双排五座轿车上的副驾驶座，则被称为"随员座"，专供秘书、翻译、警卫、陪同等随从人员就座。

4.1.3　女士乘车礼仪

标准：首先拉开车门，先将背部侧向座位，坐在座位上，再把双腿并拢一块收进车内，坐好后稍加整理衣服，坐定，关上车门。

上下车姿势：

上车姿势：上车时姿态优雅，姿态应该为"背入式"，即将身体背向车厢入座，坐定后即将双脚同时缩进车内（如穿长裙，应在关上车门前将裙子弄好）。

下车姿势：应将身体尽量移近车门，立定，然后将身体重心移至另一脚，再将整个身体移离车外，最后踏出另一只脚（如穿短裙则应将两只脚同时踏出车外，再将身体移出，双脚不可一先一后）。

4.2　宴会礼仪

宴请是国际交往中最常见的活动形式之一。国际上通用的宴请形式有宴会、招待会、茶会、工作餐等。举办宴会活动采用何种形式，通常根据活动目的、邀请对象及经费开支等各种因素而定。

4.2.1　常见的几种宴请形式

1. 宴会

宴会是正餐，有国宴、正式宴会、便宴、家宴之分。按举行的时间，又有早宴（早餐）、午宴、晚宴之分，一般来说，晚上举行的宴会更为隆重。

（1）国宴。

国宴是国家元首或政府首脑为国家庆典，或为欢迎外国国家元首、政府首脑来访而举行的正式宴会，因而规格最高。

我国在来访的外国领导人抵达北京当日或次日晚上，在人民大会堂举行欢迎宴会，由出面接待的国家领导人主持。宴会邀请来访者一行及其驻华使馆的外交官和夫人出席，一般不邀请第三国人士。宴会厅内悬挂两国国旗，宾主入席后，乐队演奏两国国歌及席间乐。按惯例，宴会上双方领导人先后发表讲话。

来访国的领导人在离开邀请国之前，往往为东道主举行一次答谢宴会，答谢宴会的规模与形式通常同东道国的正式欢迎宴会相仿。一般视访问国的习惯和东道国的习惯来定是否要举行答谢宴会。

（2）正式宴会。

正式宴会除不挂国旗、不奏国歌以及出席规格不同外，其余安排大体与国宴相同，宾主均按身份排位就座，有时亦安排乐队奏席间乐。许多国家的正式宴会十分讲究排场，在请柬上还注明对服饰的要求。除此之外，对餐具、酒水、菜肴道数、环境陈设以及服务人员的装束等都有严格的要求。

（3）便宴。

便宴即非正式宴会，常见的有午宴、晚宴，有时亦有早上举行的早宴。这类宴会形式简便，可以不排席位，不作正式讲话，菜肴道数亦可酌减。便宴随便、亲切，宜用于日常友好交往。

（4）家宴。

家宴即在家中设便宴招待客人，采用这种形式，以示亲切友好，家宴一般由主妇亲自下厨烹调，家人共同招待。

2. 招待会

招待会是指各种不备正餐的较为灵活的宴请形式。备有食品、酒水、饮料，通常都不排席位，可以自由活动。常见的招待会有冷餐会和酒会两种。

（1）冷餐会。

冷餐会又称自助餐，菜肴以冷食为主，也可用热菜，连同餐具陈设在菜台上，供客人自取。客人可自由活动，可多次取食。酒水可陈放在菜台上，也可由招待员端送。冷餐会一般在院子里、花园里举行，可设椅子，自由入座，也可不设座椅，站立进餐。

（2）酒会。

酒会又称鸡尾酒会。其特点是形式灵活，便于广泛接触交谈。招待品以酒水为主，略备小吃。酒会不设座椅，以便客人随意走动。酒会举行的时间亦较灵活，中午、下午、晚上均可，但要与正餐时间错开。请柬上往往注明整个活动持续的时间，客人可在此期间任何时候到达或退席，来去自由，不受约束。

3. 茶会

茶会是一种最简便的招待形式。举行的时间一般在下午 4 时。茶会通常设在客厅，厅内设茶几、座椅。入座时，有意识地将主宾同主人安排坐在一起，其他人随意就座。茶会是请客人品茶，因此对茶叶、茶具的选择应有所讲究，具有地方特色。一般用陶瓷器皿，不用玻璃杯，也不用热水瓶代替茶壶。外国人一般用红茶加牛奶、红糖、柠檬等，略备点心和地方风味小吃。

4. 工作餐

工作餐是现代国际交往中经常采用的一种非正式宴请形式（有时由参加者各自付费）。利用进餐时间（早、午、晚均可），边吃边谈问题。此类活动一般只请与工作有关的人员，不请配偶。

了解了常见的几种宴请形式后，还应该注意宴请的目的、范围和形式；宴请的时间和地点的选择；菜单的确定和宴请程序等问题，特别是宴请的桌次和座位安排尤其要注意。

4.2.2 宴请的桌次和座位安排

1. 宴请的桌次安排

按国际惯例，桌次高低以离主桌位置远近而定，右高左低。桌数较多时，要摆桌次牌。这样既方便宾、主，也有利于管理。

宴会可以用圆桌，也可以用长桌或方桌。一桌以上的宴会，桌子之间的距离要适当，各个座位之间也要距离相等。团体宴请中，宴桌排列一般以最前面的或居中的桌子为主桌。如图 4-1、图 4-2 所示：

2. 宴请的座次安排

凡正式宴请，一般均排座位，也可以只排部分客人的座位，其他人只排桌次或自由入座。无论采用哪种做法，都要在入席前通知到每一个出席者，使大家心中有数，现场还要有人引导。大型宴会最好先安排座位，以免混乱。席位高低以离主人的座位远近而定。

礼宾次序是安排席位的主要依据。我国习惯按各人本身职务排列，以便交谈。如夫人出席，通常把女方安排在一起，即主宾坐在男主人右侧，其夫人坐在女主人右侧。两桌以上的宴会，其他各桌第一主人的位置一般与主人桌上的位置相同。如图 4-3、图 4-4 所示：

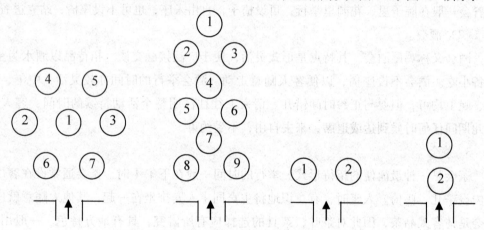

图 4-1 宴请桌次排序图示   图 4-2 宴请桌次排序图示

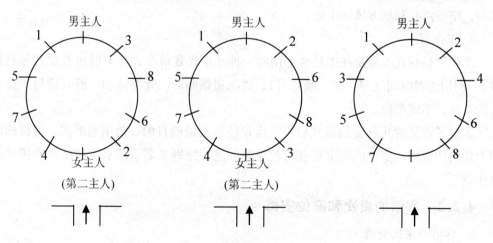

图 4-3 宴请座位排序图示

在具体安排席位时，还需考虑其他一些因素。例如，多国参加活动需注意各国间相互的政治关系。政见分歧大、两国关系紧张者，尽量避免安排在一起。此外，适当照顾各种实际情况。例如，身份大体相同、使用同一种语言者，或从事同一专业者，可安排在一起。

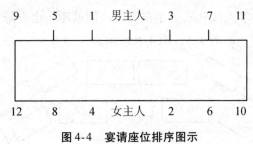

图4-4 宴请座位排序图示

4.3 会见与会面

4.3.1 会见与会谈

会见与会谈是外事礼仪中的一个重要环节，无论是正式访问、谈判，还是礼节性拜访，通常都要安排会见与会谈，以加强了解、发展友谊、增进相互间的合作与交流。

4.3.1.1 会见

所谓会见，特指为了一定目的而进行的约会、见面。在国际上一般称接见或拜会。凡身份高的人士会见身份低的，或是主人会见客人，一般称为接见或召见。凡是身份低的人士会见身份高的，或是客人会见主人，一般称为拜会或拜见。拜见君主，又称谒见、觐见。我国不作上述区分，都称为会见。接见和拜会后的回访，称回拜。根据会见中所谈及的内容，会见可分为三种。

1. 礼节性会见

礼节性会见是指在国际交往中东道主从礼节、两国关系、来访者身份及来访目的考虑，安排相应国家领导人会见来访者，是主人给客人的一种礼遇。礼节性会见一般时间较短，话题较为广泛。

2. 政治性会见，也叫正式会见

会见中谈论涉及双边关系、国际局势、经贸合作等政治性、事务性、业务性问题，会见时间较礼节性会见长，所涉及问题或事务较多。

3. 事务性会见，也称小范围会晤

小范围会晤一般在我方领导人会见整个代表团或正式会谈之前，双方各3~4人，先进行小范围会晤，这是给对方的一种礼遇。另外，出现一些不便让新闻媒体报道的问题，也应在小范围会晤时谈。

外国领导人来我国访问，会见安排比较简单，无特殊仪式。会见地点安排在人民大会堂或中南海。会见时的座位安排一般为客人坐在主人的右边，译员、记录员坐在主人和主宾后面。其他客人按礼宾顺序在主宾一侧就座，主方陪见人在主人一侧就座，座位不够可在后排加座。如图4-5、图4-6所示。

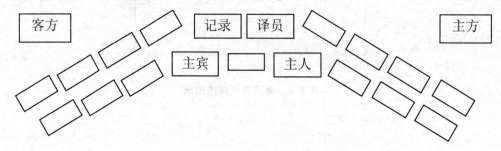

图4-5 会见座位排序图示

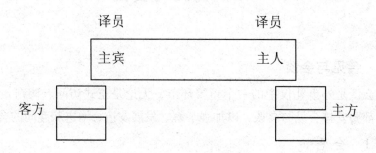

图4-6 会见座位排序图示

4.3.1.2 会谈

会谈是指双方就某些重大的政治、经济、文化、军事问题以及共同关心的问题交换意见。会谈也可以指接洽公务或谈判具体业务，一般来说内容较为正式，政治性和专业性较强。

当外国领导人来我国访问时，我们通常将首次会谈安排在人民大会堂。如有第二轮会谈，有时安排在国宾下榻的国宾馆。会谈开始前，允许双方记者采访几分钟后退场。如有分组会谈，则另外安排。

会谈的安排一般是：双方会谈通常用长方形、椭圆形或圆形桌。宾主相对而坐，以正门为准，主方占背门一侧，客方面向正门，主谈人居中。我国习惯把译员安排在主谈人右侧，但有的国家亦让译员坐在后面，一般应尊重主人的安排，其他人按礼宾顺序左右排列。如参加会谈的人数多，也可安排在会谈桌就座。如图4-7所示。

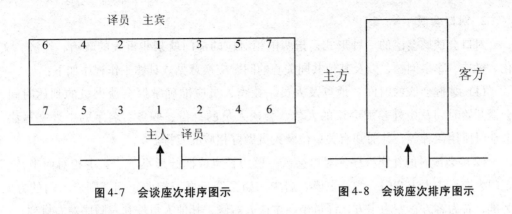

图 4-7　会谈座次排序图示　　　　图 4-8　会谈座次排序图示

如会谈长桌一端向正门，则以入门的方向为准，右为客方，左为主方，如图 4-8 所示。

多边会谈，座位可摆成圆形、方形等。小范围的会谈，也有不用长桌，只设沙发，双方座位按会见座位安排。

4.3.1.3　会见与会谈的其他常见形式

1. 拜会来访的外国国家领导人

外国国家领导人，我们一般理解为一国副总理及副总理以上的国家官员，拜会来访的外国领导人，一般指身份上低于或相当于来访外国国家领导人的我国拜会人员，与来访的外国领导人之间的会见。具体工作程序如下。

（1）提出拜会要求。应向负责来访外国领导人接待工作的接待单位提出拜会要求，将要求会见人的姓名、职务、会见目的，参加拜会的人员，拜会时所用语种以及建议拜会时间等事项告知接待单位。需要注意的是：拜会要求应在外国领导人来前一段时间内提出，以便接待单位有时间协调安排外国领导人的日程。

（2）确定拜会地点。拜会的地点，通常是在外国领导人下榻宾馆的会客室或办公室，或由对方决定。

（3）安排好座位。中方应坐在客人的位置上，即主人的右边，译员、记录员坐在主人和主宾的后面，或尊重对方的礼宾习惯。

（4）掌握会谈的时间、地点及人员。准确掌握拜会的时间、地点和双方参加人员的名单，及时通知有关人员和有关单位做好必要的安排。通常情况，客人应按时赴约，提前或迟到均为失礼行为。

（5）礼品的赠送。赠送礼品一般在拜会结束时进行。

（6）新闻报道。拜会若需新闻报道，应知会接待单位和对方后，通知新闻单位拜会的时间、地点等。

（7）提前到达。中方礼宾人员通常应提前到达拜会地点，与接待单位或对方的联络人或礼宾人取得联系，核对与拜会有关的事项，以保证拜会的顺利进行。

2. 对口会谈

对口会谈属会谈的一种形式，指两国相对应的部门就某些重大的政治、经济、文化、科技、军事问题，以及其他共同关心的问题交换意见。具体工作程序如下：

（1）掌握会谈的时间、地点及人员。礼宾人员应准确掌握会谈人员的到达时间、会谈开始时间及中外参加会谈的人数，会谈人员的身份、职务、名字的中外文写法，会谈时所用语种等，并通知有关单位及人员做好相应的安排。

（2）会谈时的礼宾秩序。对口会谈一般用长桌或椭圆形桌子，宾主相对而坐，以正门为准，主人占背门一侧，主谈人居中。如会谈长桌一端向正门，则以入门的方向为准，右为客方，左为主方，译员坐在主谈人右侧，其他人员按礼宾顺序左右排列。

（3）会谈场地安排。对口会谈场所应安排足够座位，如双方人数较多，厅室面积大，主谈人说话声音低，宜安装扩音器。事先安排好座位图，现场设置中外文座卡，卡片上的字体应工整清晰。

（4）新闻采访。若允许记者采访，也只是在正式谈话开始前采访几分钟，然后离开，会谈过程中，旁人不要随意进出。

（5）迎送客人。客人到达后，主人在门口迎接。主人可以在大楼正门迎候，也可以在会客厅门口迎候。如果主人不到大楼门口迎接，则应由礼宾人员在大楼门口迎接，引入会客厅。会谈结束后，主人应送至车前或门口握别，待客人离去后再退回室内。

（6）会谈中的招待。会谈时招待用的饮料，我国一般使用茶水和软饮料。如会谈时间过长，也可使用咖啡。

（7）主人的自我介绍。小范围的对口会谈，若没有设置座位卡，主人在会谈开始时，应首先主动向客人按礼宾顺序介绍中方参加会谈人员的姓名、身份和职务。

本章小结

本章通过对国际交往中的涉外通则、官方与民间团体的迎送仪式、会见与会谈的含义和常见形式、宴请的常见形式、礼宾次序的概念及常见排列方法较为全面地介绍了国际交往中的礼仪礼节，对我们处理涉外事务将提供极大的帮助。

课后思考与练习

（1）会见与会谈的两种常见形式是什么？它们应做的具体工作有哪些？

（2）宴请有哪几种形式？宴请桌次和座位的安排有哪些讲究？

案例一：她为什么不辞而别？

武汉市与日本某市缔结友好城市，在某饭店举办大型中餐宴会，邀请本市最著名的演员助兴。这位演员到达后，费了很长时间才找到了自己的位置。当她入座后发现同桌的许多客人都是接送领导和客人的司机，演员感到自尊心受到了伤害，没有同任何人打招呼就悄悄离开了饭店。当时宴会的组织者并未察觉到这一点，直到宴会主持人拟邀请这位演员演唱时，才发现演员并不在现场。幸好主持人头脑灵活，临时改换其他节目，才算没有出现"冷场"。

思考题：

宴请应该注意哪些方面的礼仪？

实训应用

实训项目：涉外服务礼仪。

实训目标：掌握宴会服务的程序和礼仪及桌次、座位的安排。

实训指导：学生准备几种宴会的服务方式及座次卡片，在实训室中安排不同的宴会种类所要求的服务礼仪。

实训组织：（1）宴会服务人员着装一致、座椅摆放整齐。

（2）分成两组，分别扮演客人和服务人员。

（3）模拟饭店接待外宾举行正式宴会、招待会的场景进行设计，安排和摆放座次，服务要求符合礼仪规范。

实训成绩评定：（1）服饰、着装整洁、大方。（10%）

（2）宴会座次摆放整齐，符合要求。（30%）

（3）服务程序符合外宾要求、服务仪态满足礼仪要求。（60%）

第五章　涉外礼仪

知识目标

1. 了解参与国际交往需要注意的涉外通则
2. 掌握涉外中常见的迎送、会见与会谈礼仪
3. 掌握宴请、礼宾次序与国旗摆放方法

实训目标

掌握宴会服务的程序和礼仪及桌次、座位的安排

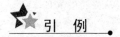

是什么惹怒了"她"？

在一家饭店的楼面服务台，一位女服务员正在值班台服务。这时，一位美国小姐从她的房间里走出来，准备出饭店。服务员主动用中文与她打招呼："小姐，您好！您出去呀？"这位美国小姐只懂简单的中文，她说："你说的'小姐您好'我懂，那'您出去呀'是什么意思？"这位服务员便解释道："我们平时见到朋友，习惯问'你出去啊'，'你去公园'，'你去工作啊'等。"这位小姐只听懂了"出去"、"公园"、"工作"这几个词，其他都听不懂。服务员越解释客人越恼怒。一气之下那位客人向总经理投诉，说服务员侮辱她的人格，说她是去公园工作的妓女，要求饭店做出解释。总经理了解了事情真相之后，认真地跟客人解释，并代表饭店向客人道歉。

问题：这位女服务员在礼貌礼仪上有哪些不妥之处？常规涉外礼仪主要有哪些？

这位女服务员不明白不同国家有不同的礼仪，不清楚她的打招呼对客人来说是不尊重的意思，她不能按照中国的礼仪去对待外国人。当前，随着中国改革开放的进一步深入，特别是中国加入 WTO 后，与外国人直接打交道的中国人已经越来越多了，所以，我们应该对涉外礼仪了如指掌。自古以来，中国人在与外国人进行交往应酬时，应该关注两个方面的问题：其一，是要向对方表达出我方的尊重友好之意；其二，是要在对方面前维护好我方的国格人格。

5.1 涉外基本礼仪

涉外基本礼仪，是指中国人在与外国人交往时，应当遵守并应用的有关国际交往惯例。它对于参与涉外交往的中国人具有普遍的指导意义。每一名从事涉外工作的人员，不仅有必要了解、掌握涉外基本礼仪，而且还必须在实际工作中认真地遵守、应用它，否则会使自己的努力事倍功半，甚至一事无成。

5.1.1 维护形象

在国际交往中，人们普遍对交往对象的个人形象倍加关注。个人形象，有时简称为形象。一般认为，它所指的是一个人在人际交往中所留给他人的总的印象，以及由此而产生的总的评价和总的看法。

个人形象在国际交往中深受人们的重视，它不仅真实地反映了一个人的精神风貌与生活态度，而且真实地体现着一个人的品位和教养。因此，在涉外交往中，每个人都必须时时刻刻注意维护自身形象。根据常规，要维护好个人形象，重点要注意仪容、表情、举止、服饰、谈吐和待人接物六个方面的问题。

5.1.2 不卑不亢

"不卑不亢"，是涉外礼仪的一项基本原则。它要求每一个人在参与国际交往时都必须意识到：自己在外国人的眼里，是代表着自己的国家，自己的民族。因此，其言行应当从容得体，堂堂正正。在外国人面前，既不应该表现得畏惧自卑、低三下四，也不应该表现得自大狂傲，放肆嚣张。在涉外交往中坚持"不卑不亢"的原则，是每一名涉外人员都必须给予高度重视的大问题。

在涉外交往中要求每一名涉外人员不卑不亢，主要是因为，这是事关国格人格的大问题。在涉外交往中，事事无小事，事事是大事。每一个中国人在外国人面前的一言一行、一举一动，实际上都被对方与中华民族的形象联系在一起。我们一方面要虚心向外国学习一切长处，尊重外国的风俗习惯；一方面要自尊、自重、自爱、自信，表现得堂堂正正、坦诚乐观、从容不迫、落落大方。用自己的实际行动在外国人面前体现出"中华民族站起来了"的精神风貌。

最后，我们还应注意对任何交往对象都要一视同仁，一律平等，给予同等的尊重与友好。不要对大国小国、强国弱国、富国穷国亲疏有别，或是对大人物和普通人厚此薄彼。

5.1.3 求同存异

"求同"，就是要遵守国际惯例，要重视礼仪的"共性"。"存异"，则是要求对个别国家的礼俗不可一概否定，不可完全忽略礼仪的"个性"，并且要在必要的时候，对交往对象国礼仪与习俗有所了解，并表示尊重。

从宏观上来看，礼仪的"共性"寓于礼仪的"个性"之中。一方面，礼仪的"个性"是礼仪"共性"存在的基础，没有前者，便不存在后者。另一方面，礼仪的"共性"不但来自礼仪的"个性"，而且也是对其所进行的概括与升华，所以其适用范围显然更为广泛。就这一点来看，在涉外交往中，在礼仪上"求同"，也就是在礼仪的应用上"遵守惯例"是更为重要的。比如，在世界各地，人们往往使用不同的见面礼节。其中较为常见的，就有中国人的"拱手礼"，日本人的鞠躬礼，韩国人的蹲拜礼，泰国人的合十礼，阿拉伯人的按胸礼，以及欧美人的吻面礼、吻手礼和拥抱礼。它们各有讲究，都属于礼仪的"个性"。与此同时，握手礼作为见面礼节，则可以说是通行于世界各国的。与任何国家的人士打交道，以握手这一"共性"礼仪作为见面礼节，都是适用的。所以在涉外交往中采用握手礼，就是"遵守惯例"。

5.1.4 入乡随俗

在涉外交往中，当自己身为东道主时，通常讲究"主随客便"；而当自己充当客人时，则又讲究"客随主便"。从本质上讲，这两种做法都是对"入乡随俗"原则的具体贯彻落实。

所谓习俗，亦称风俗习惯。它所指的是因地域、种族、文化、历史的不同，各国、各地区、各民族相沿成习的特殊的精神文化方面的传承。具体而言，它涉及衣、食、住、行以及交往应酬等各个方面。在涉外交往中，对外国友人要表达尊敬、友好之意，至关重要的，就是要首先对对方特有的习俗予以尊重，否则其他的一切都会成为空谈。

5.1.5 信守约定

所谓"信守约定"的原则，是指在一切正式的国际交往中，都必须认真而严格地遵守自己的所有承诺，说话务必要算数，许诺一定要兑现，约会必须要守时。在一切有关时间方面的正式约定中，尤其需要恪守不怠。

人所共知，在人际交往中，尤其是在跨国家、跨地区、跨文化的人际交往中，取信于人，早已被公认为是建立良好人际关系的基本前提，同时也是任何一个文明人、现代人所应具备的优良品德。而在一切国际交往中，遵行"信守约定"的原则，就是取信于人的主要要求之一。

5.1.6 热情有度

"热情有度"是涉外礼仪的基本原则之一。它的含意是要求人们在参与国际交往、直接同外国人打交道时，不仅要待人热情友好，而且要把握分寸，否则就会事与愿违，过犹不及。

在待人热情友好的同时，又要把握好具体的分寸，实际上指的就是"热情有度"之中的"度"。对于这个"度"的最精确的解释，就是要求大家在对待外国友人热情友好的同时，务必要切记，这一切都必须以不影响对方、不妨碍对方、不给对方增添麻烦、不会让对方感到不快、不干涉对方的私生活为限。与外国人进行交往时，如果不注意恪守这个"度"，而是一厢情愿地过"度"热情，处处"越位"，必然会引起对方的反感或者不快。

5.1.7　不宜为先

所谓"不宜为先"原则，也被有些人称作"不先为"原则。它的基本要求是：在涉外交往中，对自己一时难以应付、举棋不定，或者不知道到底怎样做才好的情况时，如果有可能，最明智的做法，是尽量不要急于采取行动，尤其是不宜急于抢先、冒昧行事。例如，你已知女主人是西餐宴会上采取行动的"法定的"第一顺序，任何人抢在她的前面行动，都是没有礼貌的。那么在用餐过程中，自己万一有一种餐具不会使用，或者有一道菜不知道怎么吃才好，你只要多注意一下女主人的具体做法，然后悄然跟进，就可以化险为夷了。

5.1.8　尊重隐私

在与国外人士打交道时，一定要充分尊重对方的个人隐私权。也就是说：在言谈话语中，对于凡涉及对方个人隐私的一切问题，都应该自觉地、有意识地予以回避，千万不要自以为是。在同国外人士交谈时信口开河，将"关心他人比关心自己更为重要"这一中国式的做法滥施于人，或者为了满足自己的好奇心，不管对方反应如何，"打破砂锅纹（问）到底"，都有可能会令对方极为不快，甚至还会因此损害双方之间的关系。

一般而论，在国际交往中，收入支出、年龄大小、恋爱婚姻、身体状况、家庭住址、个人经历、信仰政见等皆属于个人隐私问题，与外国人交谈时，要自觉避免涉及。

5.1.9　女士优先

在国际交往中，非常讲究"女士优先"。"女士优先"是国际社会公认的一条重要礼仪原则，它的含意是：在一切社交场合，每一名成年男子，都有义务自觉地以自己的实际行动去尊重妇女、照顾妇女、体谅妇女、关心妇女，而且要想方设法尽心竭力地去为妇女排忧解难。这是因为妇女被视为"人类的母亲"，对妇女处处照顾，就是对"人类的母亲"表示感恩之意。倘若因为男士的不慎，而使妇女陷于尴尬、困难的处境，便意味着男士的失职。人们一致公认，只有尊重妇女，才具有绅士风度。反之，则会被认为是一个没有修养的粗汉莽夫。

5.1.10　以右为尊

如果您在每天晚上7点整观看中国中央电视台第一套节目的《新闻联播》时，稍加留意便会发现：每当我国的党和国家领导人在正式会晤国际友人之际，宾主之间所就座的具体位置，是有一定的规律性的。在常规情况下，当我国的党和国家领导人作为东道主，在我国国内会见外宾的时候，大都会同外宾并排而坐，并且通常会居左而坐。这是因为在正式的国际交往中，如果需要将人们分为左右而进行并排排列时，其具体位置的左右大都有尊卑高低之分、主次优劣之别。最基本的规则是右高左低，即以右为上，以左为下；以右为尊，以左为卑。（资料来源：薛建红《旅游服务礼仪》，郑州大学出版社，2002 年 9 月第一版）

5.2　迎送与宴请

一般社交活动中经常要遇到迎送宾客的环节，能否给对方留下一个良好的印象，迎送便成为一个不可忽视的环节。迎送的服务一般会遵循如下程序：

（1）迎送人员安排：一般来说选与来宾身份相同或级别相当的人为送迎迎送人员，如有需要就亲自到车站、机场去迎接以示对其尊敬，身份低于来宾者前去迎接则就有比来宾身份高的人在客人下榻处等候相迎。

（2）时间安排：迎接者不论职位高低都要提前到达迎接地点，绝不可让客人等主人，或强调理由。

（3）引领客人时应遵循"迎客在前，送客走在后"的原则。

（4）交谈结束后，时间差不多时，客人应主动告辞，并表示打扰了，此时主人就挽留客人。切不可客人一说告辞，主人立刻相送，客人也不可听主人挽留又重新坐下，要知道这些是客套话。

主人送客应出门口并说下次再来，看着客人远去或上车，并挥手致意，目送客人离去。

5.2.1　迎送

迎送活动的安排通常分两种不同的档次，即官方迎送和非官方迎送。

官方迎送，此种类型的迎送，按国际惯例要举行隆重的迎送仪式，它适用于对外国国家元首、政府首脑、军方高级领导人的访问，以示对他们访问的欢迎与重视。对长期在我国工作的外交使节、常驻我国的外国人士、记者和专家等，当他们到任或离任时，我国有关部门亦都安排相应人员前往迎送，以示友谊。

非官方迎送，适用于一般来访者。如外国旅游团队、民间团体及一般客人。

5.2.1.1　官方迎送

迎送是国际间外事交往中最常见的礼仪活动，在整个涉外活动中占有着极其重要的地位。一个精心安排的欢迎仪式能使来宾一踏入被访问国就能形成良好的第一印象，而一个圆满的欢送式又能使来宾巩固访问中的良好印象，留下一个永久的美好回忆。根据惯例，在国际交往中，对来访的客人通常要根据其身份地位、访问性质以及两国关系等因素，安排相应的迎送活动。

1. 迎送国宾

对外国国家元首、政府首脑的正式访问，国际上都举行隆重的迎送仪式。一般在机场或车站举行。举行仪式的场所悬挂宾主双方国旗（宾方挂在右面，主方挂在左面），在领导人行进的道路上铺上红地毯。

（1）迎送的组织安排。

迎送仪式是外事活动中迎来送往的礼宾仪式，根据国际惯例已经形成一整套规范程序，但由于外事交往中的规格与来宾身份不同，仪式的隆重程度与项目内容是有较大区别的。国家元首的访问与民间、企业领导人访问的迎送规格更不可同日而语，我们应酌情处理，但在礼仪规范和真诚态度上都不能马虎大意。官方迎送应注意以下几个方面的问题。

①地点的选择与布置。外国领导人抵达和离开邀请国首都时，通常都举行正式的迎送仪式。有的国家在机场（车站）举行，也有的在特定场所举行，如总统府、议会大厦、国宾馆等地方，我国通常在人民大会堂或国宾馆举行。举行仪式的场所悬挂宾主双方国旗（挂国旗时"面对墙壁左为客"）。在领导人行进的线路上铺红地毯，检阅仪仗队。

②接待客人的人员组成。根据对等原则和守时原则，必须准确掌握来宾抵离时间，通知有关迎送人员，请身份相当的领导人和一定数量的高级官员出席，有的还应通知各国或部分驻当地使节。所有迎送人员应先于来宾到达指定地点，并由接待人员提前办好有关手续。

③护航。有些国家对乘专机来访的国宾派战斗机若干架护航，一般在离首都一百公里处迎接（有的从入境开始），护航机向主机发致敬信号，然后编队飞行至机场上空，主机下降后，护航机绕机场一周离去。

④献花。根据礼仪规格，一般外宾不需献花，对高级贵宾应安排献花。献花时必须用鲜花，有的国家习惯送花环，或送一二枝名贵的兰花、玫瑰等。不论献什么花都应注意保持花束整洁、鲜艳，忌用菊花、杜鹃花、石竹花和黄色的花。通常在迎送主人同主宾握手之后，由儿童或女青年将花献上，并向来宾行礼。

⑤主宾见面时的介绍。主宾见面时应互相介绍，通常按礼仪原则将主人介绍给来宾，职位从高至低。由礼宾交际工作人员或迎送人员中职位最高者介绍。有的国家习惯于以交换名片来介绍自己的姓名与身份，使对方一目了然。

客人初到，主人宜主动与客人寒暄。遇有外宾主动与我方人员拥抱时，我方人员可作相应的表示，不应推却或勉强应付（女士按礼宾有关规定处理）。

⑥奏两国国歌。先奏客方国歌，全体人员行注目礼，军人行军礼。

⑦鸣放礼炮。21响为最高规格，为国家元首鸣放。一般欢迎政府首脑鸣19响，副总理一级鸣17响。但有些国家分得不那么细。

⑧检阅。来访国宾在主人的陪同下检阅三军仪仗队。

⑨讲话。一般在欢迎式上均安排主宾与主人作不太长的讲话，有时无正式讲话，或在现场散发书面讲稿。

⑩群众欢迎。接待规格高的国宾时，有的国家要安排较大场面的群众欢迎。群众多由青少年组成，载歌载舞，挥舞两国国旗，沿国宾行进路线夹道欢迎。不需采用最高规格时可只在现场安排少量群众。有时也可不安排群众欢迎。

⑪陪车。来宾抵达后，在前往住地，或临行时由住地前往机场、码头、车站，一般都应安排迎送人员陪同乘车，陪车时应请宾客坐在主人右侧。两排座轿车，译员坐司机旁，三排座轿车译员坐在中间。上车时应让客人从右侧门上，主人从左侧上。如夫妇同乘一车时，丈夫应坐在右侧座位，妻子先上车，丈夫关门。陪同人员替客人关车门时应先看车内人是否坐好，既要注意不要轧伤客人的手，又要确保将门关好，注意安全。

当代表团达9人以上乘大轿车时，原则上低位者先上车，下车时顺序相反。但前座者可先下车开门。大轿车以前排为尊位，自右而左，按序排列。

（2）迎送规格的确定。

迎送的规格由接待方确定，一般按常规办事。目前确定迎送规格是依来访者的身份，其访问的性质、目的，并适当考虑双方之间的关系状况。确定规格时应遵循对等原则，主要迎送人员应与来宾的身份相称。若由于种种原因，当事人不能出面，或身份不能完全相等时，可灵活变通，由职务相当或副职出面迎送，但人选应尽量对等、对口。并应从礼貌出发向对方做出解释。

我国对外国国家元首和政府首脑的迎送仪式大体做法如下：

国宾抵达北京首都国际机场或车站时，由国家指定的陪同团团长或外交部的部级领导人及级别相当的官员赴机场或车站迎接，并陪同来访国宾乘车前往宾馆下榻。国宾抵达北京的当日或次日，在人民大会堂东门外广场举行隆重的欢迎仪式。如天气不适于举行此项仪式，则在人民大会堂东门内的中央大厅举行。欢迎仪式为双边活动，不邀请各国驻华使者出席，中方出席相当的国家领导人和有关部门负责人等。广场挂两国国旗，组织首都少年儿童欢迎队伍，少年儿童献花，奏两国国歌，检阅三军仪仗队。

国宾离京回国或到地方访问，我方出面接待的国家领导人到宾馆话别，由陪同团团长或外交部部级领导人陪同客人前往机场、车站或陪同赴外地访问。

国宾到地方访问时，由该地省长、市长或对口负责人负责迎送；外国议长率领的议会代表团到地方访问时，应由省、市人大常委会的主任迎送。如当事人由于各种原因不便出面，可灵活便通，由职位相当的人士或副职出面。上述贵宾如属于过境，迎送规格也可适当降低。

有些外宾虽无明确职务，但因其身份特殊，如王室要员（相当于政府首脑）来访，也应参照上述原则安排。

有时因双方关系或政治需要，也可搞一些破格接待，安排较大的迎送场面，但一般应按常规办理，避免厚此薄彼。

5.2.1.2　非官方迎送

1. 对民间团体的迎送

迎送民间团体时，不举行官方正式仪式，但需根据客人的身份，安排同级别的部门及人员前往接待。对身份高的客人，应事先在机场、车站安排贵宾休息室，并准备好茶水或饮料，尽可能在客人到达前将住房和乘车号码通知客人。如果做不到，可印好住房、乘车表或打好卡片，在客人到达时，及时发到每个人手中，或通过对方的联络秘书转达，以便使客人做到心中有数。

2. 对国外旅游团的迎送

国外游客来华旅游，均按照国家旅游局或中侨委等部门的安排进行，在实际工作中需注意以下几个环节：

（1）组织准备工作应细致周到：

①熟悉接待计划、有关电话记录、活动日程，确定工作要点，熟悉参观单位的情况；

②了解人数、职业及其特点，按人数领取导游图等宣传品；

③落实外宾住房，检查房间，熟悉房间方位、大小、设备等情况；

④出发前向车站、机场值班室问清火车、飞机确切抵达时间，以免迟接或空接；

⑤抵达车站、机场后，要问清列车停靠站台或机场出口处，以免临场慌乱；

⑥了解车辆停靠地点和行李车是否到达。

（2）接待程序：外宾下火车、飞机后，有关人员应及时索取行李卡和有关证件，并交给行李组或有关部门。外宾上车后向外宾介绍接待人员，并表示对客人的欢迎，沿途可介绍当地的一些基本情况。外宾抵达宾馆后，发放外宾住房卡，并介绍房间情况、用餐位置、兑换外币地点、电话使用、洗衣须知等。待外宾住房确定后，索取外宾住房安排号码，并复填一份送总服务台。

接待人员在接待工作中应坚守岗位，遵守工作制度和外事纪律，处理问题要慎重，注意掌握政策，加强请示汇报，以免发生意外事故。

（3）送别工作根据车站、航班的确切时刻，事先与行李组约好提取行李时间，然后告知外宾。当提取行李时要分别与外宾、行李组人员就行李件数交接清楚，以免出

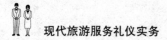

现麻烦。

到达车站、机场后，应首先安排好外宾休息处。办好手续后，将机票或车票、登机牌、行李卡和有关凭证交给有关人员。

告别时，应向客人表示欢迎再次光临。

5.3　礼宾次序和国旗悬挂礼仪

礼宾次序，是指在国际交往中对出席活动的国家、团体、各国人士的位次按某些规则和惯例进行排列的先后次序。一般说，礼宾次序体现东道主对各国宾客给予的礼遇，在一些国际性的集会上则表示各国主权平等的地位；礼宾次序安排不当或不符合国际惯例，则会引起不必要的争执与交涉，甚至会影响国家关系。因此在组织涉外活动时，对此应给予一定的重视。

5.3.1　礼宾次序

礼宾次序的排列国际上已有一些惯例，各国也有具体做法，现就涉外工作中礼宾次序的几种常见的排列方法作简单介绍。

5.3.1.1　根据身份不同排列

这是礼宾次序排列的主要方法。一般的官方活动，如会见、会谈、宴请等通常是按身份的不同安排礼宾次序。各国提供的正式名单是确定职务高低的依据，由于各国的国家体制有所不同，部门间的职务高低不尽一致，因此，要根据各国的规定，按相当的级别和官衔进行安排。在多边活动中，有时按其他方法排列。但无论何种方法排列，都要考虑身份地位。

5.3.1.2　按字母顺序排列

多边活动中礼宾次序有时是按参加国国名的字母排序排列的，一般以英文字母排列居多。这种排列方法多见于国际会议、体育比赛等。

5.3.1.3　按到任时间排列

在各国大使同时参加的多边活动中，如国际会议、多边谈判、多国签字仪式等，也有按大使的到任时间先后排列礼宾次序的。

在实际工作中，要考虑到各种因素，将几种方法交叉使用。这既能使礼宾次序安排得正确无误，又能体现出我们在具体工作中细致灵活的工作方法。在安排礼宾次序时所考虑的其他因素包括国家之间的关系、地区所在、活动的性质、内容和对于活动的贡献的大小，以及参加活动的人的威望、资历等等。诸如，常把同一国家集团的、同一地区的、同一宗教信仰的或关系特殊的国家代表团排在前面或排在一起。对同一级别的人员，常把威望高、资历深、年龄大者排在前面。有时还考虑业务性质、相互关系、语言交流等因素。如在观礼、观看演出或比赛，特别是大型宴请时，在考虑身份、职务的前提下，将性质对口的、宗教信仰一致的、风俗习惯相近的安排在一起。

5.3.2　国旗的悬挂

国旗、国徽、国歌、国花等是一个国家的象征和标志，特别是国旗，更是如此。人们往往通过悬挂国旗，表示对祖国的热爱或对他国的尊重。在国际交往中，如何悬挂国旗，已形成了各国所公认的惯例。

5.3.2.1　宾馆对旗的悬挂

东道国在接待来访的外国元首、政府首脑及由副总理率领的政府代表团时，在贵宾下榻的宾馆悬挂对方的国旗，这是一种外交礼遇。

5.3.2.2　会谈、签字时国旗的摆放

在会谈、签字时需摆放参加国国旗，通常做法有以下几种。

1. 并列式

（1）两面国旗并挂。当两面国旗并挂时，以旗面面向观众为准，左挂客方国旗，右挂主方国旗，如图 5-1 所示。

（2）多面国旗并挂。三面以上国旗被视为多面国旗。多面国旗并挂，主方在最后，如无主客之分，则按所规定的礼宾顺序排列，如图 5-2 所示。

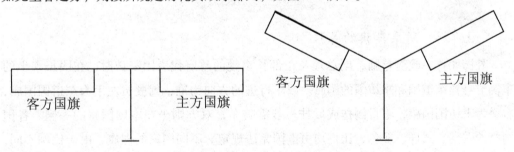

图 5-1　两面国旗并挂图示

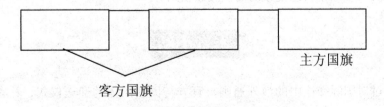

图 5-2　多面国旗并挂图示

2. 交叉式

国旗在交叉悬挂时，以旗面面向观众为准，左挂客方国旗，右挂主方国旗，如图

5-3 所示。

3. 面对式

双边会谈时,双方在自己一边摆放本国国旗,如图 5-4 所示。

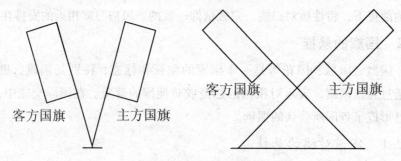

客方国旗　　　主方国旗

客方国旗　　　主方国旗

图 5-3　国旗交叉悬挂图示

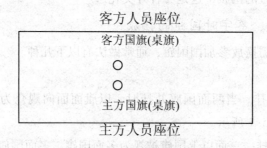

客方人员座位

客方国旗(桌旗)

○

○

主方国旗(桌旗)

主方人员座位

图 5-4　面对式国旗摆放图示

5.3.2.3　所乘车旗的悬挂

外国元首、政府首脑、副总理及正部长率领的政府代表团来访时,在团长乘坐的车辆上悬挂东道国和来访国的国旗。以车行进的方向为准,驾驶员左手为东道国国旗,右手为来访国国旗,不得倒挂或反挂。若需陪车,双方则坐在本国国旗的一侧。各国国旗的图案、式样、颜色、比例均由本国宪法规定。不同国家的国旗,由于比例不同,两面旗帜悬挂在一起,就会显得大小不一。因此,并排悬挂不同比例的国旗,应将其中一面适当放大或缩小,以使旗的面积大致相同。

本章小结

本章通过对国际交往中的涉外通则、官方与民间团体的迎送仪式、礼宾次序的概念及常见排列方法、宾馆对旗的悬挂;会谈、签字时国旗的摆放以及所乘车旗悬挂的阐述,较为全面地介绍了国际交往中的礼仪礼节,对我们处理涉外事务提供极大的帮助。

课后思考与练习

（1）在迎送国外旅游团队时，需做的工作主要有哪些？

（2）什么是礼宾次序？

（3）礼宾次序的排列方法有哪几种？

案例 分析

热情有错？

杨安琪被派到一位意大利来京工作的专家家里做服务性工作。因为她热情负责、精明强干，起初专家夫妇对她的印象很是不错，她也把自己当成了专家家庭中的一名成员。

有一个星期天，那位意大利专家偕夫人外出归来。小杨在问候了他们以后，如同对待老朋友那样，随口便问："你们去哪里玩了？"专家迟疑了良久，才吞吞吐吐地相告："我们去建国门外大街了。"小杨当时以为对方累了，根本未将人家的态度当回事，于是她接着话茬儿又问："你们逛了什么商店？"对方被迫道："友谊商店。""你们为什么不去赛特购物中心看看，秀水街的东西也不错。"小杨好心地向对方建议说。然而，她的话还没说完，专家夫妇已转身走了，两天后，杨安琪就被辞退了。这说明，由于文化背景不同，待人接物应掌握好一个"度"，否则会"好心"得不到"好报"。

[评析]

小杨待人热情大方、态度积极，是值得肯定的。但她的热情似乎不能自已，亲热过度，引起别人的反感和不安。这违反了我们涉外礼宾中要热情有度、尊重隐私的基本原则，过度的热情和亲热让别人感到处处受束缚，不自在，也是别人反感和辞退她的原因。

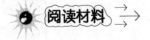阅读材料

我国国宾车队的具体安排

国宾座车，一般是三排座位的豪华型进口车。国宾座位是车内最后一排的右边，左边是我方陪同团团长座位。陪同团团长座位前一加座是翻译座位。司机右边是我方警卫座位。这辆车称主车。主车前后各有一辆警卫车，分别称前卫车、后卫车，内乘

中、外双方警卫员和医护人员。后卫车后，往往还安排一辆同主车车型、设备完全一样的备用车，如主车万一发生故障，马上代替主车启用。备用车后是国宾夫人车，主宾夫人由陪同团团长夫人陪同。前卫车前是礼宾车，内乘双方礼宾负责人。礼宾车前是前导车，车上配有警笛、扩音器、闪光设备，以便肃清道路。不过，国宾行车路线，一般提前15分钟中断交通，采取全封闭方式，待国宾车队通过后开放。国宾夫人车后，按礼宾顺序，安排身份最高的随行人员。部长级以上官员，一般一人一车，副部长两人一车，司局级及以下人员安排小面包车。国宾车队中我方礼宾、安全人员配有必要通讯联络手段，如手机、对讲机等，以便同有关方面保持密切联系。国宾车队还配有9辆摩托车护卫，其中一辆行驶在前卫车前，前卫车至后卫车两侧各4辆，另有两辆备用摩托车也列在编队之中。所以人们常常见到的是11辆摩托车。摩托车护卫，我国于1981年恢复。

（资料来源：马保奉. 外交礼仪漫谈［M］. 北京：中国铁道出版社，1996）

第六章　我国主要客源国及地区民俗礼仪禁忌

知识目标

1. 了解我国主要客源国和地区的地理和经济情况、生活习惯、风俗人情、宗教信仰等知识

2. 熟悉我国主要客源国和地区的餐饮、社交礼仪与禁忌

实训目标

1. 掌握我国主要客源国客人的接待礼仪

2. 训练国际礼仪和培养国际交往风度

《礼记·曲礼》上说"入境而问禁，入国而问俗，入门而问讳"。世界各国、各民族在其自身发展的历史过程中，创造了光辉灿烂的文化，形成了各种风土人情的习俗和相应的禁忌。随着国际交往的频繁，有的禁忌现已不太严格或者成为广为接受的礼仪规范，但有些国家、民族仍然保留着一些重要禁忌，如有触犯，就会引起不快，甚至产生纠纷，故应对其有所了解，以免与之交往和接触时做出唐突之举，造成不良影响。

在多年持续稳定繁荣的经济形势下，我国旅游市场已成为了全球最大的旅游平台，并正逐渐走向全球化。面对市场竞争日趋激烈的今天，我们急需一大批懂国际惯例，跨文化交际语言能力和沟通能力强的国际旅游服务与管理人才，其中要求对我国主要客源国和地区的餐饮、社交礼仪与禁忌有较深入的了解和认识，以便为旅游企业的客人提供满意加惊喜的服务，从而提高企业形象，提升企业和个人的竞争力，乃至为国家赢得尊严和荣誉。

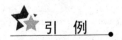

如何在房内维修设备

一位英国女士在某酒店住了几天，一次打电话报修房间的电源开关，电工迅速前

来，当他准备进入房间时，女士突然大叫起来，示意电工不要穿着鞋子进来。原来这位女士有洁癖。这时电工犯难了，按照电工操作规定，作业时必须穿鞋。这时，客房领班接报后赶到，他耐心地向女士解释，说如果不穿鞋作业是违反安全规定的，万一出了事就很难解决了。客房领班考虑到，既然女士是出于喜欢清洁的原因才不让电工进入房间的，他便建议在地毯上铺上一床干净的旧床单，电工进去时站在床单上作业，修理完毕再将床单撤走，电工工作时客人可以在一旁监督。面对这一建议，英国女士表示可以接受，于是客房领班便现场指挥，电工迅速开始作业，并礼貌地向女士打招呼，表示歉意，一场突发事件就这样满意地得到了解决。

问题：

（1）根据以上案例，你认为还有什么办法能让有洁癖的客人满意呢？

（2）请从中得出酒店管理方面的意见和建议。

6.1 亚洲部分国家的习俗

6.1.1 日本

6.1.1.1 基本情况

日本词意即"日出之国"，誉称"樱花之国"。由四个岛屿组成——北海道、本州、四国、九州4个大岛和其他3900多个小岛屿组成，故日本又称"千岛之国"。日本陆地面积约37.78万平方公里。日本地处温带，气候温和、四季分明。樱花是日本的国花，每到春季，青山绿水间樱花烂漫，蔚为壮观。日本境内多山，山地约占总面积的70%，大多数山为火山，其中著名的活火山富士山海拔3776米，是日本最高的山，也是日本的象征。日本每年发生有感地震1000多次，是世界上地震最多的国家，全球10%的地震均发生在日本及其周边地区。

人口约1.28亿人（截至2013年10月）。主要民族为大和族，北海道地区约有2.4万阿伊努族人。通用日语，北海道地区有少量人会阿伊努语。主要宗教为神道教和佛教，信仰人口分别占宗教人口的49.6%和44.8%。日语为官方语言，首都东京，货币名称为日元，国花为樱花。

我国已成为日本最大的贸易伙伴。而据中国海关总署发布的统计，2007年日本为我国第三贸易伙伴和最大进口来源地，双边贸易总值2360.2亿美元。

日本是当今世界节假日最多的国家之一，有1月1日元旦；1月15日成人节；2月11日建国节；3月21日左右春分节；3月15日至4月15日樱花节；4月29日天皇诞生日；5 月 3 日宪法纪念日；5 月 5 日儿童节；7 月 15 日中元节；9 月 15 日敬老节；9 月 23 日秋分节；10 月 10 日体育节；11 月 3 日文化节；11 月 23 日劳动节。

日本与中国一衣带水，历史上多次双方互派使节交流文化，习俗和中国有许多相近之处，如吃饭用筷子、信奉佛教、讲究茶道和书法、日语某些词汇的发音与汉语相近等等。日本人喜爱"松竹梅"，讲究茶道、柔道和插花，插花是日本女子生活技艺修养必修课。日本有著名的"三道"，即日本民间的茶道、花道、书道。茶道发源于中国，开花结果于日本的高层次生活文化。茶道集日本式建筑、庭园、工艺、礼法、服饰、烹饪为一体，是日本文化的结晶和代表，也是日本人生活的规范，心灵的寄托，被称为应用化了的哲学，艺术化了的生活。日本茶人爱用的禅语有行云流水、拈花微笑、和敬清寂、时时勤拂拭、山是山水是水、日日是好日等等，不少出于禅宗佛典和中国古典诗文。

6.1.1.2　礼仪禁忌

日本人见面时常用鞠躬礼：头部微微低下，目光顺势而下，躬身 15 度、45 度或 90 度；一般不握手。日本人初次见面对互换名片极为重视。初次相会不带名片，不仅失礼而且对方会认为你不好交往。日本人认为名片是一个人的代表，对待名片就像对待他们本人一样。如果接过名片后，不加看阅就随手放入口袋，便被视为失礼。如果你是去参加一个商业谈判，你就必须向房间里的每一个人递送名片，并接受他们的名片，不能遗漏任何一个人，尽管这需要花费不少时间，但这是表示相互友好和尊敬的一种方式。

到日本人家里做客，要预先和主人约定时间，进门前先按门铃通报姓名。如果这家住宅未安装门铃，绝不要敲门，而是打开门上的拉门，问一声："借光，里面有人吗？"进门后要主动脱衣脱帽，解去围巾（但要注意即使是天气炎热，也不能光穿背心或打赤脚，否则是失礼的行为），穿上备用的拖鞋，并把带来的礼品送给主人。当你在屋内就座时，背对着门坐是有礼貌的表现，只有在主人的劝说下，才可以移向尊贵位置（指摆着各种艺术品和装饰品的壁龛前的座位，是专为贵宾准备的）。日本人不习惯让客人参观自己的住房，所以不要提出四处看看的请求。日本特别忌讳男子闯入厨房。上厕所也要征得主人的同意。进餐时，如果不清楚某种饭菜的吃法，要向主人请教，夹菜时要把自己的筷子掉过头来使用。告别时，要客人先提出，并向主人表示感谢。回到自己的住所要打电话告诉对方，表示已安全返回，并再次感谢。过一段时间后再遇到主人时，仍不要忘记表达感激之情。

到日本人家去做客必须带上礼品。日本人认为送一件礼物，要比说一声"谢谢"的意义大得多，因为它把感激之情用实际行动表达出来了。给日本人送礼要掌握好"价值分寸"，礼品既不能过重，也不能过轻。若过重，他会认为你有求于他，从而推断你的商品或服务不好；若过轻，则会认为你轻视他。去日本人家作一般性拜访，带上些包装食品是比较合适的，但不要赠花，因为有些花是人们求爱时或办丧事时使用的。送日本人礼品要选择适当，中国的文房四宝、名人字画、工艺品等最受欢迎，但字画的尺寸不宜过大。所送礼品的包装不能草率，哪怕是一盒茶叶也应精心打理。日本人对礼品讲究包装，礼品要包上好几层，再系上一条漂亮的缎带或纸绳。日本人认为，绳结之处有人的灵魂，标志着送礼人的诚意。接受礼品的人一般都要回赠礼品。日本人不当着客人的面打开礼品，这主要是为了避免因礼品的不适而使客人感到窘迫。自己用不上的礼品可以转赠给别人，日本人对此并不介意。日本人送礼一般不用偶数，这是因为偶数中的"四"在日语中与"死"同音，为了避开晦气，诸多场合都不用"四"，久而久之，干脆不送二、四、六等偶数了。他们爱送单数，尤其是三、五、七这三个单数。但"九"也要避免，因为"九"与"苦"在日语中发音相同。

日本人传统服饰为"和服"，但现在在正规社交场合也多穿西装。日本人非常讲究礼节，服饰要求也相当严格，经常西装革履，衣冠楚楚。

根花忌：探视病人时，日本人严忌以根花（包括盆花）为礼，因为日文的"根"字与"睡"字的发音相同。

山茶花忌：日本人在探望病人时，忌用山茶花、仙客来、淡黄花及白花。因为山茶花凋谢时整个花头落地，不吉利；仙客来花，日本念为"希苦拉面"，而"希"同日文的"死"发音相同；淡黄花与白花，多为日本人不喜欢。日本人禁忌绿色，不喜欢荷花，而喜欢樱花、乌龟和鸭子。

日本人的问候语不喜欢问"吃饭了吗？"，忌谈个人私事或女性年龄。忌送易碎易破礼物，如玻璃、陶瓷；忌狐狸、獾的图案以及荷花图案；忌"四"、"六"、"九"、"四十二"等数字；忌送"梳子"，日本饭店很少摆梳子叫宾客用；忌金银眼的猫，认为看到这种猫要倒霉。

6.1.1.3 餐饮情况

日本人喜吃米饭、鱼、虾等海鲜，爱吃中国山东菜、北京菜、上海菜、爱喝绍兴酒、茅台酒，不吃猪内脏。讲究营养学，注重饭菜的美观、雅致、赏心悦目，提倡每顿只吃七八分饱，坚持下来能使人神清气爽又健康苗条。

日本是个岛国，物产相对贫乏，日本料理价钱奇贵。日本的鱼生分两大类：一类为鱼类，另一类为贝壳类。鱼类味道淡，贝壳类的味道相对浓。真正的鱼生是很贵的，就是在日本本土吃，也是天价，没有定价，吃完了才算钱。日本鱼生有非常严格的卫生要求，把刚捞上来的海鱼马上急冻，细菌都被杀死，必须严格保持温度，稍有差池，就全部报废了。日本鱼生的贵，还在于厨师的"浪费"，一个好的日本厨师，必须得"浪费"，如果不舍得，做成的鱼生，也好吃不了。

日本人自称为"彻底的食鱼民族"，每年人均吃鱼100多公斤，超过大米的消耗量。在日本的饭局上，生鱼片象征着最高礼节，但客人不能放开肚皮吃，因为菜的数量极少。日本人的饭局虽简单，又让人吃不饱，但他们对待饭局的态度却是最真诚的。

日本人对于优雅地吃饭非常在意。

拿筷子时首先以右手拿住横放的筷子中央部，再以右手从下托住，并将右手滑向筷子最右端，然后，手掌反转朝上，移向筷子中央位置。当拇指移至中央上方时，应紧紧拿住，接着放开左手。

一般待客时多使用卫生筷，不过，较正式的料理店所使用的，则是木纹清晰的杉筷等高极品。要拉开卫生筷时，首先需以前述正确的取筷方法，横拿住筷子，双手上下逐渐拉开卫生筷的动作也不可太过夸张。还有除了极简陋的筷子外，拉开后摩擦筷尖，可说是相当不好的习惯。

吃日本料理时，大多是手中端着碗进食。假如手里已拿着筷子，再以同一手取碗或放下碗，虽没违反礼节，但手中没有筷子，能伸直全部指头去取碗，姿势会更为优雅。所以千万别忘了，每次要拿碗时，一定要先放下手中的筷子。

此外，在使用筷子方面还有非常多的禁忌：忌舔筷（用舌头舔筷）、迷筷（手握筷子，拿不定吃什么菜，在桌子上游移不定）、移筷（动了一道菜后不吃又吃另一道菜）、扭筷（扭动筷子用嘴舔上面黏着的饭粒）、刺筷（用筷当叉，挑扎着菜肴往嘴里送）、掏筷（用筷子掏拣饭菜）、跨筷（将筷子跨置于器皿上）、签筷（以筷当牙签用、挑捅牙齿）。

日本人寿命较长，主要归因于饮食习惯健康和不断提高的医疗保健服务水平。日本女性的平均寿命为 85.8 岁，已连续 22 年蝉联世界第一；而日本男性的平均寿命为 79 岁，仅次于冰岛男性的 79.4 岁。

6.1.2 韩国

6.1.2.1 基本情况

韩国位于亚洲东北部，面积 9.9 万平方公里，人口 4725.4 万，全国为单一民族，韩国通用的语言是韩语，英语是韩国通行的第二种语言。韩国人主要信奉佛教，其次是基督教，也有儒教和伊斯兰教等。2005 年 1 月，首尔市市长李明博在汉城市政府举行记者招待会，宣布把首都汉城市的中文名称改为"首尔"。货币韩元，国鸟喜鹊，国兽虎，国树松树，国花木槿花，称为无穷花。每年六月至十月是无穷花绽芳吐芯的季节，装扮着整个国家的锦绣江山。无穷花与其他的花不同，具有极为顽强的生命力，可以抵挡干旱和虫害。无穷花的名字意味着永远的生命，象征着韩国人悠久的历史所体现出的坚强果断、矢志不移的民族性格。

从 20 世纪 60 年代开始，韩国政府成功地推行以增长为主的经济政策，70 年代之后正式走上发展经济的轨道，创造了举世闻名的"汉江奇迹"。到 80 年代，韩国一改贫穷与落后的面貌，呈现出繁荣和富裕的景象，成为国际市场上一个具有竞争力的国家。如今，韩国经济实力雄厚，钢铁、汽车、造船、电子、纺织等已成为韩国的支柱产业，其中造船和汽车制造等行业更是享誉世界。韩国的电子工业发展迅速，为世界十大电子工业国之一。近年来，韩国重视 IT 产业，不断加大投入，IT 技术水平和产量均居世界前列。

韩国人的行为准则强调忠诚、自律和爱国。传统的伦理价值观与效率、竞争、民主等现代理念交融，成为韩国实现经济起步和迈向未来的重要精神资源。在韩国人心中，本国产品质量是世界一流的而且最适合本国人使用。因此，韩国人日常使用的物品从手机、电视机到汽车等大都是本国的产品。正是民众的这种爱国精神，不断支持着韩国民族企业从一个高峰迈向另一个高峰。

6.1.2.2　礼仪禁忌

韩国人多施鞠躬礼或跪拜礼，妇女很少握手。走楼梯或人行道靠左边走。韩国人性格刚强，自尊心强，善于吃苦耐劳，热情好客，近年来有欧化趋势。在迅速现代化的时候，一些传统习俗依然保留下来。正月初一、正月十五、清明节、端午节、中秋节等节日仍然是最重要的节庆日。家庭在社会中有一定的地位。几乎所有大一点的家族都在续家谱，但同族的人不能结婚。忌"四"、"和"、"师"、"事"，因音同死。

6.1.2.3　餐饮情况

韩食以泡菜文化为特色，一日三餐都离不开泡菜，平均每年每人要吃掉 40 磅的泡菜。当地人在拍照片时，口里说的是"泡菜"而不是"茄子"。泡菜也是韩国人的减肥食品（高纤维，低脂肪）。韩国泡菜的吃法很多，从汤到饼都少不了泡菜，类似比萨饼和汉堡包的中间夹泡菜的吃法在韩国很流行。

吃辣泡菜历史是自从 1700 年代引进了辣椒之后开始的。泡菜种类大致分为辣白菜、萝卜泡菜、小萝卜泡菜、黄瓜泡菜等。泡菜是一种发酵食品，需要腌一段时间，才会有真正的味道。最近又发现其有抗癌效果，震惊世人。味道较熟的泡菜含丰富的酵母菌，所以促进增长效果，含有丰富的纤维，能较好地预防便秘和成人病。此外，泡菜的主要调料辣椒含维他命 C，其含量为苹果的 50 倍，橘子的 2 倍，所以在韩国自古以来即使是寒冷的冬天也可以吸取丰富的维他命 C。近年来，美国专家推荐了世界上最健康的五种食品——西班牙的橄榄油、朝鲜泡菜、日本大豆、酸奶酪、印度小扁豆。在日本，自从泡菜认定为健康食品开始，55% 家庭主妇把韩国泡菜摆上了其饭菜。

韩国餐桌文化最大的特点就是所有的料理一次上齐。大家庭里以长辈为中心，餐具与饭桌均是以一人份为一单位。但以核心家族为中心的如今，则变成了所有人围坐在一起，把菜夹到自己的碟子上吃。首先把饭菜都摆到桌面上，并按菜碟数分成3碟、5碟、7碟、9碟、12碟等独特形式。

韩国人喜欢和季节反着吃。每年的隆冬时节，韩国最流行的食物不是烤肉，也不是各种热汤，而是冷面。韩国的冷面大多以荞麦或马铃薯制成，分为水冷面和拌冷面两种。前者吃的时候配以冰凉的肉汤、蔬菜、牛肉和煮鸡蛋，后者则直接用辣椒酱拌着吃。之所以叫"冷面"而不是"凉面"，是因为它绝对够"冷"。尤其是水冷面，即使在冬天，吃的时候也是带着大冰块上桌，看着都让人打寒战。相反，到了炎炎夏日，韩国人又一窝蜂地去喝参鸡汤。所谓参鸡汤，就是在仔鸡的肚子里塞上糯米、人参、大枣、板栗等材料，炖制成汤。喝的时候还要盛在烧得滚烫的石锅里，以保持汤的温度。

为什么韩国人喜欢和季节反着吃呢？很多韩国人认为：冬季天气寒冷，如果进食过于燥热的食物，使人体内的温度与环境的温度相差过大，反而容易患感冒等疾病；同理，夏季贸然用冰冷的食物降低体温求得一时的清凉快感，也不可取。韩国传统医学有"天人合一"的理论，也就是人体内的小环境要与自然界的大环境相协调，才能使人更顺应自然界的变化，增加人体对外界不利影响的抵抗力。这也是他们喜欢冬天吃冷的食物、夏天吃热的食物的原因之一。韩国还有"以热治热"的说法，夏天喝参鸡汤就是最好的例证。韩医认为，夏季天气炎热，人体大量排汗会导致能量和营养排出，此时需要进补。而制作参鸡汤所使用的是未经加工的新鲜人参，俗称水参，能起到"凉补"的作用。同时，鸡肉性凉，红枣、板栗等辅料性质温和，搭配在一起正好可以满足夏季进补的需要。制作冷面的荞麦和马铃薯，则是性质温和的食品，符合冬季进补需要。现代医学证明，荞麦粉营养丰富，有降低血脂和胆固醇、软化血管的作用。寒冷的冬天，韩国人喜欢和家人朋友围坐桌前，吃烤肉等高脂肪食物。而在冰冷的荞麦面条和肉汤中添加食醋，正好可以化解油腻、分解脂肪。

韩国营养学家认为，这种和季节反着吃的饮食习惯，在一定程度上和韩国自身的气候环境有关，这种吃法不一定适合亚热带人的肠胃，不要轻易模仿。

此外，韩国人爱吃米饭，爱泡茶，爱吃牛肉、精猪肉、鸡、海味，不喜欢吃羊肉、鸭、肥猪肉，爱吃中国川菜。忌双壶双杯双碗，而用一、三、五、七表示尊敬。

6.1.3　泰国

6.1.3.1　基本情况

泰国本名泰王国，旧称暹罗，1939年改称泰国，位于印度支那半岛中部和马来西亚半岛北部，全国面积51.3万平方公里，人口5799万。泰国生活着泰族、马来族、高棉族、华裔族等民族，泰族占一半。首都曼谷，国花为睡莲，国兽是大象，货币称为铢。

6.1.3.2 礼仪禁忌

在泰国佛教历史已有 2500 多年，佛教人数 40 多万，寺庙有 4 万多个。全国上下 95% 以上的人信佛教，是世界上唯一清一色信仰佛教的国家，男子成人要当三个月至一年的僧侣，包括皇上在内也需经过几个月的教徒生活才可以成家立业、从政或外出工作，以示报答父母的养育之恩。在泰国寺庙或大街上行走的僧人穿黄衣，人们见到僧侣一定要施礼（包括皇上），而僧侣可以不还礼。

泰国人姓名中名前姓后，已婚女子用夫姓。日常生活中只呼名不呼姓表示尊重，对僧侣冠称"颂德"。

以下是一些泰国礼节中的忌讳：

忌左手拿物或递东西，认为左手肮脏；

忌摸小孩的头，头是不可侵犯的地方；

忌"买佛"，要说"请佛"；

忌睡觉时头朝西，西方表示日落和死亡；

忌坐在座位时以脚底示人，因为脚底污浊；

忌男女间握手；

忌穿背心或短裤或衣冠不整进入寺庙，视为玷污圣堂。

6.1.3.3 餐饮情况

泰国人主食大米、鱼、虾等，最爱吃民族风味的咖喱饭，爱吃中国广东菜和四川菜，喜吃辣，爱喝啤酒，泰国人吃饭不用筷子，用叉子和勺或用手抓食，不吃红烧菜肴，不放酱油和糖。常吃的水果有榴莲和槟榔。榴莲被称为水果之王，有着特殊的臭味而味道香甜，一次不能多吃，有一只榴莲相当于三只鸡那般补身的说法。一般吃完榴莲，要吃一种叫山竹的水果，具有清热作用，两者据称能补而不燥，相得益彰。

6.1.4 新加坡

6.1.4.1 基本情况

新加坡城位于马来半岛南端，面积 637 平方公里，人口 400 万，华人占 77.7%，马来人占 14.1%，印度人占 7.1%；官方语言为英、华、泰米尔语，马来语为国语，英语为行政语，货币名称为新加坡元，国花为卓锦万代兰。首都新加坡市，又叫"狮城"。新加坡属于高科技的经济发达国家，1990 年的人均生产总值已经居亚洲第二，并一直保持良好的发展势头，是东南亚地区充满活力的工业、商业、服务业中心。

新加坡人多信佛教，也有信仰伊斯兰教，印度教和基督教的。新加坡人到我国旅游常烧香跪拜，甚至在宾馆酒店内也不断念经，此时不可打扰他们。新加坡人常行握手礼，也有伊斯兰教徒的接吻礼等，爱吃海味品，爱吃广东菜，爱吃桃、荔枝、梨等。

新加坡提倡中国的儒家道德思想，儿童从小就受着极其严格的尊老爱幼、礼貌待人教育，而大人们都身体力行，以身作则。

新加坡是个典型的热带风光花园国家，到处绿荫掩映，小巧玲珑，规划齐整，地上极少看见有裸露着的地皮。由于它属于热带雨林气候，几乎每天下午都下一阵雨，将一天的灰尘都冲刷得一干二净，空气中的含尘量少。新加坡的车辆的尾气排放量都控制在最低限度，加之新加坡政府对私人拥车有一定的限制，而本国内的各种交通工具遍及全岛，通畅便利，所以人们上下班喜欢乘坐公交车。

新加坡为了维护其国家花园的国际形象，其建筑的楼宇外观，每隔五年进行一次粉刷，许多组屋（政府给公民出售的价格低廉的商品房）使用了很多年，但外表看起来还是非常新，显得十分干净。

6.1.4.2　礼仪禁忌

在新加坡公共汽车里不许携带榴莲，不许乱扔纸屑，不许乱吐口水等，各种禁令之后标明着罚款金额，从几百新元到几千新元不等。新加坡政府禁止嚼口香糖，入新加坡的海关时绝对不可以携带口香糖。吃口香糖和在地铁里吃东西和喝水，将罚以5000新元（约折合人民币25000元）。在地铁里乱摁动紧急设备的响铃，则会被罚以10000新元的巨款。有人笑称"Singapore is a fine city"（新加坡是一个"好"城市），这里的"fine"有歧义，亦即"罚款"的意思——新加坡以其雷厉风行、行之有效的"罚"式法律管理著称。

其他禁忌：

忌说"恭喜发财"，意发"横财"、"不义之财"；

忌"7"数字，认为"7"是消极的数字；

忌乌龟，认为不祥和有色情、污辱的印象；

忌大年初一扫地，会把好运扫走；

忌谈政治和宗教；

忌男子留长发，认为"鬼怪式"长发不文明。

6.1.4.3　餐饮情况

新加坡人具有24小时不眠不休追逐美食的热忱。全岛共有超过120间熟食中心，熟食中心是新加坡人每天解决三餐的地方，省却不少买菜做饭的时间。熟食档多达1.6万个。每个熟食档都挂有一个小牌子，上面写着"A"、"B"、"C"或"D"，这些显示熟食档的卫生指数。挂有"A"字母牌子的档口是最清洁卫生的。游客不要被熟食中心简陋的装潢误导，里面食品是非常卫生的，而且美味地道。

新加坡美食是岛国独特文化拼盘的风味写照。来自中国、印度等地的美食文化在这里融会贯通，结果出人意表。辣椒螃蟹、黑胡椒螃蟹是新加坡非官方的"国菜"。源自中国海南岛的海南鸡饭看似简单而美味无比。印度薄饼、传统早餐咖椰烤面包加本地咖啡，都令人回味无穷。

新加坡人一般不会邀请初次见面的客人吃饭，需等主人对客人有所了解后，才可能设饭局来款待。新加坡的政府官员不得接受社交性饭局的邀请，不然就会被有关单位严加处理。

新加坡人喜欢清淡，爱微甜味道，饭局上的主食以米饭为主，常有炸板虾、香酥鸡、番茄白菜卷、鸡丝豌豆、手抓羊肉等风味菜肴。去赴饭局的时候，男士必须穿西装、系领带，女士们则要穿晚礼服，这样主人家会觉得受到尊重。如果饭局是设在主人的家里，吃完饭后，客人不能立即就走，要帮主人做清洁工作，否则就会被视为对主人家的不尊重。而且在赴饭局时，客人通常还要随身携带一份礼物，因为新加坡人有赠送礼品的习惯。在饭局上礼物仍原封不动地被搁在一边，客人散去后主人才会打开。

6.1.5 马来西亚

6.1.5.1 基本情况

马来西亚全国面积32.9万平方公里，人口1861万，多数为马来人和华人，印度人和巴基斯坦人占少部分。国语为马来语，通用英语和华语，首都吉隆坡，货币名称马元，国花扶桑花，国教是伊斯兰教，有50%人信奉，另一半人信仰佛教、基督教、印度教。

6.1.5.2 礼仪禁忌和餐饮情况

马来西亚人十分重视礼节，见面时男子常用抚胸鞠躬礼，女子常用屈膝鞠躬礼，有时用双手拍手愿礼，并说"愿真主保佑您安好"，回答说"愿你一样安好"。

马来西亚的服饰特点即穿在身上的衣服遮手遮脚，又长又宽，宾朋相见必须戴"宋谷"帽，马来人不喜欢在公共场合露胳膊或腿，认为败坏风俗，遭人唾弃。

马来人喜吃大米、糕点，爱吃香辣味菜肴，喜欢吃中国的粤菜、川菜，爱喝红茶、咖啡、椰子水，禁酒。

禁忌：

忌摸马来人的头部，认为那是神圣不可侵犯的部位；

忌衣冠不整探访亲人；

忌穿鞋进屋，鞋应放在门中或楼梯口；

忌拍马来人背部，认为会带来厄运；

忌左手递物或进餐；

忌在主人家不吃不喝，意为对主人不敬；

忌乌龟，认为不吉祥；

忌狗，认为肮脏；

马来人忌吃猪肉、狗肉和自死动物及禁用猪制品。

6.1.6　菲律宾

菲律宾位于大西洋西部，面积 29.97 万平方公里，人口超过 1 亿，约 42% 人为比萨扬人，其次是他加禄人、伊洛克人。约 40 万华裔，国语为菲律宾语，英语通用。货币名称为比索，国花为茉莉花。菲律宾约 85% 人信天主教，华人多信佛教。

菲律宾人喜欢搂枕睡觉，认为不会着凉。

见面礼多握手礼。一般社会活动要迟到 15～30 分钟，饮酒不可过量，接受礼物不当面打开。

菲律宾人爱吃米、玉米，爱吃香辣食品，爱吃槟榔，爱吃中国川菜，爱吃香蕉、菠萝、木瓜等水果。

忌讳：用手摸头和背部，认为不尊敬；忌左手递物和进餐；忌谈政治、宗教、菲律宾近代史。

与东南亚商人洽谈商务时，严禁跷起二郎腿，严禁鞋底悬着颠来颠去。否则，必引起对方反感，生意会当即告吹。

6.2　欧洲部分国家的习俗

6.2.1　德国

6.2.1.1　基本情况

德国是德意志联邦共和国的简称，位于欧洲中部。面积 35.7 万平方公里，德国人口为 8200 万，在欧洲仅次于俄罗斯。国语为德语，首都柏林，联邦政府所在地为波恩市，货币马克，国花矢车菊，国鸟白鹳，国石琥珀，基督教徒占 48.9%，天主教徒占 44.7%。

德国是世界上仅次于美国、日本的第三工业大国。工业总产值占国内生产总值的 39%，在世界经济中具有举足轻重的地位。汽车制造业以品种多、质量高、工业精湛在世界享有盛名，是世界第三大汽车生产国，仅次于美国和日本，生产的汽车近 3/5 供出口。

6.2.1.2　礼仪禁忌

严于律己的德国人很讲究形式和准时。公私事宜必须事先约定时间并准时赴约，未经预先约定想与德国人会面，是办不到的事，如果因故需要推迟约会或取消约会的话，一定要打电话通知对方。否则，不仅失礼，也被认为是对其的莫大侮辱。在业余生活中社交活动繁多，有招待会、鸡尾酒会、冷餐会、舞会等。此外，德国人酷爱旅游，尤其是在冬夏两季。旅游归来后，喜欢聚集到朋友家中，设宴洗尘。

德国人讲究秩序，每人都有自己的"归属"，甚至连每一样东西也都有其"合适"的位置，维持秩序的标志牌和禁令牌随处可见。

德国人待人接物严肃拘谨，讲究举止端庄，对人敬重适度，事事循规蹈矩，见面行握手礼，夫妻或情侣行拥抱、亲吻礼。工作中则讲求效率，注重纪律，一丝不苟。与德国商人洽谈贸易时，严禁神聊或节外生枝的闲谈。德国人不喜欢别人直呼其名，而要称头衔，同德国北部地区商人洽谈时需一次次热情握手，一次次直呼头衔，他必格外高兴。宴会上男子要坐在女子或职位高的人的左侧，妇女离开饭桌或回来时，男人要站起来以示礼貌。一般喝啤酒时不碰杯，一旦碰杯就要一口气喝完。

忌讳：

忌讳"13"和星期五，忌吃核桃（认为是不祥之物），忌四人交叉握手（不礼貌）；

忌蔷薇、菊花（悼念者所用）；

忌郁金香，德国人往往忌以郁金香为馈赠品，认为是无情之花；

忌茶色、红色和深色、黑色；

忌送玫瑰（含有浪漫的意思）；

忌不遵守秩序、大声喧哗；

可可粉、家禽及"对国家安全有害的"文字作品，属于德国的禁邮品。

6.2.1.3 餐饮情况

德国人爱吃肉，肉食在一日三餐中占据了突出的地位。德国食品以香肠最负盛名，款式多而味美。除肉类外，德国人吃菜尚清淡，烹调喜多放油，喜酸甜，不爱辣。喜吃猪肉、牛肉、羊肉、鸡肉、鸡蛋和青菜。水果要求糖分少的。

德国人以午餐为主餐，主食大多为炖和煮的肉类，如牛肉、羊肉、猪肉、鸡等。早餐多吃奶酪、鸡蛋、面包等，不喜欢喝牛奶，而爱喝咖啡和可可。晚餐最为简单，一般只有香肠或火腿。用晚餐时常常关掉电灯，点上蜡烛，在烛光下进餐，营造轻松而幽雅的气氛。

世界上最爱喝啤酒的是德国人。啤酒不仅是他们每餐必备的饮料，而且在工作之余、交谈闲聊时也习惯喝啤酒。德国人还有个习惯，吃饭时先喝啤酒，再喝葡萄酒。在不同的场合，德国人喝葡萄酒有不同的饮法：在大型宴会的正餐前，人们习惯喝甜葡萄酒；吃烤肉、鱼、鸡蛋时，习惯喝红葡萄酒；宴会上喝一杯白葡萄酒或低度红葡萄酒，也可以喝一杯啤酒，外加干酪；餐终时再喝一杯香槟酒。德国人讲究酒菜相配：饭前要喝开胃酒，如雪利酒、威士忌酒、伏特加酒、鸡尾果汁等；上菜前喝汤，吃冷拼时喝香槟酒、白葡萄酒、干香槟酒；吃飞禽、鸡、火鸡时喝中低度的红葡萄酒；吃猪肉宜喝啤酒；吃牛羊肉时喝红葡萄酒、白葡萄酒；上饭和点心以后，则喝甜雪利酒、小香槟酒等。有不少德国人喝咖啡时也掺酒，如白兰地酒、果汁烧酒。德国人使用餐具十分讲究，宴请宾客时，餐桌上摆满酒杯、刀叉、盘碟。他们习惯用不同的酒杯盛不同品种的酒。

德国各地的饮食很具地方特色，如法兰克福最有名的食品是法兰克福香肠和苹果酒。那里的金色糖果也很有名，据传歌德生前很爱吃。柏林为东西方饮食荟萃地，各式餐馆不少，数目不下于5000家。柏林的名菜多是平民化的东西，如烤肉拼盘、薯仔鳗鱼、黄瓜沙拉、汉堡牛排、炸牛仔肉。火车站和行人多的地方有香肠快食亭，香肠品种很多。大城市里的德国人，喜欢充满传统气息的古老餐馆。这里用传统烹饪方法制作菜肴，餐桌粗实质朴，不加漆饰，配以宽大结实的木椅，在幽暗烛光下就餐，可以唤起人们对古老生活的回忆。

德国著名的节日啤酒节，每年从五月揭幕到九月最后一个星期进入高潮，至十月第一个星期结束。狂欢节也是德国传统节日，每年11月11日11时起至第二年复活节前四十天上。节日狂欢活动非常热闹，直至狂欢节结束前一天一定是星期一，是整个狂欢节顶点，人们举行化装游行、狂欢集会和舞会。

6.2.2　法国

6.2.2.1　基本情况

法国是在西方大国中第一个与新中国建立大使级外交关系的国家。法国全称"法兰西共和国"，古称"高卢"。位于欧洲大陆西部，全部面积55.16万平方公里，人口接近6380万，在欧盟各国中人口数量排名第二，仅次于德国。主要民族为法兰西人，首都巴黎，官方语言法语，货币名称法郎，国花为鸢尾花和欧洲白百合，国鸟为雄鸡，79%的居民信奉天主教。

法国经济发达，国内生产总值居世界前列。核电设备能力、石油和石油加工技术居世界第二位，仅次于美国；航空和宇航工业仅次于美国，居世界第三位；钢铁工业、纺织业占世界第六位。但工业中占主导地位的仍是传统工业部门，其中钢铁、汽车、建筑为三大支柱。工业在国民经济中的比重有逐步减少的趋势。第三产业在法国经济中所占比重逐年上升。其中电信、信息、旅游服务和交通运输部门业务量增幅较大，服务业从业人员约占总劳动力的70%。

法国是欧盟最大的农业生产国，也是世界主要农副产品出口国。粮食产量占全欧洲粮食产量的三分之一，农产品出口仅次于美国居世界第二位。欧洲前100家农业食品工业集团有24家在法国，世界前100家农业食品工业集团有7家在法国，法国的农副产品出口居世界第一，占世界市场的11%。法国是世界著名的旅游国，平均每年接待外国游客 7000 多万人次，超过本国人口。法国葡萄酒享誉全球，酒类出口占世界出口的一半。法国时装、法国大餐、法国香水都在世界上闻名遐迩。

6.2.2.2 礼仪禁忌

法国人性格开朗、热情、浪漫，喜欢高雅的东西；爱音乐、舞蹈，女士喜爱打扮，法国服装世界闻名。法国人名前姓后、婚后女子跟夫姓。法国人讲究"女士优先"，常用握手礼，一般戴帽者要脱帽致意。

法国人初次见面不需送礼，第二次见面则应送礼物，一般不送法国妇女香水，因为一般是关系亲密的人才送香水。

法国人注重公众形象，不做有损形象的行为，如指手画脚、剔牙、掏耳朵，公众场合不大声喧哗，他们待人接物非常守规矩，只有情侣、夫妻才真正接吻，其他贴脸或颊，或亲吻小辈的额头。

到法国洽谈贸易时，严禁过多地谈论个人私事。因为法国人不喜欢大谈涉及家庭及个人生活的隐私。

忌问对方年龄，尤其女子，忌仙鹤图案（蠢汉和淫妇的象征）；忌"13"和"3"，忌大谈家庭和个人隐私。

法国人往往忌送黄花。法国传统的习俗认为：黄色花象征着不忠诚。

避孕药物及工具，严禁寄往法国。

6.2.2.3 餐饮情况

法国是世界三大烹饪王国之一，讲究吃喝，用餐时双手要放在桌上；饭前要喝一杯度数不高的甜酒（开胃酒）；吃饭时要喝不带甜味的葡萄酒；吃肉时要喝红葡萄酒；吃海味时要喝白葡萄酒或玫瑰酒；饭后要喝带甜味的"消化酒"；每逢喜宴还要喝香槟酒。

法国人主食大米或面粉，爱吃肥嫩的猪肉、羊肉、牛肉，带血丝不好。爱吃蜗牛、蚯蚓、马兰等。法国人爱喝啤酒、矿泉水、苏打水、橘子汁及红茶或咖啡，尤爱饮葡萄酒、玫瑰酒、香槟酒。爱吃中国鲁菜、粤菜等。

法国人不吃无鳞的鱼，不吃辣味重的菜肴。

6.2.3 英国

6.2.3.1 基本情况

英国是大不列颠及北爱尔兰联合王国的简称，共有 24.36 万平方公里（包括内陆水域），由大不列颠岛（包括英格兰、苏格兰、威尔士）、爱尔兰岛东北部和一些小岛组成。隔北海、多佛尔海峡、英吉利海峡与欧洲大陆相望。主要由英格兰人、苏格兰人、威尔士人和北爱尔兰人组成。通用及官方语言均用英语。人口约 6020 万（2014 年 6 月）。首都伦敦，货币名称英镑，国花为蔷薇花，国鸟为红胸鸲，国石为钻石。现在的英国人充分享有宗教信仰自由，居民多数信基督教，北爱尔兰地区多信天主教。

2002年，英经济规模居世界第四，是世界第二大海外投资国。私有企业是英国经济的主体，占国内生产总值的60%以上。服务业是衡量现代国家发达程度的标准之一，英国的服务业从业人口占其就业总人口的77.5%，产值占国内生产总值的63%以上。英国是欧盟中能源资源最丰富的国家之一，也是世界主要生产石油和天然气的国家。主要能源有煤、石油、天然气、核能和水力等。

旅游业是英国最重要的经济部门之一，年产值700多亿英镑，旅游收入占世界旅游收入的5%左右。与以风光旅游为主的国家不同，英国的王室文化和博物馆文化是旅游业的最大看点，主要旅游点有伦敦、爱丁堡、加的夫、布赖顿、格林尼治、斯特拉福、牛津、剑桥等。

在英国，不是所有的博物馆和公园都免费开放，但近几年，英国最好的博物馆——大英博物馆、国家画廊（英国美术馆）、泰特英国与泰特现代美术馆、格林尼治天文台、自然历史博物馆、科学博物馆、维多利亚和阿尔贝特博物馆（世界最大的实用美术与设计博物馆）、帝国战争博物馆、大英图书馆，以及苏格兰、威尔士和北爱尔兰的国立博物馆与美术馆等，现在都是免费开放的。

英国首都伦敦市政府推出了"2008中国在伦敦"文化季，来自北京的艺术家们与伦敦主要文化机构联手推出一系列宣传中国文化的活动，"银幕上的北京"、中国当代设计展、中国地方戏剧讲座、中国茶品茗、奥运火炬接力等活动陆续展开，伦敦地铁内还将展示中国诗人的诗句。

随着"中国热"在英国的悄然升温，英国政府、研究机构、大学等都相继举办各类有关中国的研讨会，也十分关注中国经济发展对英国的影响。

中英两国教育交流也不断深入，每年有约一万名中国留学生来英。目前，中国在英国建立了11所孔子学院，中文教育越来越受到英国社会和普通民众的欢迎。许多大学、中学甚至小学都纷纷开设中文课程。

6.2.3.2　礼仪禁忌

英国人的特点十分注重礼节，讲文明讲礼貌，素有"女士优先"的作风；英国人的另一个特点是十分注重维护绅士形象和风度，衣着讲究，为人彬彬有礼；英国人的另一个特点就是遇事谨慎，沉默寡言，爱炫耀，喜欢一个僻静的地方。英国人见面行握手礼，一般不拥抱。

英国人最爱读报纸，无论何时何地只要有空就拿起报纸阅读。英国人送礼送高级糖果、巧克力、名酒、鲜花。英国人姓名排列是名前姓后，一般是教名＋名＋姓名。

在英国，人们坐着谈话时，两膝不能开得过宽，不能跷着二郎腿；站着交谈时，不要背着手或将手插进口袋里。在大庭广众下耳语是失礼的，更忌拍打肩背。

到英国洽谈贸易时，有三条忌讳。

（1）忌系有纹的领带（因为带纹的领带可能被认为是军队或学生校服领带的仿制品）。

（2）忌以皇室的家事为谈话的笑料。

（3）不要将英国人称呼为"英国人"，要称大不列颠人。

英国人忌讳"13"这个数字，所以宴请时避免13人坐，饭店无"13"号房，"3"这个数字也不好。"星期五"认为是个不吉祥的日子，"13"号又巧碰"星期五"就更是凶日了。英国人忌大象和孔雀图案，认为大象愚蠢，而孔雀是淫鸟。

忌讳墨绿色，忌讳猫（觉得预示这个人的不幸）。

忌讳食盐碰撒（觉得会引起口角或朋友断交）。

忌讳有人打碎玻璃（预示家中要死人或7年不幸）。

忌讳百合花（死亡）的象征。

英国人忌以黄玫瑰为礼花。英国传统习俗认为，黄玫瑰象征亲友分离。

跟英国人打交道不可以四人交叉握手，形成十字架图形，招来不幸。英国人不在公共场合提"厕所"（不礼貌），不用人像做商品装潢，英国人认为在大庭广众中，节哀是知礼，所以丧礼中不大哭大闹。

6.2.3.3　餐饮情况

英国人爱吃米饭或点心，爱吃牛肉、羊肉、鸡、鸭、鱼等野味，一般进餐时先喝啤酒，不吃东西时双手要放在大腿上。英国人举行宴会时一般备两种以上的酒，吃鱼的时候上白葡萄酒，吃肉上红葡萄酒，大规模的宴会还备有香槟酒。

英国在维多利亚女皇时代（1837—1901）是大英帝国最强盛的时代，文化艺术蓬勃发展，人们醉心于追求艺术文化的内涵及精致生活品位。公元1840年，英国贝德芙公爵夫人安娜女士，每到下午时刻就意兴阑珊、百无聊赖，心想此时距离穿着正式、礼节繁复的晚餐还有段时间，又感觉肚子有点饿了，就请女仆准备几片烤面包、奶油以及茶。后来安娜女士邀请几位知心好友伴随着茶与精致的点心，同享轻松惬意的午后时光，没想到一时之间，在当时的贵族社交圈内蔚为风尚，名媛仕女趋之若鹜。一直到今天，已俨然形成一种优雅自在的下午茶文化，也成为正统的"英国红茶文化"，这也是所谓的"维多利亚下午茶"的由来。

在英国的维多利亚式下午茶传统里，以家中最好的房间、最好的瓷器、上等的茶品与精致的点心接待来宾是绝对必要的。在悠扬的古典音乐陪衬下，加上轻松自在的心情与知心好友共度一个优雅、悠哉的午后，的确是人生一大享受。当你前往英国朋友家做客时，穿上体面的衣服，携带适当的礼物，言谈举止处处显现出优雅与涵养，永远都是必要的。

6.2.4 俄罗斯

6.2.4.1 基本情况

俄罗斯位于欧洲东部和亚洲北部，面积 1707.54 万平方公里，居世界第一位。人口 1.489 亿，有俄罗斯人、鞑靼人、多克兰人等。国语俄语，首都莫斯科，货币名称卢布，国花向日葵。

自然资源十分丰富，种类多，储量大，自给程度高。石油探明储量 65 亿吨，占世界探明储量的 12% ~ 13%，居世界第二位。森林覆盖面积 8.67 亿公顷，占国土面积 50.7%，居世界第一位。天然气已探明蕴藏量为 48 万亿立方米，占世界探明储量的三分之一，居世界第一位。水力资源 4270 立方千米/年，居世界第二位。2000 年核能发电量为 1310 亿千瓦/小时。核电占俄电力的 10%。煤蕴藏量 2000 亿吨，居世界第二位。铝蕴藏量居世界第二位，铁蕴藏量居世界第一位，铀蕴藏量居世界第七位，黄金储藏量居世界第四至第五位。工业基础雄厚，部门齐全，以机械、钢铁、冶金、石油、天然气、煤炭、森林工业及化工业等为主。

6.2.4.2 礼仪禁忌

俄罗斯人多信仰东正教、伊斯兰教，重视圣诞节。俄罗斯人具有坚强、开朗、能歌善舞的优点，见面时问好，握手致意。俄罗斯人对于握手的礼仪非常讲究，在遇到上级或长辈时，不能先伸手。握手时要脱手套，站直，保持一步左右的距离，不能用力摇对方的手，一般与不熟悉的人握手，只能轻轻地握，用力握手表示亲近的关系。遇到妇女时，也要等对方先伸手。一般不与初次见面的妇女握手，而是鞠躬。很多人互相握手时，禁忌形成十字交叉形。

俄罗斯人在比较隆重的场合，男人弯腰吻妇女的左手背以表尊重。长辈吻晚辈的面颊三次，通常从左到右，再到左，以表疼爱。晚辈对长辈表示尊重时，一般吻两次。好友相遇时妇女之间拥抱亲吻，而男人之间则只互相拥抱。亲兄弟姐妹久别重逢或分别时，拥抱亲吻。在俄罗斯遇见熟人不能伸出左手去握手问好。朋友间行拥抱礼，亲面颊，称呼时叫对方的名字。

俄罗斯人的姓名由三节构成，本名 + 父名 + 姓氏。妇女婚后用丈夫的姓，但本人的名和父名不变。

俄罗斯礼忌：俄罗斯及东欧诸国，对西方商人的礼待是极其热情的。在同俄罗斯人洽谈贸易时，切忌称呼"俄国人"。

俄罗斯人忌"13"；忌兔子（认为兔子在跟前跑过是不祥的兆头）；忌黑色（丧葬的仪表色；不喜欢黑猫）；不可给俄罗斯人寄鲜果、乳制品、面包和香口胶；忌问女性年龄；初次见面忌问私事。

俄罗斯人对盐十分的崇拜，视为珍宝和祭祀用的供品，认为盐具有驱邪除灾的神奇力量，视打翻盐罐或撒盐在地上是家庭不和的预兆。

6.2.4.3 餐饮情况

俄罗斯饮食特点是菜加稀粥，口味重，喜欢酸、甜、咸、微辣。爱用酸奶做调味品，喜欢吃白菜、西红柿、生洋葱、酸黄瓜、土豆。早餐简单，午餐、晚餐讲究。他们不吃乌贼、海蜇、海参和木耳。爱喝烈性白酒伏特加和中国珍珠米酒，酒量很大，爱喝的饮料有格瓦斯、啤酒、红茶、柠檬茶、咖啡。俄罗斯人喝茶与其说是为了解渴，不如说是为了充饥。一般是早餐时或午饭与晚饭之间喝茶。茶里可以放牛奶、鲜奶油和糖。喝茶时还端上果酱、面包、黄油、点心等等。用完茶勺后，应放在茶碟上，不能把勺留在茶杯里，带着勺喝茶。老人喜欢用茶炊煮茶喝，他们用小茶碟喝茶，单独吃糖。

大部分俄罗斯人都在家中用餐，只在上班的午休时间才去餐馆。遇有喜庆或举办婚礼时，俄罗斯居民通常都在餐馆举行，由邀请人付费。朋友聚会一般在家庭环境下进行。客人通常都带给主人小礼品（蛋糕、酒）和鲜花。

俄罗斯人招待朋友、客人时喜欢用面包和盐，表示殷勤和接待。

伏特加是俄罗斯的名酒，俄罗斯人干脆把伏特加当成了饭局的代名词，因为无论谁设的饭局，席上都少不了伏特加酒。

在饭局上，俄罗斯人先在每人的酒杯里倒上一杯伏特加。第一杯通常是一齐干下，以后各人按自己的酒量随意酌饮。不过，俄罗斯人在饭局上喝酒从不耍滑头，都极为诚实，一般不劝酒，有多少量喝多少。因为在俄罗斯人看来，不喝酒的男人就不是真正的男子汉。俄罗斯的大街上随处可见踉踉跄跄找不着家门的醉汉。俄罗斯男人常把伏特加比喻成自己的"第一个妻子"。

朋友间的饭局一般要持续3到4个小时，每隔1小时休息10分钟，烟民可出去过会儿烟瘾。席上的祝酒词也很有意思，第一杯为相聚，第二杯祝愿健康，第三杯为爱——对祖国的爱、对家庭的爱、对妻子的爱。接下来便是祝愿和平、祝愿友谊等。如果是在朋友家里赴的饭局，最后一杯要献给女主人，表示对她高超厨艺的赞赏和辛勤劳动的感谢。

6.2.5 西班牙

西班牙是著名的"旅游之国"、"斗牛王国"，位于欧洲南部伊比利亚半岛，面积50.47万平方公里，人口3904万（2013），主要为斯提利亚族。首都马德里，国语为西班牙语，货币名称比塞塔，国花石榴花，国石绿宝石，主要宗教为天主教。

西班牙人见面时用握手礼，亲朋好友相见，则男人互抱肩膀，女人轻搂一下并亲吻双颊。

西班牙人饮食是午餐隆重而早、晚餐随便，主要吃面食，爱吃鱼、羊肉、牛肉等，口味较清淡酸辣。爱喝啤酒、葡萄酒，爱喝中国的龙井茶。

西班牙人忌"13"和"星期五"，不喜欢听斗牛活动的坏话。如小孩在元旦那天打架、骂人、哭啼被认为是不吉利的，忌讳大红花和菊花（死亡的象征）；忌黑色（疾病、嫉妒、死亡）；忌紫色（教会专用色）。

6.2.6　西方人日常礼仪和禁忌

1. 女士优先

西方人一般对女性比较尊重，总是把女士放在优先的地位。如男女一起进房间，男士应替女士开门。进房间、餐馆，大多是女子在前，除非男的必须在女士的前头选餐桌、开车门或做其他效劳。在街上行走，或过马路，男子要走在女士身旁靠来车方向的一边。如果客人是位女士，她进屋时，屋中的大多数男子都要站起来以示尊敬。而进入客厅的如果是男士，在客厅里的女士则都不必起身行礼。在宴会开始或结束时，男士要帮助旁边的女士就座或站起来。在餐厅里，男的要帮助女士脱、穿大衣，如果有向导，就要让女士先行。

2. 拜访礼节

一般早上 8 点以前，晚上 10 点以后，不能走访他人，应事先约好时间再前往。进屋前，应先敲门，门铃也不要连续不停地按，征得对方许可后方可开门进入。进屋后，首先要脱帽。如去朋友家里，除非主人邀请，不进卧室。如果被主人请入卧室，客人通常不坐在床上，因为那是忌讳的。

3. 公众场合彬彬有礼

讲话声音不要太大，大声喧嚷被视为不文明的表现。不要随便抽烟，事先应先向旁边的人打招呼，征得他们的同意。尤其是有女士时，绝对不要随便扔烟灰和烟头。抽烟还要有节制，不要一根接一根地抽。不要当着人家的面脱鞋，脱鞋或让人看到自己的袜子是不礼貌的。不过，在长距离飞行的飞机中则可穿航空小姐提供的拖鞋。不要蹲着或敞开腿坐，这会令人讨厌。走路要礼让，上自动扶梯时，如无急事要靠右边站，给有急事的人腾出左边通道。对周围的人不要盯着看，对女士更应如此，以免被误解。

4. 其他禁忌

数字忌：忌讳"13"，甚至星期五和每月的 13 号也被忌讳，认为这些数字包含着凶险。相反，西方人却对"3"和"7"很喜欢，认为这两个数字包含着吉利。

询问忌：忌讳询问别人的年龄、工资、家室以及其他私事。在老人面前，忌说"老"字。

床位忌：严忌把床对着门摆放。

碎镜忌：严忌打碎镜子，认为碎镜能使人背运。若犯此忌，则可趁月圆之时，暗自将衣袋内的硬币翻过来，以示解救。

花色忌：许多欧洲人忌讳黄色花，并认为菊花、杜鹃为红花包含着不吉利。

颜色忌：欧洲人多忌黑色，认为黑色是丧礼之色。

礼节忌：一切礼节均应先女后男，切忌相反。

做客忌：到亲友家做客，进门后切忌不脱帽和带雨具；与女子对坐，切忌吸烟。

会客忌：会见客人时，忌坐姿歪斜和小动作，忌家人吵骂或看表询问时间。

慰问忌：探病时，忌久谈；吊唁时，忌先提及死者。

衣物忌：西方人对自己的衣物及行装，有随意乱放的习惯，但忌讳别人乱动。

折柳忌：切忌折断飘来的柳条，认为此忌可以防止失恋之苦。

婚服忌：姑娘在结婚之前，忌讳试穿婚礼服。据说，此忌可防未来婚事的破裂。

婚期忌：除英国人而外，多数西方人严忌星期六结婚，认为此日绝非黄道吉日。

扶老忌：欧美的老人，多忌讳由别人来搀扶。

握手忌：对长者、女子或生人，忌主动而随便地握手。

行走忌：在行进中，忌醉步摇斜、随地吐痰或乱扔废物。

路谈忌：路遇熟人时，忌在路中央交谈或在路旁久谈；与女子路谈，应边走边谈，忌在路边立谈。

6.3　美洲和大洋洲部分国家习俗

6.3.1　加拿大

6.3.1.1　基本情况

加拿大位于北美洲的北半部。全国面积 997 万平方公里，居世界第二位。人口 3523 万 (293)（2002 年），是英联邦成员国，西方七大工业化国家之一。美国是加拿大的主要盟国，两国关系密切，加拿大历届政府都把对美关系摆在对外政策的优先地位。

加拿大拥有世界上最完善的医疗保健、免费教育和失业退休保险等福利体制，是公认的理想定居地，也一直是接受移民最多的国家之一。制造业和高科技产业较发达，资源工业、初级制造业和农业亦是国民经济的主要支柱。是世界上最大的渔产品出口国。加拿大家庭年平均收入是 $53459，加拿大人的平均寿命是 77.4 岁。加拿大地广人稀，国民享有高水平的居住及教育环境，政府对民众照顾周全，制度之健全堪称世界之冠。加拿大是移民国，20% 为英裔居民，首都渥太华，货币名称加拿大元，国花糖槭，国树枫树。

加拿大居民 47.3% 信仰天主教，41.2% 信基督教新教。

6.3.1.2　礼仪禁忌

加拿大人与初识的人见面时，一般应与对方紧紧握手，也可以挥手或点头致意。在讲法语的社交场合，则使用与法国相近的礼仪，如吻颊、拥抱等。预约拜访是应遵守的礼貌。在入室前，注意观察主人家门内是否排放鞋子，如果是，就应该脱掉鞋子，以免弄脏地板。在应邀私人宴会时，不要忘记带一些小礼物，如一束花、一瓶酒等。

加拿大人忌白色的百合花（悼念死人）；忌说"老"。

忌"13"、"星期五"。"13"再碰上"星期五"就更不祥了。1983年1日和12月13日均与星期五重合。在这两天西方国家一些患数字"13"恐惧症的人，借口有病全天不起床，以免发生不吉利的事。许多迷信者认为，在这种日子不能换床单，不能用餐，不能工作，不能实施新计划，否则就要倒霉。所以在13号，又逢星期五，许多人不出门，许多舰艇不出航。今日，美国海军就不会让新船在13号这一天下水。遇上13号是星期五的时候，一般不举行宴请活动。

6.3.1.3　餐饮情况

加拿大人饮食上多与英、法、美相似，早餐喝牛奶、麦片粥、玉米粥，吃烤面包等。主食大米、副食、牛肉、鸡等，爱吃半生不熟的牛扒，爱吃煎、烤、炸的食品。主要饮料是白兰地、香槟、啤酒、冰水，饭后喝牛奶咖啡，吃水果，爱吃中国菜，喝红茶。

6.3.2　美国

6.3.2.1　基本情况

美国位于北美洲，全国面积939.6万平方公里，居世界第四，人口3亿零315万，居世界第三。美国是移民国家，白人占85%，其次是黑人等。国语英语，首都华盛顿，货币美元，国花玫瑰，象征着美丽、芬芳、热忱和爱情。国鸟秃鹰，国石蓝宝石。

美国居民30%信基督教，20%信天主教，其次信犹太教、东正教、伊斯兰教。

美国由于是移民国家，建国二百多年来各民族相融并蓄，生活习俗和礼节方面逐渐形成以欧洲传统习惯为主的特点。

美国具有高度发达的现代市场经济，其国内生产总值和对外贸易额均居世界首位，有较为完善的宏观经济调控体制。美国自然资源丰富，煤、石油、天然气、铁矿石、钾盐、磷酸盐、硫黄等矿物储量均居世界前列。粮食总产量占世界的1/5。美国是世界上最大的商品和服务贸易国。美国前五大出口市场为加拿大、墨西哥、日本、英国和中国。美国前五大进口市场为加拿大、中国、墨西哥、日本和德国。目前，中美互为第二大贸易伙伴。2007年双边贸易总值为3020.8亿美元，增长15%。

6.3.2.2　礼仪禁忌

美国人幽默随和，开朗果断，自由开放，不拘小节，上进心很强。

美国人讲究女士优先，"请"、"谢谢"、"对不起"常挂嘴边。

美国人见面一般施点头礼，注目礼，握手礼，接吻或吻手礼。初次见面不行握手礼，直呼对方名字，或随意握一下，直呼其名是美国人表示友好的方式，退席时不必向每个人告别，一边退席一边挥手说声"再见"即可。美国人爱讲话，爱用手势语，但谈话时保持一定距离，一般以50厘米为宜。

美国人工作节奏紧张，无人用聊天、喝茶、看报来打发时间，不许怠工和拖拉。美国人崇尚简单化，平时吃简便快餐，服装简练。他们乐于奋斗事业，也爱旅游，喜欢体验新的生活方式。

美国人注重实利，等价交换。与美国人洽谈交易时，不必过多地握手与客套，贸易谈判可直截了当地进入正题，甚至从吃早点时即可开始。

美国人习惯晚睡晚起，赴宴用餐大多不提前到达。

6.3.2.3 餐饮情况

美国人饮食特点是生、冷、淡，爱吃咸中带甜的菜肴，早、午餐简单，晚餐较丰富。爱吃中国广东菜，不爱吃肥肉，不吃清蒸和红烧食物。忌食动物内脏和奇形怪状的东西，如鸡爪、猪蹄、海参、黄鱼、黄鳝、螃蟹等。

美国人不爱喝茶，爱喝冰水、矿泉水、可口可乐、啤酒、威士忌、白兰地，同时喜欢放冰，餐前饮番茄汁、橙汁，吃饭时喝啤酒、葡萄酒和汽水，饭后喝咖啡。

美国人较隆重的节日是圣诞节和感恩节（火鸡节），其中每年11月的第4个星期四是北美独有的节日——感恩节。

感恩节的来历如下：

1620年，英国的一批清教徒，男女老幼共102人，为了摆脱宗教和政治上的迫害，于当年9月搭乘"五月花"号木船，漂洋过海，于11月21日在马萨诸塞州东南方的普利茅斯登陆定居。当时缺衣少食，饥饿、寒冷、病魔夺走了半数以上人的生命，只有50人侥幸活了下来。这时，纯朴的印第安人给移民们送来了食物、工具，教他们捕鱼、狩猎、盖房子和种玉米。第二年秋天，移民们获得了丰收，渡过了生活的难关。1621年11月底的一天，移民们准备了丰盛的欧洲式饭菜，自制了啤酒，热情的印第安人又送来了大火鸡和5头鹿，大家一起聚餐庆祝，以感谢上帝的恩赐，历时3天。事后把这一天命名为感恩节，并逐渐推广到北美各地。

美国的第一个正式的感恩节发生在1621年11月，马萨诸塞州的普利茅斯殖民地。直到1863年美国南北战争时期，感恩节才成为一个全国性的节日。感恩节会餐在全美国差不多都一样，桌子上摆满了各种美味佳肴。自然，火鸡是主菜（美国特产的一种鸟），同时摆满各种蔬菜和甜食。人们常常吃南瓜饼，目的是为了纪念首批移民。

美国人忌讳"13"、"星期五"和"3"，认为这些数字是厄运和灾难的象征；忌讳人在自己面前挖耳朵、抠鼻孔、打喷嚏、伸懒腰、咳嗽等。忌蝙蝠图案，认为蝙蝠是吸血鬼和凶神的象征；忌穿睡衣迎接客人；忌送厚礼给别人；忌问个人财产、收入；忌问妇女年龄；忌向妇女送香水、衣物、化妆品；忌"老"，不喜欢别人搀扶自己，以免被认为"老"。

6.3.3　澳大利亚

6.3.3.1　基本情况

澳大利亚一词，意即"南方大陆"，欧洲人在17世纪初叶发现这块大陆时，误以为这是一块直通南极的陆地，故取名"澳大利亚"，australia 即由拉丁文 terraaustralis（南方的土地）变化而来。

澳大利亚面积761793万平方公里，人口2327万，澳居民中70%是英国及爱尔兰后裔，18%为欧洲其他国家后裔，亚裔占6%，土著居民约占2.3%。他们大多数信奉基督教。英语为通用语言。澳大利亚人98%信奉基督教，也有信犹太教、伊斯兰教、佛教。首都堪培拉，货币为澳大利亚元，国花金合欢花，国树桉树，国鸟琴鸟。

澳大利亚是典型的移民国家，被社会学家喻为"民族的拼盘"。已有来自世界120个国家、140个民族的移民到澳大利亚谋生和发展。多民族形成的多元文化是澳大利亚社会一个显著特征。

澳农牧业发达，自然资源丰富，有"骑在羊背上的国家"和"坐在矿车上的国家"之称，是世界最大的羊毛和牛肉出口国。渔业资源十分丰富，是世界第三大捕鱼区，最主要的水产品有对虾、龙虾、鲍鱼、金枪鱼、扇贝、牡蛎等。已探明的矿产资源达70余种，其中铅、镍、银、钽、铀、锌的储量居世界首位。澳大利亚是世界上最大的铝矾土、氧化铝、钻石、铅、钽生产国，最大的烟煤、铝矾土、铅、钻石、锌及精矿出口国，第二大氧化铝、铁矿石、铀矿出口国和第三大铝、黄金出口国。

旅游业是澳大利亚发展最快的行业之一。著名的旅游城市和景点遍布澳大利亚全国。霍巴特的原始森林国家公园、墨尔本艺术馆、悉尼歌剧院、大堡礁奇观、土著人发祥地卡卡杜国家公园、土著文化区威兰吉湖区及独特的东海岸温带和亚热带森林公园等景点，每年都吸引大批国内外游客。

6.3.3.2　礼仪禁忌

澳大利亚有特别浓厚的自由和无拘无束的气氛。人们日常互相直呼其名（只称呼名，不称呼姓），老板和员工之间、教师和学生之间都如此。在两大城市悉尼和墨尔本的市中心，平日中午常常可看见穿笔挺西服的白领人士或白领丽人和朋友同事聚在一起，坐在建筑物门前的台阶上吃简单的午餐，如三明治或热狗，这在其他国家的现代化大都市是难以想象的。

澳大利亚的城市都给人开阔的感觉，有很多开阔的公园和绿地点缀其间。澳大利亚绝大多数的公园是免费的，公园连围墙也没有，四面八方都是进出公园的小径。便利的交通也可以毫不费力地将人们带入城市近郊的国家公园。

澳大利亚流行西方礼仪，行握手礼，讲究女士优先，重视修养，很少大声喧哗。做客时送鲜花、葡萄酒。

澳大利亚的主要节日是圣诞节，但由于其在南半球，故圣诞节时正值该国仲夏，酷暑与人们精心布置的冬日雪景非常独特。

澳大利亚人的忌讳：忌兔子，认为不吉利；忌"13"数字；忌"自谦"的客套用语。

6.3.3.3 餐饮情况

澳大利亚人喜欢喝啤酒，闲暇时光尤其是周末，许多人喜欢联朋约友到酒吧饮酒谈天、欣赏音乐，或者到公园烧烤游乐。

澳大利亚人爱吃面食、鸡、鹅、牛肉等等，爱吃英国菜，也爱吃中国菜，爱喝啤酒、葡萄酒，咖啡、矿泉水、红茶，爱吃苹果、荔枝、香蕉。

6.4 非洲部分国家的习俗

非洲是"阿非利加洲"的简称。希腊文"阿非利加"是阳光灼热的意思。赤道横贯非洲的中部，非洲3/4的土地受到太阳的垂直照射，年平均气温在20摄氏度以上的热带占全洲的95%，其中有一半以上地区终年炎热，故称为"阿非利加"。

非洲位于东半球的西南部，地跨赤道南北，西北部的部分地区伸入西半球。东濒印度洋，西临大西洋，北隔地中海和直布罗陀海峡与欧洲相望，东北部以狭长的红海与苏伊士运河紧邻亚洲。面积约3020万平方公里（包括附近岛屿），约占世界陆地总面积的20.2%，仅次于亚洲，为世界第二大洲。

人口为9.24亿，仅次于亚洲，居世界第二位。联合国人口基金2007年12月发表报告称，预计到2030年，非洲城市人口将从2000年的2.94亿猛增至7.42亿。非洲人口的出生率、死亡率和增长率均居世界各洲的前列。非洲人口出生率在全世界是最高的，每名妇女平均生育5.1个孩子，极高的人口增长速度对非洲的社会经济发展提出了严峻的挑战。人口分布极不平衡，尼罗河沿岸及三角洲地区，每平方千米约1000人。撒哈拉、纳米布、卡拉哈迪等沙漠和一些干旱草原、半沙漠地带每平方千米不到1人，还有大片的无人区。

非洲许多国家都有丰富的能源和自然资源，开展资源合作、促进经济发展，一直是它们的迫切要求。它们面临的主要问题是如何将自身的资源和能源优势转化为经济优势。我国按照互惠互利、共同发展的原则与非洲开展能源资源合作，也是帮助非洲国家发展经济的重要途径。中非能源资源合作是公开、透明、互利互惠的，也是完全正常的，是中非整体合作的一部分。我国愿本着开放和建设性态度，与包括美、欧在内的国际社会一道，共同为非洲的和平与发展作出努力，并就此进行磋商和沟通。

我国坚定不移地奉行独立自主的和平外交政策，实行全方位的对外开放政策，愿在平等互利原则的基础上，同世界各国和地区广泛开展贸易往来、经济技术合作和科学文化交流，促进共同繁荣。半个多世纪以来，我国向非洲提供了力所能及的无私援助，包括无偿援助、无息贷款、低息贷款和技术合作等。我国在非洲承担了近 900 个项目。近年来，在中非合作论坛框架下，中方减免了 31 个非洲重债穷国和最不发达国家 109 亿元人民币债务，对非洲 30 个最不发达国家的 190 项对华出口商品给予零关税待遇，为非洲培训各类人才 1.46 万名。

6.4.1 埃及

6.4.1.1 基本情况

埃及全称阿拉伯埃及共和国，已同 165 个国家建立外交关系。埃及是第一个承认中国并同中国建交的阿拉伯、非洲国家，建交日期为 1956 年 5 月 30 日。

埃及位于非洲东北部，面积 100.2 万平方公里。9200 万（截止至 2013 年）主要为阿拉伯人，信奉伊斯兰教；科普特人约占 11.8%，信奉基督教；此外还有贝都因人和努比亚人。官方语言为阿拉伯语，伊斯兰教为国教，信徒主要是逊尼派，占总人口的84%。科普特基督徒和其他信徒约占 16%。官方语言为阿拉伯语，中上层通用英语，法语次之。首都开罗，人口 789 万（2006 年），是阿拉伯和非洲国家人口最多的城市。

埃及地跨亚、非两洲，大部分位于非洲东北部，苏伊士运河东的西奈半岛位于亚洲西南角。西连利比亚，南接苏丹，东临红海并与巴勒斯坦接壤，北濒地中海，海岸线长 2700 多千米。全境 96% 为沙漠。最高峰为凯瑟琳山，海拔 2642 米。世界第一长河尼罗河从南到北流贯全境，境内长 1350 公里，两岸形成狭长河谷，在首都开罗以北形成 2.4 万平方公里的三角洲，99% 的人口聚居在仅为国土面积 4% 的河谷和三角洲地带。

埃及为世界四大文明古国之一。早在公元前 3100 年，由南方的美尼斯统一了上埃及和下埃及，建立第一个奴隶制王朝。这时埃及文化已趋于成熟，开始使用象形文字，开创法老专制政治。历代王朝陆续建造了一批称为世界奇迹的金字塔以及狮身人面像和大量雕像。

金字塔距今已有 4500 年的历史，由于它形似汉字中的"金"字，因而被称为"金字塔"，金字塔本身是一座王陵建筑。它规模宏伟，结构精密，塔内除墓室和通道外都是实心，顶部呈锥角。金字塔历经多次地震都岿然不动，完好无损。它被誉为当今最高的古代建筑物和世界八大奇迹之首。

长达 7000 多年的历史和古老的文明为埃及留下了丰富的遗产，世界上三分之一的文物古迹都在埃及。旅游业是埃及的支柱产业和国家级工程，是国民经济和外汇的最大来源，也是从业者最多的产业。能够为国家带来巨大的收入，为青年创造新的就业机会。意味着每年 800 多万游客，超过 8000 万的酒店收入，超过 160 万的直接和间接就业机会，还意味着全国总建设规划的 12.5%，国内生产总值的 11.5%。2006 年游客总数达到了 870 万，酒店营业情况达到 8570 万间夜，旅游业实际盈利 64.29 亿美元，成为了埃及外汇收入的第一大来源。

会展游是一种十分重要的旅游形式，一方面开销较大，利润较高，另一方面国际会展的召开能够为埃及的旅游胜地增光添彩。开罗国际会展中心是会展游的核心。该会展中心设施先进齐全，曾举行第一届"地中海市场"国际旅游市场大会。过去 6 年来，埃及会展游持续发展，为会展中心赢得了 1.153 亿埃镑的收入。2006 年，埃及的会展旅游十分兴旺，举行了多次世界性会议，如沙姆沙伊赫的达沃斯世界经济论坛、开罗的女企业家大会等。

每年 10 月至次年 2 月。此时为埃及的最佳旅游时间。埃及法律禁止在机场、公共汽车总站、大桥和军事设施上拍照摄影。博物馆更是戒备森严，要通过两次检查，并经过 X 光机后才能进入，所带相机要另外购票。埃及通行美元，1 美元可兑换 4.5 左右的埃及镑。

6.4.1.2 餐饮情况

埃及人在饮食上严格遵守伊斯兰教的教规，斋月里白天禁食，不吃一切忌物，也不吃红烩带汁和未熟透的菜；吃饭时不与人谈话，喝热汤及饮料时禁止发出声响，食物入口后不可吐出，而且忌讳用左手触摸食具和食品。

埃及最普遍的食物是一种类似新疆的"馕"的薄饼，中间夹着洋葱、番茄、青瓜、扁豆酱的面食；还有在铁柱上挂着的烤羊肉。埃及人喜吃甜食，正式宴会或富有家庭正餐的最后一道菜都是上甜食。埃及人不吃猪肉，爱吃羊肉、鸡肉、鸭肉、土豆、豌豆、南瓜、洋葱、茄子和胡萝卜。他们习惯用自制的甜点招待客人，客人若是谢绝一点也不吃，会让主人失望也失敬于人。

埃及有两种风格的烹饪：在富贵家庭流行法国烹饪和意大利烹饪，在贫困家庭则以阿拉伯烹饪为主。辣的菜肴是埃及大众喜食的风味，多种菜肴成分中，都加有葱、蒜和辣椒。

埃及烹饪原料的特点是：广泛使用大米、黄豆、羊肉、山羊肉、家禽和鸡蛋；大量食用奶酪（山羊奶酪型）以及酸制品；也喜欢用蔬菜作菜肴；在沿海区域流行鱼肴。

埃及人吃的面包，有玉米的、大麦的和高粱的。大米不仅当作配菜，也当主食。

6.4.1.3　礼仪禁忌

通常在埃及人面前尽量不要打哈欠或打喷嚏，如果实在控制不住，应转脸捂嘴，并说声"对不起"。埃及人讨厌打哈欠，认为哈欠是魔鬼在作祟。一个人打哈欠，如同犯罪似的急忙说："请真主宽恕。"

商务礼仪方面，在埃及约见政府官员、公司和企业的负责人或者家访友人，无疑需预约，不宜当不速之客。但因特殊情况冒昧造访，好客的埃及人也不会像西方人那样见怪，他们始终微笑地表示欢迎，说："我家（办公室）的大门一直为你开着，欢迎你随时来。"

工作性的会见均在办公室进行。除了高级官员，没有人把你当做贵宾而派人在门口等候，接送你到会客室。会见的人也往往边办公边同你谈话，例如，下级送一份需签字的文件，或请示对一件事情的处理意见，或者外面来一个电话交谈几分钟，此时你就被冷落在一边，无人理睬。遇上几次，你就会慢慢习惯于这种埃及式的会见。

一般来说，埃及人喜欢绿色和白色，讨厌黑色和蓝色。他们在表示美好的一天时，称"白色的一天"，而不幸的一天，则称作"黑色的一天"或"蓝色的一天"。对真诚坦率的人称为"白心"，而称充满仇恨、嫉妒、奸诈的人为"黑心"。埃及的丧服为黑色。有地位或年老者喜好黑色或深色服装，以表示庄重和显示其威望。

埃及人认为右耳鸣是坏人在骂他，左耳鸣是亲人在惦记他、问候他，民谚道："耳朵嗡嗡响，好事天天来。"眼睛亦如此。右眼皮跳被视为倒霉的事要发生，而左眼皮跳，则是好运来临的征兆，故老百姓说："真主啊，让它变为好运吧！"假若是右手手心发痒，可能有朋友来访，而左手痒将会走运获利。

6.4.2　南非

6.4.2.1　基本情况

南非位于非洲大陆最南端，东、西、南三面濒临印度洋和大西洋，北与纳米比亚、博茨瓦纳、津巴布韦、莫桑比克和斯威士兰接壤。地处两大洋间的航运要冲，其西南端的好望角航线历来是世界上最繁忙的海上通道之一，有"西方海上生命线"之称。国土面积约122万平方公里，全境大部分为海拔600米以上的高原。德拉肯斯山脉绵亘东南，卡斯金峰高达3660米，为全国最高点；西北部为沙漠，是卡拉哈里盆地的一部分；北部、中部和西南部为高原；沿海是窄狭平原。奥兰治河和林波波河为两大主要河流。人口5177万（截止至2013年），主要由黑人、白人、有色人和亚裔四大种族构成，分别占总人口的79.5%、9.1%、8.9%和2.5%。

南非是世界上唯一同时存在三个首都的国家：行政首都比勒陀利亚是南非中央政府所在地，人口220万；立法首都开普敦是南非国会所在地，是全国第二大城市和重要港口，位于西南端，为重要的国际海运航道交汇点，人口300万；司法首都是布隆方丹为全国司法机构的所在地，人口 50 万。

南非属于中等收入的发展中国家，国内生产总值占非洲国内生产总值的 20% 左右。矿业、制造业、农业和服务业是南非经济四大支柱，深矿开采技术在世界处于领先地位。南非矿产资源丰富，是世界五大矿产国之一。黄金、铂族金属、锰、钒、铬、钛和铝硅酸盐的储量均居世界第一位，氟石、磷酸盐居世界第三位，锑、铀居世界第四位，煤、钻石、铅居世界第五位。南非是世界上最大的黄金生产国和出口国，黄金出口额占全部对外出口额的三分之一，因此又被誉为"黄金之国"。

南非是中国在非洲的第一大贸易伙伴，中国是南非十大贸易伙伴之一，两国经济互补性很强。据中国海关统计，2006 年两国贸易额达到 98.56 亿美元，比上年增长 36%。2007 年 10 月，中国工商银行以约 55 亿美元的价格收购南非标准银行 20% 股权。此间经济学家指出，这是 1994 年新南非诞生以来最大的外国投资，对南非乃至整个非洲的经济发展具有重大意义。

6.4.1.2　礼仪禁忌

南非社交礼仪可以概括为"黑白分明"，"英式为主"。所谓"黑白分明"是指：受到种族、宗教、习俗的制约，南非的黑人和白人所遵从的社交礼仪不同。"英式为主"是指：在很长的一段历史时期内，白人掌握南非政权，白人的社交礼仪特别是英国式社交礼仪广泛地流行于南非社会。

信仰基督教的南非人，忌讳数字"13"和星期五；南非黑人非常敬仰自己的祖先，他们特别忌讳外人对自己的祖先言行失敬。跟南非人交谈，有四个话题不宜涉及：不要为白人评功摆好；不要评论不同黑人部族或派别之间的关系及矛盾；不要非议黑人的古老习惯；不要为对方生了男孩表示祝贺。

南非人在社交场合的普遍见面礼节是握手礼，他们对交往对象的称呼则主要是"先生"、"小姐"或"夫人"。在黑人部族中，尤其是广大农村，南非黑人往往会表现出与社会主流不同的风格。比如，他们习惯以鸵鸟毛或孔雀毛赠予贵宾，客人此刻得体的做法是将这些珍贵的羽毛插在自己的帽子上或头发上。

正式场合中他们都讲究着装端庄、严谨。因此进行官方交往或商务交往时，最好穿样式保守、色彩偏深的套装或裙装，不然就会被对方视做失礼。此外，南非黑人通常还有穿着本民族服装的习惯。

6.4.1.3　餐饮情况

南非白人平日以吃西餐为主，经常吃牛肉、鸡肉、鸡蛋和面包，爱喝咖啡与红茶。南非黑人喜欢吃牛肉、羊肉，主食是玉米、薯类、豆类。不喜生食，爱吃熟食。南非著名的饮料是如宝茶。在南非黑人家做客，主人一般送上刚挤出的牛奶或羊奶，有时是自制的啤酒。客人一定要多喝，最好一饮而尽。

在非洲很多地方，吃饭不用桌椅，也不使刀叉，更不用筷子，而是用手抓饭。吃饭时，大家围坐一圈，一个饭盒和一个菜盒放在中间。每个人用左手按住饭盒或菜盒的边沿，用右手的手指抓自己面前的饭和菜，送入口中。客人吃饭时应注意的是，切勿将饭菜撒在地上，这是主人所忌讳的。饭毕，长者未离席时，晚辈要静坐等候；子女离席时，需向父母行礼致谢；客人则应等主人吃完后一道离开。

　　在非洲，吃饭时有着严格的礼仪，甚至连牛羊鸡鸭的每个部位归谁吃都有规定。如在马里，鸡大腿当年长的男人吃，鸡胸脯肉归年长妇女吃；当家的人吃鸡脖、胃和肝；鸡的头、爪和翅膀由孩子们分食。又如在博茨瓦纳，在公众大型宴会上，宾客和男人吃牛肉，已婚的妇女吃杂碎，两者分开煮，分开食，不得混淆。

6.5　我国台、港、澳地区的习俗

6.5.1　台湾

　　台湾省全岛总面积为 36192.8155 平方千米，是我国最大的岛屿，其中包括台湾本岛、澎湖列岛、钓鱼岛、赤尾屿、兰屿、火烧岛和其他附属岛屿共 88 个，为中国的"多岛之省"。台湾本岛南北长而东西狭，南北最长达 394 公里，东西最宽为 144 公里，呈纺锤形。人口达 2300 多万。主要生活着汉族和高山族民族。

　　台湾自古以来就是我国的神圣领土，在中国古代文献里，被称为"蓬莱"、"贷舆"、"员峤"、"瀛洲"、"岛夷"、"夷州"、"琉球"等。从三国时代开始，便逐渐开拓、经营台湾，到 1885 年（清光绪十一年）正式建立行省。

　　台湾海峡为中国南北方之间的海上交通要道，是著名的远东海上走廊。它与庙岛群岛、舟山群岛、海南岛，构成一条海上"长城"，为中国东南沿海的天然屏障，素有"东南锁钥"、"七省藩篱"之称，战略位置十分重要。

　　宜人的气候、肥沃的土地，以及丰富的资源，造就了台湾"山海秀杰之区，丰衍膏腴之地"，使其享有"米仓"、"东方糖库"、"水果之乡"、"森林之海"、"东南盐库"、"兰花王国"、"蝴蝶王国"、"珊瑚王国"、"鱼仓"等美誉。

　　在人文风貌方面，由于兼融闽南、客家，外省及原住民等不同的族群，形成多姿多彩的人文色彩，无论在宗教信仰、建筑、语言、生活习惯及饮食风味上，均处处展现和谐共荣的缤纷景象。其中"美食"为最鲜明的一项代表，举凡台菜、客家菜、湘菜、川菜、日式、韩式料理，或是传统小吃、地方特产美食，呈现出多元丰富的美食飨宴，使台湾"美食王国"之名备受世界肯定。

　　台湾人送礼忌：忌以扇子送人（送扇勿相见）；忌以手巾送人（送巾断根）；忌以

剪头送人（一刀两断）；忌以伞头送人（与散同音）。

6.5.2　香港

6.5.2.1　基本情况

香港位于我国东南端，是发展日渐迅速的东亚地区的枢纽，地理条件优越。香港总面积达 1103 平方公里，由香港岛、一海之隔的九龙半岛和新界（包括 262 个离岛）组成，其中郊区多集中在新界。2013 年年底，香港人口约 718 万，共有约 52 万人。

受英国管治半个世纪后，在 1997 年 7 月 1 日成为中国香港特别行政区。根据《基本法》，香港现有的经济、法律和社会制度最少保持 50 年不变。除防务和外交事务外，香港特别行政区享有高度自治。

香港人辛勤努力、适应力强、教育程度高且富创业精神，使香港成为生产力强、创意无尽的城市，由 150 多年前的荒芜之地发展成为一个国际金融商贸中心，跻身世界大都会之列。

香港除了拥有世界上最优良的深水港外，可以说是没有其他天然资源。

中文和英文同属香港的法定语言。政府机关、法律界、专业人士和商界均广泛使用英文。香港不乏受过良好教育且精通双语甚至三语（即英语、粤语和普通话）的专才，而对于在香港经营或与内地、台湾有贸易往来的企业，这些专才更显重要。

香港属于亚热带气候，但差不多有半年时间带有温带气候性质。冬季的温度可能跌至 10 摄氏度以下，夏季则回升至 31 摄氏度以上。雨量集中在 4 月至 9 月间，约占全年雨量的 90%。

香港是全球第十一大贸易体系、第六大外汇市场及第十二大银行中心。香港股票市场规模之大，在亚洲排名第二。香港也是全球输出成衣、钟表、玩具、游戏、电子和某些轻工业产品的主要地区。

在 2003 年，香港是全球第十大服务出口地。香港服务贸易主要包括民航、航运、旅游、与贸易有关的服务，以及各类金融及银行服务。不少服务项目的收费都是全球最低廉的。

香港提倡兼奉行自由贸易，拥有自由开放的投资制度、不设贸易屏障、对外来投资者一视同仁、资金自由流动、法治体制历史悠久、规章条文透明度高、税率低而明确。

6.5.2.2　礼仪禁忌

香港人对数字的喜好与广东人相同，如"3"字在香港很吃香，原因是香港人读"3"与"升"是谐音，"升"意味着"高升"。"8"和"6"在香港也很时髦。在粤语中"8"是"发"的谐音，"发"意味着"发财"。"6"与"禄"同音，也有"六六顺"之意。香港人过春节时，常相互祝愿"恭喜发财"。中国新年大约是在 1 月中旬到 2 月之间这段时间内，这时要互赠礼物。

香港人在社交场合与客人相见时，一般是以握手为礼。亲朋好友相见时，也有用拥抱礼和贴面颊式的亲吻礼的。他们向客人表达谢意时，往往用叩指礼（即把手指弯曲，以几个指尖在桌面上轻轻叩打，以表示感谢）。据说，叩指礼是从叩头礼中演化而来的，叩指头即代表叩头。香港人在接受别人斟酒或倒茶时，总喜欢用几个指头在桌上轻叩，亦是如此。

香港人几乎在所有场合都是矜持和拘礼的。与人见面前，一般都要电话预约，见面时与告别时通常握手。初次握手引见后，用双手递上商业名片。对一般的男士可以称为"先生"，女士称为"小姐"。如果遇到年纪大的男子就称作"阿叔"或"阿伯"，年长的女子称作"阿婶"。而对男侍应生和售货员称作"伙计"，对女侍者和售货员称作"小姐"。

客人应邀去赴宴时可带水果、糖果或糕点作为礼物并用双手递送给女主人。不要送钟，它是死亡的象征；也不要送剪刀、梳子或其他锐利的物品，它们象征断绝关系。不要比主人先开始饮酒进食。感谢主人所送礼物时说 DOR – jay（谐音，"多谢"），感谢别人为你服务时说 Ng-GOI（"唔该"，意为"麻烦您了"）。香港人喜欢说广东话，如能说上一两句广东话，必将受到大大赞赏，但你必须对自己的发音很有把握。交谈中偶或问及健康或业务情况被认为是礼貌的。

香港其他风俗禁忌：

（1）会见亲朋好友忌伸"香蕉手"。

香港民间对空手上门的客人称为"香蕉手"，意为两手空空，让人看不起。不过，在香港几乎全世界各国的产品都有，礼品亦不好送。一般来说，内地居民去香港带一些当地的土特产就好了。

（2）香港人忌讳别人打听自己的家庭地址。因为他们不欢迎别人去他家里做客，一般都乐于到茶楼或公共场所。

（3）忌讳询问个人的工资收入、年龄状况等情况，认为个人的私事不需要他人过问。

（4）他们对"节日快乐"之语很不愿意接受。因为"快乐"与"快落"谐音，是很不吉利的。他们忌讳"4"字。因为"4"与"死"谐音，故一般不说不吉利的"4"。送礼等也避开"4"这个数，非说不可的情况下，常用"两双"或"两个二"来代替。

（5）在香港，酒家的伙计最忌讳首名顾客用餐选"炒饭"，因为"炒"在香港话中是"解雇"的意思。开炉闻"炒"声，被认为不吉利。

（6）忌多带衣物。

香港一年四季几乎无冷天，气候温和，而香港是世界著名的成衣出口地，大量时装充盈市场，无论男女老幼，也无论高矮胖瘦，都能挑选到合适的衣服。所以去时轻装十分重要。

（7）娱乐忌无形。

香港是个大千世界，娱乐活动极多，形式无奇不有。内地游客去香港本来就是去玩的，大部分娱乐活动不妨都试一试。但是，一定要有清晰的头脑和活动范围，使娱乐真正有益于身心健康，有利于增长知识。

（8）忌带大量外币出境。

按规定内地居民，在旅游签证批准之后，可用人民币在各地旅行社兑换少量港币以作零用。千万不要私自大量兑换外币出关，海关一旦查获，将悉数没收。

（9）千万不要在公共场所乱丢垃圾、随地吐痰，否则会罚款1500港币。因为香港十分注重环境卫生，对破坏社会公德的处罚相当严厉。

6.5.2.3 餐饮情况

饮食习惯方面，香港人对西餐、中餐均能适宜，但对中餐格外偏爱。他们对各自的家乡风味更加喜爱，若到内地旅游，也愿品尝当地的名贵佳肴。他们绝大多数人都使用筷子，个别人也使用刀叉用饭。

香港人在饮食嗜好上有如下特点：

注重菜肴鲜、嫩、爽、滑，注重菜肴营养成分；一般口味喜清淡，偏爱甜味；各种烹调技法烹制的菜肴均能适宜，偏爱蒸煮等烹调方法制作的菜肴；对国内各种风味菜肴均不陌生，最喜爱粤菜、闽菜；欣赏什锦拼盘、冬瓜盅、脆皮鸡、烤乳猪、蚝油牛肉、龙虎斗、五彩瓤猪肚、鼎湖上素、佛跳墙、雪花鸡、淡糟炒鲜竹、橘汁加吉鱼等风味菜肴；爱吃香蕉、菠萝、西瓜、柑橘、洋桃、荔枝、龙眼、等水果；干果爱吃腰果等。

联合国人口基金会最新发布的《2007年世界人口状况调查报告》显示，我国香港居民中，男性平均寿命达79.2岁，女性平均寿命达85.1岁，男女综合平均寿命从2006年的世界排名第五位上升到第二位（日本第一）。有关专家认为，这与香港人多用蒸煮的方法来烹调食物，而基本上不煎炒烹炸的饮食习惯密切相关。香港饮食有着明显的地域特色，拥有各色煲汤、粥品、海鲜、点心，共同特点就是清淡、鲜美。

6.5.3 澳门

6.5.3.1 基本情况

澳门是世界著名的自由港，自古以来就是我国的领土，早在新石器时代，中华民族的祖先就在澳门地区生活。旧属广东香山县（即今天的广东中山市），东北距香港约60公里，北面由一条宽约200米的狭长地带与广东省珠海市相连。由澳门半岛和凼仔岛、路环岛两个离岸小岛组成，总面积23平方公里左右，人口为44万，96%以上为华人，葡萄牙人有1.1万，其余为其他国籍人士。澳门人口密度为世界之最，平均每平方千米有人口约2万人，其中澳门半岛的人口密度达每平方千米5万多人。

自开埠 400 多年以来，澳门一直是中国看世界、世界看中国的一扇窗。葡萄牙人登陆澳门有 400 多年之久，澳门沦为葡萄牙殖民地亦有百多年历史。几百年来，来自大西洋沿岸、南欧之端的葡萄牙人带来的拉丁文化与古老而神秘的中华文明在澳门交融相织，形成了独特的中西合璧、华洋和谐共处的地域文化，这种文化具有鲜明历史特色并厚厚地积淀了中西文明的精髓。因此，无论对于西方人还是东方人，澳门的独特历史和文化都带有了一层神秘的色彩，魅力倍增。

　　澳门的名胜古迹多与宗教有关。普济禅院、妈祖阁、蓬峰庙被称为澳门三大古刹。天主教的玫瑰堂、望德堂、大堂、板樟堂等亦很有名，著名的大三巴牌坊就是圣保禄教堂火灾后遗留下的前壁，是澳门的标志建筑。在澳门的闹市中，设有不少幽静的公园供市民休憩，二龙喉公园、纪念孙中山市政公园、白鸽巢公园、石排湾郊野公园等都各有特色，而卢廉若公园更以其苏州园林的特点而吸引无数游客。

　　澳门由一个渔村发展而来，几百年来基本上是按照顺其自然的模式建设，街道非常复杂，街道的名字也千奇百怪，折射出澳门古老的历史和多元的文化。比如草堆街、姑娘街、正月十五街等，虽未考究其出处，但有十足的中国味儿；而罗理基博士大马路、俾利喇街、高士德大马路等则带有鲜明的葡萄牙特色。这种"洋"名一般有两种情况：一是以人名命名，如前述第一种；二是音译，如高士德大马路，原名叫 Cost，按我们的翻译应为"科斯塔"或"考斯特"之类，粤语为"高士德"。

　　澳门的经济结构主要由出口制造业、旅游博彩业、金融业和地产建筑业等构成。1996 年澳门人均国民生产总值为 1.7 万多美元，在亚洲国家和地区中名列前 5 名，被世界银行列为全球高人均收入的国家和地区之一。

　　澳门每年的外来游客人数 800 多万，是其长住居民的 20 多倍。澳门有一项旅游资源不能不提：每年 11 月底或 12 月初，在澳门举行格林披治三级方程式汽车及东南亚房车大赛，这是格林披治世界巡回赛的重要一站之一。此项赛事名气很大，因为在当今车赛中，用街道当赛道的只有美国、摩纳哥和澳门三个赛站。澳门的街道狭窄、急转弯多，对赛车手的要求非常之高。比赛过程惊心动魄、刺激万分。每年都有事故发生，甚至有车毁人亡的悲剧。

　　澳门号称"东方拉斯维加斯"、"东方蒙地卡罗"，即东方赌城，其博彩娱乐业发达。所谓的博彩业，就是赌。澳门是世界上为数不多的可以合法经营赌场的地区之一。据说，博彩公司每年向澳门政府缴纳的税金达五六十亿澳门元之巨。澳门共设有十几个赌场，其中以葡京大赌场名气最大，该赌场是一个集五星级酒店、高级商场、餐饮、歌舞表演、赌场为一体的综合性建筑群，外立面造型极具特色，从远处看像一个金色的鸟笼子，顶部是金光闪闪的类似皇冠的球状体。据说寓意深刻，不知真假，但重金请名师设计确有其事。

6.5.3.2 餐饮情况

香港有"美食天堂"之称，而澳门就可以说是"美食天堂的缩影"，食肆同香港一样多，而澳门价钱比香港低20%，所以来到澳门一定食尽澳门各样美食。

澳门人的饮食习惯与广东人一样，以新鲜蔬菜和海鲜为主，主食是米饭；无论什么菜肴都强调原汁原味，以鲜为美。比如鲜肉（25元/斤）、活虾、活鸡的价格要比冷冻的高四五倍。澳门人早餐多数是在类似北京的早点摊儿上解决（10元左右），节假日全家去酒楼吃粤式早茶，中午则就近在快餐店来份"份儿饭"（15~20元），晚上才是正餐。

与广东人、香港人一样，澳门人喜爱喝汤。不同季节讲究不同材料，一般是饭前喝，具有调理身体、保持苗条、润泽和美白肌肤的功效。

本章小结

本章对我国主要客源国以及我国台湾、香港和澳门地区的地理、经济、餐饮和礼仪等作了大致介绍，并介绍了其中的经济和旅游业发展情况与成功之处。

课后思考与练习

（1）我国主要客源国不同的风俗民情、生活习惯对于旅游和酒店服务业有什么指导意义？

（2）请从地理和经济的角度分析我国主要客源国和地区的礼仪和餐饮习惯的成因。

案例 分析

案例一：游客被异国处罚

某国际旅行社组织了一个去泰国的旅游团，在出境前导游未对游客讲解有关风俗和禁忌。一游客参与了街头的扑克赌博，结果被当地警方处以重罚，并驱逐出境。游客认为是旅行社没有讲清楚，要求赔偿。

分析：

此案例说明导游在讲解中提醒和忠告的重要性。人常说"入乡随俗，入国问禁"，导游作为旅行社的代表，有责任、有义务对旅游地的法规、风俗和禁忌进行讲解，遇到要点一定要反复强调，必要时也可以适当引用典型事例以起到警示的作用。因为这不仅关系到责任义务，而是一旦出了问题，对整个旅游团和整个旅游活动都会产生很大的负面影响。作为游客，他也有责任事先对旅游目的地的法律、礼仪禁忌等有所了解，并注意严谨自律。

案例二：一顿奢侈的晚餐吓走了外商

某国有企业与一家美国大公司商谈合作问题，前来考察的美国公司的代表在这家企业领导陪同下，参观了企业的生产车间、技术中心等一些场所，美方代表表示了相当程度的认可。中方企业非常高兴，设宴招待美方代表。宴会选在一家十分豪华的大酒楼，有20多位企业中层领导及市政府的官员前来作陪。美方代表以为中方还有其他客人及活动，当知道只为招待他一人之后，感到不可理解。美国代表回国之后，发来一份传真，拒绝与这家中国企业合作。中方认为企业的各种条件都能满足美方的要求，对代表的招待也热情周到，对此也相当不理解，便发信函询问。美方代表回复说："你们吃一顿饭都如此浪费，而我们要把大笔的资金投入进去，这如何能放心呢？"

问题：

（1）为什么美国公司拒绝与该企业的合作？

（2）如何正确接待来自美国的生意伙伴以促成合作？

实训应用

实训项目：与来自我国主要客源国和地区的客人谈论礼仪和餐饮习惯等话题。

实训目标：锻炼学生与来自我国主要客源国和地区的客人展开愉快交谈的能力。以礼仪和餐饮习惯等为话题，考察学生对接待礼仪的掌握能力。

实训指导：（1）老师讲解大致情景——第一次与客人打招呼、第二次见到客人时亲切交流、与客人谈论关于礼仪或餐饮习惯等话题。

（2）学生扮演酒店/旅游企业工作人员和客人。学生互相点评。

实训组织：（1）全班分成若干小组，每个小组自由选取一个本章所提到或没有提到的国家和地区，自由分配一名成员扮演酒店/旅游企业工作人员，另一名扮演客人；

（2）模拟表演完后，学生自评和互评，老师适时作指导和点评。

实训考核：（1）有良好的仪容仪表，面部表情自然（10%）；

（2）动作及手势规范（20%）；

（3）谈话真诚、亲切、有一定深度，效果良好（70%）。

第七章　酒店前厅服务礼仪

知识目标

1. 了解前厅员工的基本素质要求及服务原则

2. 熟悉门厅服务礼仪、客房预订礼仪、总台接待服务礼仪、行李部服务礼仪及服务程序等

3. 熟悉问讯服务、总机服务、商务中心服务礼仪

实训目标

1. 掌握迎宾服务的程序与礼仪

2. 掌握客房预订的工作步骤及预订的礼节礼貌

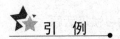

您能帮我核对一下吗？

某日，一位在北京某饭店长住的客人到该店前厅出纳部支付这段时间里用餐的费用。当他看到账单上总金额时，马上火冒三丈，他说："你们真是乱收费，我不可能有这么高的消费！"

出纳员面带微笑地回答说："对不起，您能让我核对一下原始单据吗？"客人当然不表示异议。出纳员一面检查账单，一面对客人说："真是对不起，您能帮我一起核对一下吗？"客人点头认可，于是和出纳员一起就账单上的项目一一核对。其间，那位出纳员小姐顺势对几笔大的金额，如招待访客、饮用名酒作了口头提醒，以唤起客人的回忆。等账目全部核对完毕，出纳员小姐很有礼貌地说："谢谢您帮助我核对了账单，耽误了您的时间，劳驾了！"此时，客人知道自己错了，连声说："小姐，麻烦你了，真不好意思！"

问题：这位前厅服务员用什么方法化解了客人的怒火？前厅服务礼仪主要有哪些？

7.1 饭店服务礼仪概述

7.1.1 饭店服务礼仪的作用

礼仪贯穿于旅游饭店服务的始终，服务礼仪在旅游饭店工作中具有重要作用。

7.1.1.1 传播城市形象

旅游饭店是展示城市魅力的主要窗口，旅游者来自五湖四海，不可能有较长的时间来了解所在城市，他们往往通过与其接触的旅游饭店服务人员来判断、评价该城市所具有的文明程度和精神风貌。可以说旅游饭店服务人员的服务效果、礼仪风范会左右他们对该城的喜爱程度。所以，有人把饭店服务工作者比喻成镜子，这面镜子是否光洁照人，都能使该城市在游客心中留下不同的印象。可见，旅游宾馆服务工作者在工作中举止端庄、热情大方、不卑不亢、一视同仁，不仅使旅游者在感官上、精神上产生亲切感和尊重感，还能传播城市良好的形象。

7.1.1.2 塑造企业形象

对于其他企业来说，员工掌握礼仪的重要性远远比不上饭店。旅游饭店是服务型行业，企业的前台人员要面对面地为客人服务，这些工作人员仪容仪表、仪态服饰、服务用语、服务态度、服务效率，都直接影响着企业的形象。一流的饭店，可能会在建筑装潢、硬件设施、企业文化等方面各有千秋，但是饭店的服务人员一定都是服装整洁、打扮得体、举止优雅、情绪饱满、热情周到，这些都在向客人传递着良好的企业形象。

7.1.1.3 提高员工素质

旅游服务礼仪对于旅游从业人员的仪容、仪表、举止、服饰、谈吐都作了阐述，从业人员经过认真学习、勤奋练习，就能够摈弃不良习惯，养成良好习惯。在人际交往中，衡量个人文明程度的标准就是习惯。一个各方面有着良好习惯的人，一定是一个有教养的人，所以，学习礼仪，运用礼仪，有助于提高饭店员工的素质。

7.1.1.4 保证服务质量

影响旅游饭店服务质量的因素有有形因素与无形因素，无形质量因素之一就是劳务质量，包括服务技巧、服务方式、服务态度、服务效率、职业道德、团队精神、礼节仪表等。如何提高劳务质量？礼仪就是重要的途径。一个缺乏礼仪修养的员工，即使具有丰富的专业知识和娴熟的服务技能，但在服务过程中生硬无礼、粗鲁急躁，是不能提供令顾客满意的服务的。

7.1.1.5 改善人际环境

影响旅游饭店服务质量的另一个无形因素就是人际环境。饭店是一个由各部门、不同业务组成的综合性组织，各部门和各个功能在运用过程中，都是相互联系和相互制约的。如果每个旅游饭店员工处事与沟通都自觉讲究礼貌礼节，互相支持、互相体谅，对内可以调节企业职工之间、部门之间的关系，形成相互尊重、团结协作的风气，可以降低成本，提高工作效率；对外可以调节宾客以及其他企业部门的关系，树立良好的企业形象，从而形成良好的人际环境，在为企业创造更多的经济效益和社会效益的同时，也创造一个优美、宽松的工作环境。

7.1.2 饭店服务礼仪的原则

礼仪在旅游饭店服务中扮演着重要的角色，每一位旅游饭店从业人员都应该重视礼仪，讲究礼仪。然而，实施服务礼仪必须有一个基本的准绳——原则。这个原则贯穿于饭店服务礼仪的全过程，自始至终发挥着作用。总的说来，旅游饭店服务礼仪应该遵循以下原则：

7.1.2.1 尊重原则

尊重是一切礼仪的基石，有一位知名的礼仪专家谈及服务礼仪的主旨时曾经说过："当一名服务人员在自己的工作岗位上为顾客提供服务时，能够非常规范地运用服务礼仪，固然最好。即使做不到这一点，比如说，他不知道到底应当怎样做，或者他已经做错了，但是只要他能够让对方感受到自己不是有意而为，并且能够表现出对对方不失尊重之意，对方一般便不会对他进行非难。"服务礼仪的核心就是如何恰到好处地表现出对对方的尊重。旅游饭店服务人员在岗位上服务于顾客之时，务必要敬人之心长存，才能真正以礼待人。

7.1.2.2 从俗原则

所谓"十里不同风，百里不同俗"，旅游饭店从业人员接待来自世界各地的游客，要克服自身的、社会环境中的各种阻力，以规范的礼貌语言、礼貌行动和礼宾规程去接待每一位旅游者。尤其是接待外国旅游者更应尊重其宗教信仰和民族风俗，要做到这一点，必须了解各国的宗教信仰、风俗习惯和主要禁忌。尊重了客人的习俗礼仪，满足了客人的心理需求，客人才会有一种得到礼遇和尊重的切实感受。

7.1.2.3 适度原则

真理再往前走一步，就是谬误。所以，适度的原则要求饭店从业人员在运用服务礼仪的时候要讲究技巧，合乎规范，特别是注意把握分寸，适度得体，恰到好处地表现出对对方的尊重。否则，将适得其反。

7.1.2.4 平等原则

从俗原则讲究在旅游接待中，允许具体情况具体分析，区别对待，尊重不同游客的宗教信仰和民族风俗，但是无论接待何人，在尊重游客、以礼相待这一点上必须做到一视同仁，平等对待。来者都是客，不能厚此薄彼、看客施礼，更不能以貌取人、以财取人。也就是说，方式方法可以有所不同，但是尊重对方是相同的。

7.1.2.5 宽容原则

海纳百川，有容为大。一个有修养的人，不仅要严于律己，还应宽以待人。这也是服务礼仪的基本原则。饭店从业人员要接待来自各个阶层的游客，他们的背景、文化、兴趣、经历、修养都不一样，处理事情的方式也有所不同，饭店工作人员要学会宽容，多容忍他人、多体谅他人、多礼待他人，因为"客人永远是对的"。

要提高饭店服务的质量，离不开酒店服务礼仪。因为酒店各服务部门员工礼貌礼仪素质反映出酒店的精神风貌、服务宗旨、服务水平。酒店服务礼仪以社交礼仪为基础，结合客人的具体情况，尊重客人的习惯、爱好，让客人在酒店整个消费过程自始至终感受到优质礼貌的服务。酒店服务人员在各岗位、各服务环节严格遵守服务规范，做好礼貌服务的每一个细节，最大限度地满足客人的要求，争取客源，争取回头客，提高酒店的经济效益。酒店内员工可通过培训教育工作，强化礼貌服务意识，达到全员参与，全过程参与的礼貌服务氛围。

7.2 前厅部员工的基本素质要求

前厅部是酒店给客人的第一窗口。客人入住酒店和结账离店必须经过前厅，它起着计划、组织、指挥、协调作用。在现代酒店管理业中，前厅部认为是酒店的"神经中枢"，酒店的"窗户"。从某种意义上来说，酒店管理就是酒店前厅"一层楼"的管理。客人对整个酒店的印象从前厅部开始，也在前厅部结束。所以，前厅部员工对酒店的形象和声誉起着重要的作用。现代酒店业之间的竞争趋向于酒店形象、酒店服务质量的竞争。前厅服务员是酒店形象的代表，是酒店各部门中素质最高的员工。他们身兼酒店的推销员、公关员、调解员、信息资料员以及业务监督员数职。因此，酒店的成功经营与否，客人对酒店的印象甚至是否在本店留宿往往决定于酒店前厅服务员的素质。前厅部员工的相貌、仪表、姿势、表情、言谈、举止、精神风貌都必须符合酒店形象要求。前厅员工的基本素质包括以下几方面：

7.2.1 仪表、仪态

优秀的前厅服务员，必须着装整洁、大方、面带微笑、主动热情、讲究礼仪、礼貌、彬彬有礼地接待客人。而且头脑反应灵敏、记忆准确、表情自然、留意客人表情，注意客人动作，掌握客人心理。许多酒店规定：前厅服务员上岗前要洗头、吹风、剪指甲、保证无胡须、头型大方；化妆轻淡、朴素雅致；不使用有颜色指甲油及浓味香水等。前厅服务员的仪表、仪容、礼仪、礼貌直接影响酒店的形象，关系到服务质量、客人的心理活动，甚至影响到酒店的经济效益。也就是说，酒店前厅服务员首先在仪表、仪态上给客人形成一个管理有素、经营有方的印象，从而觉得受到尊重并且感到能在这样的酒店里住宿是一种荣耀，因此愿意再次光临。

7.2.2 语言

前厅服务员不仅应有良好的仪容、仪表，而且必须具备优美的语言，令人愉快的声调，恰当的内容和灵活策略的语言技巧。这样，前厅的服务就显得生机勃勃。前厅服务员必须掌握一两门外语的基本会话，发音标准，表达准确。

7.2.3 行为举止

优秀的前厅服务员，应该做到站立标准、行为规范、举止大方。尽量避免或克服不好的习惯动作如吸烟、嚼口香糖、工作场所吃喝、高嗓门叫喊、勾肩搭背、指手画脚等。

7.2.4 业务操作技能

前厅服务员必须能够熟练、准确地按程序完成本职工作。工作的快速敏捷、准确无误也标志着饭店管理水平。任何业务操作失误，不仅会给饭店造成经济损失，更重要的是破坏了客人对饭店的总体印象。

7.2.5 应变能力

应变能力是前厅服务员所应该具备的特殊服务技能与素质。因为客人来自全国各地或异国他乡，不同的生活习惯、不同的知识与修养都会有不同的表现；酒店在经营中也会出现失窃、火灾以及账目失控等特殊的情况，前厅服务员只有具备应变能力，才能妥善处理好这些特殊问题。在任何情况下，前厅服务员都应沉着冷静，采用灵活多变的方法，处理好每件特殊的事件。

7.2.6 诚实度

前厅服务员必须具有较高的诚实度，这一素质在酒店经营中已显得愈加重要。特别是在涉及出纳工作及外币兑换工作时，前厅服务员必须能够严格遵守工作纪律；在接待工作中，客人的优惠必须符合酒店的规定，绝对不能以工作之便，徇私舞弊。

7.2.7 知识面

前厅服务员在业务中经常能碰到客人各种各样的提问。这些问题有时会涉及政治、经济、旅游、风俗、文化以及有关酒店情况，前厅服务员只有具备较宽的知识面和丰富的专业知识，才能为客人提供准而实的信息。

7.2.8 合作精神

前厅的每一位员工都应该意识到前厅就是酒店的一个"舞台"，每个人都在扮演一个特定的角色，要想演好这场戏，需要员工的集体合作。当接待员忙于接待时或因特殊情况离开工作岗位时，其他员工必须能够替代其工作，共同使客人满意，个人的意见或恩怨绝不能表现到工作中来，否则会破坏整个酒店的形象。

7.3 前厅部各岗位服务礼仪

前厅部要为客人提供登记、订房、分房、换房、问讯、电话、订票、留言、行李处理、退房等服务，其特点决定了这些岗位涉及多种礼仪类型。例如，总机的员工主要涉及了电话礼仪，礼宾部的员工就特别强调仪容仪态，商务中心的员工还要懂得一定的商务礼仪知识。因而，前厅部员工，认真学习和运用旅游服务礼仪就显得非常重要。

7.3.1 客房预订礼仪

为了顺利实现自己的行程计划，免遭饭店客满的风险。越来越多的客人提前向饭店做出预订，客人之所以愿意花费时间、金钱甚至精力来预订，是因为他们希望抵店时能住上自己满意的客房。对于饭店来说，这是一个提高客房出租率的有利时机。预订处如何通过自己的接待服务，使客人对自己所将要购买的饭店产品产生信任感，也是应该关注的问题之一。服务人员在接受预订过程中要求主动热情地接待客人，询问其需求，若有客人要求的房间，主动介绍，询问细节，准确报价，并帮助客人落实订房，做好记录，填写好预订单。

7.3.1.1 客房预订的渠道和方式

1. 客房预订的渠道

客房预订的主要渠道，一般来说可分为直接销售渠道和间接销售渠道。

（1）直接销售渠道主要指：直接与饭店订房的客人；业务关系单位介绍的客人；饭店加入的订房系统介绍的客人。

（2）间接销售渠道是指：旅行社介绍的客人；各交通公司介绍的客人；会议组织机构介绍的客人；政府机关或企事业单位邀请的客人等。间接销售渠道往往可以弥补饭店人力、资金在直接销售渠道上的不足。中间商的存在，扩大了饭店的客源市场和产品的销量。

2. 客房预订的方式

客房预订的方式，一般来说主要有面谈订房、电话订房、电传订房、信函订房、网络系统订房及电报订房六种方式。针对不同的订房方式，服务员应采取相应措施，增强客人购买饭店产品的信心和对产品的信任感。无论哪种形式的预订，都要及时、准确、迅速地办理有关手续，提供周到的服务。

7.3.1.2 客房预订服务礼仪

（1）面对当面预订的客人，微笑并亲切问候，询问客人需求。如果是电话预订，电话铃声响三声内拿起电话，自我介绍并热情问候。

（2）得知客人的订房要求后，热情、委婉询问客人姓名、预计达到饭店的日期、人数、性别、预计离店时间、所需的房间种类等问题，并记录下来。

（3）对客人的回答表示衷心感谢。

（4）如果客人对客房种类不熟悉，应积极介绍。

（5）客人回答后，重复客人的预订信息，与客人进行信息确认。

（6）确认客人的要求后，立即查预订表，按实际情况安排客房，如果有问题，及时与客人协调，注意语言委婉，让客人在愉快的心情中接受意见。

（7）协调好后，委婉告诉客人饭店的制度是将其预订房间保留到××点。

（8）留下客人联系方式。

（9）安排就绪后，对客人表示感谢，并表示恭候光临。

7.3.1.3 预订处容易出现的问题及解决办法

1. 无订房资料

客人声称已订房，但饭店无法找到订房资料。此类情况的出现往往会有多种原因，如预订人姓名的书写错误、误写为委托订房人的姓名、非当日抵店客人等等。所以首先应明确预订人姓名、时间，是否委托他人办理，查找前后几天的预订客人名单等。如经查找，客人是提前抵店或未按时抵店客人，在饭店客满情况下，虽然这不属于饭店的失约行为，但总台服务员还要给客人以帮助，解决面临的困难，如帮客人联系同类饭店；代客人安排交通工具；征求客人意见，若饭店有空房是否愿搬回；可以将客人的姓名及联系方式通知问讯处和总机，随时为客人提供查询服务。

2. 饭店无法为当天抵店客人提供客房

客人确系该天抵店客人，但饭店已无法为其提供客房。这种情况有两种，一种是客人抵店时已过了饭店为其保留客房的时间，或客人在规定的时间内未抵店又未和饭店联系。在旺季，饭店有可能将其客房出租给其他客人，这类情况和上述情况处理方法基本一致，因为它不属于饭店的失约行为。有的饭店为了吸引这些客人，有可能为其提供返回本饭店的单程交通费用。另一种情况是饭店无法为正常抵店客人（客人在指定时间内抵店）提供客房，这就属于饭店的失约行为。对这些客人，总台服务人员应做到耐心细致给客人以安慰，并采取一定的补救措施，将由此带来的不良影响降低到最低点。除了热情、耐心地接待服务外，还应该为客人支付其在别的饭店住宿期间一夜的房费，或是客人搬回饭店住时享受一天的免费房待遇；支付客人去其他饭店的交通费用或愿意搬回本店的交通费用，免费提供一次长途话费或电传费，以方便客人将自己新的住宿地址通知有关方面；如果客人愿意在次日搬回饭店，饭店应优先考虑此类客人的用房要求。当客人返回本店时，大堂值班经理应在大厅迎候并陪同客人办理入住手续，对客人的到来表示欢迎等。

3. 饭店无法提供预订的客房类型

如果该天抵店客人，饭店无法为其提供预订的客房类型。此类情况是指客人正常抵店，因为饭店某种原因没有为客人保留其预订的客房类型。这种情况下要为客人提供一晚高一档次的客房，等次日有同类客房时再搬回，客人一般会予以接受。

对于预订处容易出现的问题，特别是属于饭店失约行为，应该做好善后工作，同时还应该将饭店的失约住客的名单装入客史档案，并总结教训。毕竟对饭店来说会造成一定的经济损失，如果再处理不当，很可能造成不良的影响。

7.3.2 门厅服务礼仪

7.3.2.1 迎接宾客服务

（1）恭候客人时，站立端正、自然、亲切、稳重，给人以舒展俊美、精神饱满、信心十足、积极向上的好印象。

（2）宾客光临，不应以貌取人，而要一视同仁。应主动上前亲切问候，对宾客到来表示热忱的欢迎；同时用手示意客人进入酒店大厅，如非自动门或旋转门，要为客人拉开酒店正门。拉门时应精力集中，以防出意外；如果客人行李较多，门卫应帮助客人提拿行李，待进入大厅后，再以手势示意行李员过来。

（3）要注意疏导车辆，保持酒店大门前交通畅通。宾客乘坐的车辆抵达酒店时，要热情相迎。待车辆停稳后，如是大客车，应主动上前招呼，并站在车门一侧负责维持交通秩序；如是出租小汽车，应待客人付完车款后，协助拉开车门，必要时，将另一只手遮挡车门框上沿，为客人护顶，以免客人下车时头部碰撞到车顶门框。但要注意，凡是信仰佛教和信仰伊斯兰教的客人，因教规习俗，不能为其护顶。判断这两种客人的依据，主要靠观察客人的着装、言行举止、外貌以及自己积累的工作经验等。如一时无法确定，则可将手抬起而不护顶，但应做好防范的准备。

（4）如客人属于老、弱、病、残、幼之列，应先问候，征得同意后予以必要的扶助，以示格外关心。如果有的客人不愿接受特殊关照，也不必勉强。

某服务员看到一乘坐轮椅上斜坡的客人，她想帮助他推上斜坡，但又要考虑这样做不知客人是否愿意，以免伤其自尊，于是她灵机一动，扔一硬币到他轮椅下，然后她走过去对他说："先生，我可以取回我的硬币吗？"征得同意后，她推他上了斜坡，取回了自己的硬币，既帮助了别人又照顾到客人的心理。

（5）对宾客的各种行李物品要轻拿轻放，对团队行李要集中摆放，以免丢失或错拿。要及时核准数目，切忌只顾图快而野蛮装卸，对易碎和贵重的物品尤其要加以爱护。

（6）当团体宾客抵店时，应主动连续向各位宾客点头致意，或是躬身施礼，不要只顾前不顾后，容易给人造成厚此薄彼的印象。遇到有的宾客先致意时，不要坦然接受，应及时还礼。

（7）为表达对每一位宾客的诚意，尽量要不厌其烦地对同行的宾客都致问候语。问候时精神要集中，注视宾客，不要左顾右盼。

（8）遇天气不好，逢下雨雪时，应主动为抵店客人撑伞遮挡。

（9）要主动帮助客人提携行李物品，但当有的客人愿自己提物品而不愿接受帮助时，要适可而止，尊重客人个人意愿，不要硬性与客人争夺物品。

（10）适时替客人提供临时服务。

某日一客人乘出租车去某宾馆，下车前付款给司机100元整币，而司机由于刚开始做生意，没准备好零钱，正在为难之际，站在车旁的行李员看在眼里，立刻对客人说："先生，我给您找换零钱，可以吗？"客人和司机连忙说："太好了，谢谢您！"行李员走进大堂，迅速地换好零钱交给客人，说："不客气。"此时客人和司机感慨地说："只听说你们宾馆的服务精神，今天算是真正体会到了，你们的服务真细致、周到，员工的服务意识一流啊！这种服务精神由此可见一斑。"

7.3.2.2 领宾入店服务

（1）陪同宾客到总服务台办理住宿时，如不是特殊需要，迎接人员不要在客人身边指指点点，而应距客人稍远一些，在一旁侍立，随时准备提供服务。

（2）行李员陪送客人登乘电梯时，如是自动电梯，应先进入电梯按牢开门键，以免电梯门夹挤客人。在电梯内，行李员应尽量靠边侧站立，并将行李尽量靠边放置，以免碰撞客人或妨碍客人通行。到达楼层时，应在按牢开门键的同时示意请客人先步出电梯，不要抢先或与客人并肩挤出。

（3）如需陪同进入楼层时，应先与楼层服务人员打好招呼。在引领客人时，应走在客人左前方边侧2～3步处，将中间位置让给客人。

（4）在走廊里，若对面来人时，应停下脚步，侧身礼让对方先行，绝不可与客人争先抢行。进入客房时，应先打开灯，并扫视一下房内，待确认是所订房后，再请客人入内。

（5）进入客房，将行李物品按规程摆放在行李架上并核对行李件数。不要借故逗留与客人聊天，不准暗示或硬性向客人索取小费，而应道别后及时退出。离开房间时，应轻轻将房门带上，避免因用力过猛发出大的声响。

7.3.2.3　送客离店服务

（1）询问宾客行李物品件数并认真清点后，及时稳妥地运送安放到车上。如是团队行李，应按客人入房时的分房名单收取，行李员应核对每个房间进出店行李件数，装车后应陪同核对行李数量，并在团体行李进出店登记簿上签名备查。

（2）对于散客的行李物品放置好后，不要急于离去，而应向客人作好交代。

（3）待宾客准备启程时，应致"祝您旅途愉快"、"欢迎再次光临"等欢送词与宾客道别，并将车门以适度力量关好，注意不要夹住客人的衣、物等。

（4）待车辆启动，应向客人挥手告别，面带微笑目送客人离去。

7.3.3　总台接待服务礼仪

这一阶段工作的效果将直接影响前厅的客房销售、信息的提供、客账的建立等一系列功能的发挥。

7.3.3.1　总台接待服务礼仪

（1）面带真诚的微笑问候客人，确认客人是否有预订。开房员应面带微笑欢迎客人的光临，询问客人有无预订。如有预订，则应复述客人的订房要求，并请客人填写入住登记表；如无预订，开房员应首先了解客人的用房要求，运用一定的客房销售技巧，促使客人选择一种类型的客房。当客人确认某一种客房类型时，请客人填写登记表。

（2）恭请客人填写登记表。登记表一般一式三份，包括以下内容：房号，客房类型、数量、房价，付款方式，账单号码，抵离店日期、时间，客人人数，客人姓名、性别、国籍、出生年月，护照号码，永久地址，签证号码及期限，宾客签名，开房员签名，饭店有关责任声明等。对于未经预订直接抵店的客人，要求客人填写空白登记表；已办订房手续的散客，因客人抵店前有关资料已记录在客房登记表上，客人抵店时只需将登记表找出，填上其他项目内容，即可完成；已办订房手续的贵宾及常客，入住登记手续更要快捷，多数饭店让贵宾享受在房内办理入住登记手续的权利；已办订房手续的团队，预订房是根据团队订房单，提前排房，准备好登记表和房卡、钥匙信封等，团队抵店时，由全陪统一办理入住登记手续。

（3）彬彬有礼地请客人出示证件，进行常规性的查验证件。客人的有效证件是指：身份证、回乡证（港、澳客人）、台胞证、护照、结婚证等，此环节要特别注意证件的有效期限。

（4）排房。先根据客人意向排房，其次还要遵循一定的排房原则：①同一团队尽量安排在一个楼层；②年长体弱者尽量安排在进出方便的房间；③有疑点的客人安排在便于控制、监视的房间；④一个家庭几个人开双连房；⑤有利于节约能源，提高服务效益，有利于对客人的管理。

通常在淡季可适当关闭几个楼层，一方面可以通过相对集中住宿让客人感觉到温馨，还可以节约能源，有利于楼层的维修和保养。

（5）确立付款方式。这涉及不要预付款和决定客人住店期间的信用限额问题。

如果客人用信用卡结账，则开房员应礼貌地查验客人的信用卡是否属于中国银行规定的可接受的信用卡，信用卡的有效期，并向客人说明其在住店期间的最高挂账金额。此类客人不需要交预付款。

如果客人用现金结算，则根据饭店有关的预付款政策，向客人说明，并请客人先交一定的预付款。客人在店期间的信用限额根据其交的预付款多少而定。如果客人用转账方式结账（一般是同签约单位之间，而且已经相当级别的管理者同意），应向客人讲明转账款项的范围。此类客人不用交预付款。

（6）填写房卡，领取钥匙。在此期间可以向客人简单介绍电梯位置，饭店会客制度及免费的贵重物品保管等。

（7）向客人告别。客人离开柜台时开房员向客人告别，祝客人在店期间愉快。

（8）各部门互通信息。将客人的有关信息传送给相关部门。

8.3.3.2　前台接待组工作人员注意事项

（1）礼貌待客，热情服务，使客人称心满意。

（2）接待来客，为他们办理住宿手续并根据客人要求分配房间。

（3）通过电脑、电话、单据、报表等方式和途径，把客人的有关资料传递给各部门。

（4）掌握客房出租的情况，制作有关客房销售的各类报表，为宾馆的经营管理工作提供准确的资料。

（5）负责有关住房、房价、宾馆服务设施以及查找住客等方面的问询工作。

（6）协助订房部做好客史档案的工作。

（7）了解客情，发现问题及时向上级汇报。

如何处理客人转房：问清客人转房原因，尽量满足客人要求；更改钥匙并填换房通知单，更改电脑资料，并将通知送传酒店相关部门。

注意帮客人转房时态度要和蔼，但要注意让客人满意同时维护酒店声誉，做到有礼有节有据。

某客人找到服务员要求换房，服务员热情地问明原因后，礼貌地说："先生，由于您要的海景房前两天已经订满了，所以不能给您海景房。"（客人自己预订晚了而住不上海景房）"先生，如果您一定要住海景房，这里有位客人明天走可帮您换他的海景房，可以吗？"（不让客人失望）"其实您目前住的房间外面的风景也不错，您仔细观察，窗外的市景也很漂亮，您可以换一个角度观察我们这座城市，等明天换到对面再欣赏海上风景不更好吗？"（安慰客人目前住好）

上面的服务人员分析了客人心理，照顾到酒店声誉，同时把客人在酒店的过去（订房晚了），现在住市景房，明天换海景房分析得头头是道，让客人心服口服，心情舒畅，同时不让客人觉得没及时住上海景房是酒店的过错。

7.3.4 行李部服务礼仪

行李服务分为散客行李服务和团队行李服务。

7.3.4.1 散客行李服务礼仪

1. 进行行李服务，行李服务有以下几个方面

（1）行李员在前厅适当位置向进店客人微笑点头表示欢迎。遇客人有行李，应主动上前帮助客人提运。

（2）如迎送员从客人手中接过行李，则由迎送员问客人是否要开房，并转告行李员。如行李员直接从车上或客人手中接过行李，则由行李员问客人是否开房，得到肯定答复后，引领客人到总台，并向接待员转告客人要求。

（3）行李员以正确姿势站立于客人身后 1.5 米处，行李必须放在自己与客人之间伸手可得的地方，随时听从客人吩咐并注意接待人员的暗示。用行李车时，行李车放在行李柜台靠墙处。

（4）待客人办完手续后，应主动上前向客人或总台服务员取房间钥匙，提上行李引送客人到房间。在此过程中，行李员在客人右前方 1 米左右，遇有转弯应回头向客人示意，并注意根据客人情况介绍饭店设施。

（5）引领客人至电梯，先将一只手按住电梯门，请客人先入电梯，进电梯后应靠近电梯按钮站立，以便于操纵电梯，出电梯时自己携行李先出，出梯后继续在前方引导客人到房间。如行李过多过重需要使用行李车时，护送客人到电梯间后，向客人解释，请客人先到房间，把房间钥匙交给客人，再推车乘行李专梯上房间。

（6）进入房间前，先按房间门铃，再敲门，房内无反应再用钥匙开门。

（7）开门后，先开总开关（房间部分灯亮），立即退出将钥匙交回客人，请客人先

进入房间。

（8）随客人进入房间后，将行李放在行李架上或按客人吩咐将行李放好。

（9）根据客人情况向客人介绍房间设施和各种设施的用法。

（10）房间介绍完毕后，征求客人是否还有吩咐，若客人无其他要求，即向客人道别，并祝客人住店期间愉快，迅速离开，将房门轻轻关上。

（11）回行李处填写散客进店登记单（有的饭店为人员去向登记表）。

2. 出行李服务，出行李服务有如下几方面

（1）行李员看到大厅内有客人携带行李离店，应主动上前帮助提运行李，并送客人上车或按客人要求运送。

（2）接到出行李通知后，行李员应搞清客人姓名、房号、行李件数及要求搬运的时间。

（3）在规定时间内推车走行李通道，乘行李电梯至客人房间。

（4）进房前先按门铃，再敲门，征得客人同意后，方可入房提取行李，并与客人共同清点行李件数，问明行李运往何地及何时取回，将已登记过的寄存卡下联交给客人，并告之届时将凭卡取回行李。行李装车后告别客人迅速离开。

（5）如客人不在房间，请楼层服务员开门取行李，并与服务员共同清点行李。

（6）知道客人要离店而未付款，在帮客人运行李时，应有礼貌地告知客人结账处的位置。

（7）确认客人已办完离店手续，送客人离店时，再次请客人清点行李件数后再装上汽车，提醒客人交回房间钥匙，向客人道谢，祝客人旅途愉快。

（8）将钥匙交接待处，返回行李处，填写散客离店登记表。

（9）若客人把行李放在柜台旁的墙边时，主动上前请客人到柜台办理寄存手续。

（10）不能马上运走的行李要在行李牌上写上房号、件数和离店字样。

7.3.4.2 团队行李服务

1. 接行李服务，针对有委托的客人，饭店可派专车、专人前去机场、码头、车站接行李

2. 进行李服务，进行李服务有如下几方面

（1）当行李处接到"团体接待通知书"后，应进一步确认到达时间、交通工具、人数及客房预分情况。

（2）根据行李多少准备行李车。

（3）行李抵达时，行李处主管应会同押送员或驾驶员核对行李件数，签字接收。

（4）行李员给每件行李系上行李标签，根据分房表在行李标签上标明房号。

（5）按楼层装上行李车，尽快将行李送到客房。

（6）回行李处，将行李分送记录表汇总。

3. 出行李服务，出行李服务有如下几个方面

（1）行李处接通知单后，确认该团队客人的房号、收运时间，准备好行李车。

（2）收取行李时必须以团队为单位，最好不要同时为两个团队收取行李，以免出错。

（3）收取行李时查看行李标签，进一步验证团队名称及客人姓名，核实行李数，按房号填写在记录单上。

（4）行李汇总后，行李处主管应进一步核对每一个行李记录表和总行李件数。

（5）填写离店团队客人行李登记表单。

（6）请押运行李人员复核行李件数并签字。

（7）如团队行李一时无法运走，应用网罩盖好，妥为保管。

7.3.5　问讯服务礼仪

对大多数住店客人来说，饭店所在城市是陌生的，客人很可能会遇到这样或那样的问题，作为问讯员，要耐心、热情地解答客人的任何疑问，做到百问不厌。

7.3.5.1　问讯员必须掌握的信息范围

为了能准确、迅速地向客人提供问讯服务，问讯员必须掌握与之有关的各种信息，主要有：

（1）主要客源国的风土人情。

（2）饭店所有的服务设施及服务项目，饭店的组织体系，部门职责及负责人姓名。

（3）饭店有关政策。

（4）饭店与周围主要城市的距离、抵达方法。

（5）国际、国内航班、特快列车车次及抵离时间。

（6）本市、本省及全国主要风景点的名称、电话号码；本市各主要银行地址、电话号码。市内交通情况、政府机关、外事旅游领导部门的地址、电话。本市的餐饮特色、购物中心、宗教场所、天气预报等等。

当然，问讯员不可能记住所有的内容，为了尽量解答客人的提问，可以在手边放置一些可查阅资料，这些资料应该有序地排列，并根据时间和业务的需要不断更新。

7.3.5.2　接待来访者礼仪

（1）非住店客人询问住店客人情况。对于潜在住店的客人应注意如下几个方面：

①问讯员应该首先有礼貌地了解来访者的姓名以及是否和住店客人有约在先。

②如与住客有约，问讯员可以通过电话，将某人来访的消息告诉住店客人，经客人同意后，才能将房号告诉来访者。

③如客人不在房间，又没有留言，可向来访者建议给被访者留言。

④如客人不在房间，但有留言，这时问讯员就要严格核对来访者的有关有效证件，

确认无误后方可将客人委托的有关情况提供给来访者。

⑤问讯员需要特别注意的是：决不能未经住店客人或上级领导许可，便直接把来访者带入客房或直接把房号告诉来访者（包括电话询问），客人住店期间的个人情况应该得到保护。

（2）客人询问饭店情况包括住店客人和非住店客人。对外公布的非保密的可告之，但涉及饭店经营，如客房出租率、优惠政策、内部运作情况等属商业机密的内容就不能随便告诉客人。

（3）客人询问饭店以外情况应尽量给以答复，暂时不清楚的搞清楚后告知；对境外宾客的询问，要按照外事工作的原则，有礼、有节地予以答复。

7.3.6 总机服务礼仪

总机服务员是客人看不见的服务员，客人常以总机服务员的声音、语气、接转电话的速度来衡量饭店的服务质量。总机服务人员要求熟悉自己的业务知识，能够按工作程序迅速、准确地转接每一个电话，对客人的询问要热情、有礼、迅速地应答。总机服务员的主要任务是：转接电话、代客留言、电话查询和叫醒服务。

7.3.6.1 电话转接服务礼仪

电话转接虽然不直接与客人面对面，但客人完全可以凭借接线员情真意切的礼貌用语感受到来自饭店的礼遇。接转电话时，要集中精神，掌握国际、国内和店内的相关电话号码，准确迅速地为客人接线，尽量节省客人时间。话务员工作要求：声音轻柔甜润，言语要求清晰、自然，语速适中、讲话自然流利，态度温和、友善。

接线员常用语有："您好（早上好，晚上好），××饭店。""您好，总机，我可以帮您吗？""好的，请稍等。""请问找哪一位？""对不起，电话占线了，请您过一会再打好吗？""对不起，电话占线了，请问要留言吗？""对不起，电话占线了，请你不要挂断，稍等一下好吗？""对不起，电话没有人接，请你过一会再打好吗？""对不起，电话没有人接，请问需要留言吗？"不可使用"不知道"，"什么"，"不在"等语言，应该说"请您稍等"，"我立刻给您查找"，"对不起，他不在房间"等。

7.3.6.2 代客留言、电话查询服务礼仪

代客留言时，包括对方的姓名、地址、来电时间、联络方式等都要写清楚，客人回来时应立即转告。电话查询时，应尽量帮助客人了解查询的问题。对于店内的电话也应以礼相待，若对方拨错电话号码，切忌说话无礼，出口伤人。对有急事的客人或讲话喋喋不休的客人，要有耐心。对故意取闹者，要头脑冷静，妥善处理。总机服务员禁止窃听客人对话内容，因为这是极不道德的行为，若偶尔操作时听到，应保守秘密。

7.3.6.3 叫醒服务礼仪

客人要叫醒服务，问清客人姓名、房号、叫醒时间，将信号输入电脑或做好记录。

若是 VIP 客人，则应派专人叫醒或提前 5 分钟电话催请叫醒。叫醒服务往往是客人有重要事情要办时，才申请该项服务，因此，它往往涉及客人最直接的利益，一定要认真办理。

服务人员应做好如下几个方面：

（1）准备好叫醒服务表。

（2）要将叫醒时间、房号准确无误地填写清楚。

（3）同一房间若有两次以上叫醒时间的，要在第一个时间上注明下一次叫醒的时间。

（4）若为自动叫醒服务，叫醒时间到时，设备会使客房电话自动响铃；若为人工叫醒服务，则当班服务员一定要在客人指定的时间内为客人提供叫醒服务（打电话或敲门、按门铃）。

（5）若电话出现无人应答、占线等情况要予以记录。稍等一会再打仍无人应答，就要派人去该楼层，用人工补叫的形式最终将客人叫醒。

此外总机在回答询问、代客留言时参照前面所讲的要求：热情、有礼、有节，注意为住店客人保密。同时话务员要注意不与客人闲聊，严守宾馆机密；遇到无聊电话要制止，不可以对客人的反复询问显出不耐烦的样子，不可以打私人电话。

7.3.7 商务中心服务礼仪

商务中心是现代高级饭店的标志，肩负着为宾客传递各种信息、提供秘书服务和其他帮助的任务。大多数饭店为了方便客人，吸引更多的商务客人，都设立了功能不等的商务中心。

7.3.7.1 商务中心服务项目

主要为客人提供打印、复印、电传、传真、电报、租用、翻译、会议室出租、设备出租等服务。有的饭店还允许客人在商务中心租用电脑，客人只要付一定费用便可以上网查寻资料、收发电子邮件、聊天、打游戏等。

7.3.7.2 商务中心服务礼仪

（1）全方位多方面服务。作为商务中心的服务员，在严格遵守工作守则的基础上，要热情、主动地满足客人提出的各种服务要求。

（2）严格保密纪律。在保密工作中，应做好如下几个方面：

①在处理电报、电传业务过程中，对涉及的国家、党政机关在政治、经济、科技信息、未经发表的新闻等方面的通信内容、通信地址时应严守机密，不得向他人泄漏。

②对接触到的有关宾馆营业、客源情况或宾馆与外界的通信内容，不得向他人透露。

③不得把客人的待发电文放在易被别人看见的地方。

④对于客人的通信内容及发报客人的姓名、房号要保密。

⑤发出的各种信息要反复核对，以防出错，并将客人的电文底稿妥善处理好。

⑥对于来往的各种信息，做到：不该问的不问，不该看的不看，不该说的不说，不该听的不听。

⑦若有泄密迹象，应尽力挽救制止，并及时上报，不得隐瞒不报或擅自处理。

7.4　酒店其他部门服务礼仪

7.4.1　康乐部服务礼仪

康乐部是为宾客提供健身、娱乐、美容美发等服务的部门。其特点是服务项目多，设施设备好，岗位分工细，人员相对分散，独立操作性强。为此要全面提供高标准的服务。

7.4.1.1　健康中心服务礼仪

1. 游泳池服务员

游泳池服务员在服务中应做到：

端庄站立在服务台旁，恭候客人的到来。

礼貌地递送衣柜钥匙和毛巾，引领客人到更衣室，并提醒客人妥善保管好自己的贵重物品。

加强巡视，时刻注意游泳者的动态，特别是老人和小孩，以免发生事故，这是对客人最大、最重要的尊重。

客人离开时，主动收回衣柜钥匙，并礼貌地提醒客人衣物是否遗忘。

礼貌送客，并向客人表示谢意，欢迎再次光临。

2. 保龄球服务员

保龄球服务员在服务中应做到：

客人到来时，要表示欢迎，并把干净完好的保龄球鞋用双手递给客人。

敬请客人选择适当重量的保龄球，分配好球道，并送上记分单，主动征询是否需要协助记分。对初次来的客人，要根据他们的性别、年龄、体重等，帮助选择重量适当的保龄球，并详细介绍活动的步骤和方法，提醒客人注意避免发生扭伤等意外事故。

适时礼貌地询问客人需要什么饮料，提供热情周到的服务。

活动结束后，要礼貌地收回保龄球鞋，恭请结账、道谢，礼貌告别，欢迎其再次光临。

3. 健身房服务员

健身房服务员在服务中应做到：

笑脸迎客，礼貌问候。

主动热情介绍器材设备的性能和操作方法。如客人要求指导，应立即示范，耐心讲解。

有的项目客人需要陪练时，服务员可按有关规定，请客人在办理付费手续后陪练。需协助记分，要乐意相助，不可无故推托。

当客人在操作活动时，要特别注意客人的安全，随时准备健身保护，以防意外。

客人健身完毕，要礼貌送客，热情告别。

4. 桑拿浴服务员

桑拿浴服务员在服务中应做到：

客人来到桑拿浴服务台时，要热情问候欢迎。

对新来的客人要主动介绍桑拿浴的方法与注意事项。

主动征询客人的要求，把温度控制选择盘转到客人所需要的温度上。

密切关注客人的动静，每隔几分钟从玻璃窗口进行观察，注意客人浴疗是否适宜，以免发生意外。

做好清洁卫生工作，不时喷洒香水，提供干净浴具，以示尊重。

客人离开时，要提醒客人查看是否遗忘物品，并热情道别，欢迎下次光临。

5. 卡拉 OK 舞厅服务员

卡拉 OK 舞厅服务员在服务中应做到：

客人来到舞厅、包房时，要热情接待，礼貌问候，并引领客人到厅房内适当的位置上。

迅速将酒水、食品从右侧送到客人的桌上，以示礼貌。

细心观察客人动态，以便提供所需服务，如添加饮料或热情回答客人提出的询问。

结束后，全体服务员到门口送别："女士们，先生们，谢谢你们的光临，再见!"或在扩音器里用温柔的语调表示感谢："欢迎各位再次光临，再见!"

7.4.1.2　美容美发中心服务礼仪

美容员在服务中应做到：

在服务台设一名服务员负责迎宾工作。客人到来时应热情问候，帮助接挂衣帽，并将客人领到理发的座位上，如已经客满，应将客人引领到休息室，用托盘递上香巾让客人擦手，再送上当天的报纸或杂志，并向客人抱歉："对不起，请稍等。"

严格按照客人的要求，神情专注地进行美发美容服务，操作时要尊重客人的意思，切勿强加于人，以免引起客人的不安与反感。

美发美容完毕，要用镜子从后面、侧面帮客人验照发型，并礼貌地征求意见，或做必要的修饰，直至客人满意为止。

用托盘收款找钱，做到迅速、准确，并向客人致谢。

送客时，取递衣物，热情道谢，礼貌告别，目送客人离去。

7.4.2 商场部服务礼仪

7.4.2.1 商场部服务特点

饭店的商场是为宾客提供购物服务的场所。它具有其他旅游购物商场所无法具备的方便条件，客人既可以充分利用空闲时间，就近在下榻的饭店商场内精心挑选称心如意的商品，又能在购物的过程中，再次领略到高品位的接待服务，它与社会上的商场是有所不同的。

1. 商场购物外部环境的塑造

（1）招牌和门面。

饭店商场一般设于饭店的公共区域内，其地理位置往往引人注目，因此首先应做好招牌和门面工作。

招牌就是商店的名字，一个好的招牌就是饭店的一面旗帜。它不仅是饭店信誉的象征，而且可以作为无形资产进行投资。一个好的招牌可以起到如下的作用：反映经营特色；引起客人兴趣；引导与方便消费者。

门面是购物环境的重要组成部分，是商场经营风格和经营特色的体现。它包括商场招牌是否醒目，灯光是否明亮，色彩是否鲜明，门灯是否清洁。如果商场所处的公共区域装潢、设计都非常讲究，商场的门面设计也不应例外。

（2）橱窗布置。

橱窗是对外宣传的重要窗口。橱窗商品不仅能加深客人印象，而且能起到指导消费的作用。橱窗布置是一门综合性的装潢艺术，它既要与饭店公共区域的装潢风格不相矛盾，同时又要具有鲜明的特点，应在真实、美观、经济的原则下，以商品为主题，配合文字、图案和各式各样的陈列道具，布置出一个烘托整体风格的主题画面，做到构思新颖、主题鲜明。根据季节、经营和产品推销所需，重新布置橱窗，以便客人有一种新鲜感觉。

2. 商场购物内部环境的塑造

（1）灯光、声音、色彩和温度。

商场内部的灯光、声音、色彩和温度等因素，可直接作用于消费者的感官，刺激消费者的购买欲望，影响消费者对饭店的印象，同时也可改善商场员工的工作环境，使他们精神饱满地为客人服务。

①灯光。

商场照明的基本要求是明亮、柔和、均匀。照明一般分为基本照明、特别照明、装饰照明三大类。基本照明，主要在天花板上配置荧光灯，其光度根据商场经营品种而配置；特别照明，是商场的附加照明，是为了增加柜台光度配置的，其作用是充分显示商品外观光彩；装饰照明，是为了点缀商场环境，渲染营业气氛而设置的。

②声音。

商场地处饭店公共区域，人流量较大，且出入商场人员较杂，容易使消费者和商场工作人员心情烦闷，注意力分散，从而降低经营效果。因此，商场必须安置必要的设备，降低各种噪声，保持饭店宁静、舒适的整体气氛。

③色彩。

商场的色彩不仅要与饭店公共区域色彩相搭配，而且要与出售的商品相协调。一般来说，商场色彩以淡雅明快为主，但也要因地制宜，要充分利用不同的色彩对人产生不同的视觉效果，改变客人的视觉印象。

④温度。

商场的温度和饭店的整体温度要相一致，使夏季购物凉爽宜人，冬季购物温暖如春。

（2）柜台的布置。

柜台是营业员的服务天地。精心布置柜台，创造一个良好的购物环境，可以使客人以愉快的心情从容选购，这就需要事先做好接待客人的各种准备。

①保持柜台的清洁。

每天营业前，要做好清洁卫生工作，把柜台和货架擦洗一遍，给人以窗明几净的印象。

②精心陈列商品。

柜台陈列、商品陈列既要符合审美原则，具有整体感，让人身临其境、赏心悦目，还要考虑商品货架的合理设置，让营业员在工作时能得心应手，同时便于客人观看和选择。

货架的布置一般有两种形式：一是直线型布局，货架呈"一"字形摆开，给人以整齐划一的感觉；二是曲线型布局，货架有横有竖，有正有斜，错落有致，曲折迂回，营造无始无终的活跃气氛，使商品显得丰富多彩。

货架定位后，要认真做好商品摆台。各种商品摆台要注意客人的购买心理，易于观望环视，便于寻找选购。例如，方便商品应摆在明显、最易选购的位置上，一般安排在底层和出入口。

商品摆台应考虑客人的观看习惯。一般说来，客人进入商场后，目光会不由自主地首先看向左侧，然后转向右侧，因此将引人注目的商品摆放在左侧，以吸引客人的目光，促使他们购买。商品摆台还要适应消费者商场行走习惯。外国人习惯顺时针行走，中国人则习惯逆时针行走。为此，可把一些购买频率较高的商品摆放在顺时针或者逆时针的入口位置上，以适应不同客人的购买行为和心理需求，提高商品的展示效果。

商品摆台还要根据季节和节日的不同及时调整摆放的位置与格局，从而激起客人的购买欲望。

③商品标明价格、产地、规格、型号。

商品要明码标价，货牌上应写明产地、规格或型号。有些新产品还应采用其他宣传手段，让客人了解其性能和特色，为客人提供方便。

7.4.3 商场部服务礼仪

7.4.3.1 主动迎客

主动迎客是指营业员站在柜台，要眼观四面，耳听八方，面带微笑，站立服务。一旦客人走进柜台，应微笑点头问候，目光亲切，鼓励客人放心挑选，在客人没有作出表示之前一般不要轻易发问，留给客人的感觉必须是"我随时愿意为您提供服务"。一个称职的营业员还应该从客人的眼神中预测到客人的购买意图，从而更有针对性地做好接待工作。只有这样，才能真正称得上是"主动"。

7.4.3.2 热情服务

1. 礼貌答问

客人在购物时，由于对商品不熟悉，必然要向营业员询问各种问题，这是商业活动中的正常现象。营业员应做到：

要有热情。在回答客人的提问时，一般应面对客人，声音要轻柔，答复要具体。

要有礼貌。客人提出的各类问题，有些在营业员看来是多余的，但仍应有礼貌问答，而不要顶撞客人。

百问不厌。客人的提问有时候很复杂。同样的问题，客人会一问再问，有时候几位客人会同时发问。而对营业员的回答，客人有时也会听不懂或者听不清。这时要多做解释，要有足够的耐心，沉得住气，这是商业人员应有的礼貌。

实事求是。无论是介绍商品或是充当客人参谋，都应以诚为本，决不夸大其词或者弄虚作假，要严格遵守商业道德。

2. 一视同仁

这是商业的基本道德和基本原则，要做到：

不以年龄取人，不以服饰取人，不以性别取人，不以职业取人，不以地域取人，不以国别取人。

3. 文明接待

在营业高峰时，应接不暇是难免的。营业员除了引导客人排队购买、维持正常的营业秩序外，还应注意以下几点：

注意接待顺序，辨别先来后到，服务细致周到。

掌握好时间差，按照"接一顾二呼三"的接待方式行事，使在场观看、待购的客人感受到营业员的亲切和对他们的尊重。

做好安抚工作，维护购物秩序，安抚购物客人的情绪。

4. 当好参谋

客人的购物行为因人而异，显示出不同的性格特点。营业员要充分理解客人的一般心理。另外还要做好客人的参谋，主动介绍商品的性能、特点，比较同类商品的特色，解答客人的疑问，帮助客人做出购物的判断。

5. 得理让人

在商场购物服务中，营业员有时候会碰到个别过分挑剔、提出无理要求，甚至胡搅蛮缠的客人。遇到这类客人，营业员应该做到：

态度冷静。越是在素质较差的客人面前，越要沉得住气，既要坚持优质服务，又不要因生气而降低服务质量。营业员的模范服务行为其实是对客人无礼要求的最好批评。

理直气和。即使客人态度激动，营业员说话仍要和气，礼让三分，决不可以"以牙还牙"。营业员要学会以理服人，而且要善于说理，使客人感到温暖如春。

7.4.3.3 礼貌送客

客人离开柜台时，要致谢道别，目送客人离去。

对提拿大件物品的客人，应关切、帮助。

对老、弱、病、残、幼客人，要倍加照顾，在提拿物品离开柜台时，特别给予关照，以示体贴。

总之，一位讲究礼仪的商场服务员，应该做到：主动微笑迎客，给人以亲切感；使用敬语待客，给人以温暖感；实事求是地介绍商品，给人以诚实感；热心为客人做好参谋，给人以信任感；热情礼貌送别客人，给人以留恋感。只有这样，才能真正做到文明接待，优质服务。

7.4.4 保安部服务礼仪

7.4.4.1 保安部工作特点

保安部是饭店不可缺少的一个职能部门，担负着保障饭店、来店客人与本饭店服务人员财产和人身安全的职责，是饭店进行正常经营的前提和保证。其工作特点表现在以下几个方面：

1. 工作面宽，内容复杂

在饭店，凡涉及安全方面问题的事统统属于保安工作的范畴，如防火、防盗、防破坏、防治安灾害事故等。

2. 具有一定的政策性

保安部是公安机关在饭店进行安全防范工作的重要辅助力量。由于饭店的涉外性，因此政策性很强，工作中，既要强调服务，又要依据我国的法律法规严格管理。

3. 长期性与突发性共存

保安工作是一个长期的工作，任何时候都不能懈怠，但事件的发生往往又具有突发性和不可预料性。

总之，保安工作应突出文明性、科学性、严格性、法律性，归根到底也是一种服务性工作。因此，在工作中也要树立礼仪观念。

7.4.4.2 保安部服务礼仪

保安部员工要在知法懂法的基础上，注意如下几个方面：①值勤时，仪表整洁，姿态端正，精神振作。②对客人使用敬语，注意礼节礼貌。③自觉维护客车道和停车场秩序，有礼貌地、规范地指挥客车进出。④掌握在大堂、商场等公共区域活动的客人动态，维护公共场所的治安和营业秩序；对行为表现可疑的客人，要礼貌进行盘查或监控，没有特殊情况和未经批准，不许随意盘问客人，扣压客人证件，更不允许随便限制客人的人身自由。⑤对客人要以理服人，不以任何形式嘲讽、侮辱客人的人格。⑥发现客人的遗留物品要做好监护，防止他人取走。⑦严格控制客人进入员工活动区。⑧不要因人为的原因让客人感觉到紧张气氛，要努力为客人营造一个宽松舒适的生活环境。接到报警要沉着、稳定、急而不乱，尽快赶去现场查处情况，积极采取补救措施和行动。⑨不许窥视客人在饭店内的日常生活，更不得利用职务之便私自闯入客房。

本章小结

本章首先阐述了饭店服务礼仪的作用和原则，然后分析了前厅部员工的服务素质要求，最后重点对前厅部各岗位服务礼仪作了详细介绍，包括客房预订礼仪、门厅服务礼仪、总台接待服务礼仪、行李部服务礼仪、问讯服务礼仪、总机服务礼仪、商务中心服务礼仪、保安部礼仪等。

课后思考与练习

（1）实施饭店服务礼仪需要遵守哪些原则？

（2）前台服务人员有哪些基本素质要求？

（3）门厅迎宾服务礼仪有哪些？

（4）总台接待服务礼仪有哪些？

（5）行李部服务礼仪有哪些？

（6）前台服务人员有哪些基本素质要求？

案例一："遗留物"

大堂副理在总台收银处找到刚结账的客人，礼貌地请他到一处不引人注意的地方说："先生，服务员在做房时发现您的房间少了一条浴巾，请您回忆一下，是否有您的亲朋好友来过，顺便带走了?"客人面色紧张，说："我住宿期间根本没有亲朋好友来拜访。"于是大堂副理给他一个暗示，再给他一个台阶，说："从前我们也有过一些客人，说浴巾不见了，但他们后来回忆起来是放在床上，毯子遮住了。您是否能上楼看看，浴巾可能压在什么地方被忽略了。"这个客人理解了，他拎着提箱上楼了。不多会儿，从楼上下来，故作生气状地说："你们服务员检查太不仔细了，浴巾明明在沙发后面。"大堂副理心里很高兴，但不露声色，很有礼貌地说："对不起，先生，打扰您了，谢谢您的合作。"为了使客人尽快从羞愧中解脱出来，大堂副理真诚地说："您下次来北京，欢迎再度光临我们饭店。"

评析：

在本例中，明明是客人错了，饭店却依然将"对"让给客人。若当面指出客人拿走了浴巾，客人会为了维护面子死不认账，甚至拒绝打开提箱，到那时问题就难以解决了。大堂副理了为维护客人的尊严，巧妙地给客人下台阶的机会，终于使客人理解了饭店的诚意和大堂副理的好意，而最终将浴巾放回了客房，体面地离开饭店，同时又避免了饭店损失，真正体现了"客人永远是对的"服务意识。

案例二："态度"

一天早上刚刚上班，某饭店餐饮部的预订员孟小姐接到了某大公司总经理秘书赵先生打来的预订电话。对方在详细询问了餐厅面积、餐位、菜肴风味、设备设施、服务项目等情况后，提出预订一个三天后200人规模的高档庆典宴会。孟小姐热情地向客人介绍了餐厅的具体情况后，双方开始约定见面的时间。

赵先生提议道："孟小姐，请你下午3点到我们公司来签一下宴会合同，并收取订金。"

"真对不起，今天我值班，不能离岗，还是请您抽空到我们饭店来一趟吧，我还可以带您看看场地，行吗?"孟小姐答道。

最后，赵先生同意下午来查看场地，并签订合同。

放下电话，孟小姐感到十分高兴，暗自寻思：没想到今天预订的生意这么好，这已经是第十个预订电话了，看来完成这个星期的预订任务是没有问题了。

此后，孟小姐又接了几个预订电话，都是小宴会厅的中、低档预订。孟小姐对待他们的态度显然没有那么热情了，接电话也不那么及时了。这些电话中有一位山西口音的李先生，要求预订当地淮扬风味的 8 人家庭宴会，每人标准100 元。孟小姐很不耐烦地告诉他，预订已满，请他到其他饭店预订。

下午，孟小姐一心在等赵先生的到来，没想到却只等到一个回复电话。

"对不起，孟小姐，我要取消上午的预订，我们李总不希望在你们饭店举办宴会了。"赵先生说。

"为什么？是不是需要我亲自到你们公司去一趟。"孟小姐急忙问。

"不必了。我们李总今天在你们饭店打电话预订了 8 人宴会没有成功，他对贵饭店没有信心。他说连 8 个人的家庭宴会都接待不了，还谈什么200 人的大型宴会呢？所以他指令我把宴会订到其他饭店。"赵先生含着歉意地解释着。

"这……"孟小姐顿时感到茫然。

评析：

饭店餐厅的预订面向社会各个阶层，对待高层、中层和低层的消费者都应一视同仁，热情接待。另外，要利用电话预订的有利形势积极开展推销活动。电话预订应注意：

（1）对待客人不可厚此薄彼。这首先要求预订人员具有良好的服务素质和道德意识。那种势利的做法是十分可鄙的，从长远的角度看问题，势利的做法将影响饭店的声誉和利益。

（2）在可能的情况下，预订员应主动到客人单位去完成预订手续。打电话最好与决策者通话，准备好简短精彩的语言以引起对方注意和兴趣并正确处理对方提出的问题，然后再约定见面的时间。

（3）电话铃声一响，意味着"生意"的出现，如果没有及时接听，可能会使对方失去耐心而转向其他饭店预订。所以，预订员接听电话要及时、快速，不可拖沓。

本例中，由于预订服务员没有一视同仁地对待客人，在电话预订中缺乏主动推销和热情服务的意识，结果导致了预订生意得而复失的尴尬局面。

❂ 实训应用 ⇉

实训项目1：迎宾服务。

实训目标：通过对迎宾服务基础知识的讲解和迎宾服务的操作技能的训练，使学生了解引领客人、迎接客人的技巧，掌握迎宾服务的程序与礼仪，达到能够热情、准确、熟练迎接宾客的能力。

实训指导：（1）按酒店门厅迎宾服务的方式、内容等设计场景。老师讲解、学生模拟，老师再指导。学生互相点评。

（2）内容包括：门厅站立、热情询问、迎接宾客、领宾入店。

实训组织：（1）准备好行李箱等，让学生扮演饭店门童，为客人提供门迎服务。

（2）由学生分成两组，各扮演客人与迎接员；模拟饭店迎接员有礼貌地迎宾、问候、引宾和送客。

（3）扮演客人入店、离店时的行李服务。

实训考核：（1）有良好的仪容仪表，面部表情自然（10%）

（2）动作及手势规范（20%）

（3）迎接服务程序及礼节到位。（70%）

实训项目2：前台服务实训。

实训目标：掌握前台服务的工作步骤及礼节礼貌。

实训指导：学生准备好笔、记录本和预订单等，在实训教室中让学生扮演饭店预订人员，接受客人的电话预订。

实训组织：（1）预订员着前台服务人员服装、预订过程注意仪容、仪表。

（2）分成两组，分别扮演客人和前台预订员。

（3）模拟饭店前厅接待人员有礼貌地接待宾客入住、问讯、结账、预订、兑换外币、提供商务服务和投诉。

实训成绩评定：（1）良好的仪容仪表，礼貌用语规范。（20%）

（2）正确完成预订程序及标准礼仪。（80%）

【补充阅读】

某宾馆前台部员工礼节礼仪要求

一、宗旨

"宾客至上，服务第一"是我们的服务宗旨。"客人永远是对的"，是我们的座右铭。对此，每一个员工务必深刻领会，贯彻落实到一言一行中去。

酒店业是服务业，我们要发扬中国传统的礼节和好客之道，树立服务光荣的思想，加强服务意识，竭力提供高效、准确、礼貌的服务，为宾客创造一个"宾至如归"的环境。

二、仪态

（一）本部员工以站立姿势服务。深夜班员工一点钟以后方可坐下，但若有客人前来，当即起立。

（二）正确的站立姿势应是：双脚以两肩同宽自然垂直分开（体重均落在双脚上，

肩平、头正、两眼平视前方、挺胸、收腹)。

（三）在服务区域内，身体不得东歪西倒，前倾后靠，不得伸懒腰、驼背、耸肩。

三、仪表

（一）身体、面部、手部必须清洁，提倡每天洗澡，换洗内衣物。

（二）每天要刷牙漱口，上班前不吃异味食物以保证口腔清洁。

（三）头发要常洗、整齐。上班前要梳头，提倡加少量头油，头发不得有头屑。

（四）女员工上班要化妆，但不得浓妆艳抹，男员工不得化妆。

（五）不得佩戴任何饰物、留长指甲，女员工不得涂色在指甲上。

（六）必须佩戴工号牌，工号牌应佩在左胸处，不得任其歪歪扭扭，注意修整，发现问题及时纠正，从后台进入服务区域之前，也应检查仪表。

四、表情

（一）微笑，是员工最起码应有的表情。

（二）面对客人应该表现出热情、亲切、真实、友好，必要时还要有感同身受的表情。做到精神振奋，情绪饱满，不卑不亢。

（三）和客人交谈时应该眼望对方，频频点头称是。

（四）双手不得叉腰、交叉胸前、插入衣裤或随意乱放。不抓头、抓痒、挖耳、抠鼻孔，不得敲桌子、敲击或玩弄其他物品。

（五）行走要迅速，但不得跑步，不得从二人中间穿行，请人让路要讲对不起，不得横冲直撞，粗俗无礼。

（六）不得哼歌曲、吹口哨、跺脚。

（七）不得随地吐痰，乱丢杂物。

（八）不得当众整理个人衣物

（九）不得将任何物件夹于腋下。

（十）在客人面前不得经常看手表。

（十一）咳嗽、打喷嚏时应转身向后，并说对不起。

（十二）不得谈笑、大声说话、喊叫、乱丢乱碰物品，发出不必要声响。

（十三）上班期间不得抽烟、吃东西。

（十四）不得用手指或笔杆指客人和为人指示方向。

（十五）要注意自我控制，随时注意自己的言行举动。

（十六）客人和你讲话时应全神贯注，用心倾听，不得东张西望，心不在焉。

（十七）在为客人服务时不得流露出厌烦、冷淡、愤怒、僵硬、紧张和恐惧的表情，不得扭捏作态、做鬼脸、吐舌、眨眼。

（十八）员工在服务、工作、打电话和与客人交谈时，如有客人走近，应立即示意，以表示已注意他（她）的来临。不得无所表示，等客人先开口。

五、言谈

（一）声调要自然、清晰、柔和、亲切，不要装腔作势，声量不要过高，也不要过低，以免客人听不太清楚。

（二）不准讲粗言、使用蔑视和污辱性的语言。

（三）三人以上对话，要用相互都懂的语言。

（四）不得模仿他人的语言语调和谈话。

（五）不开过分的玩笑。

（六）说话要注意艺术，多用敬语，注意"请"、"谢"字不离口。

（七）不得以任何借口顶撞、讽刺、挖苦客人。

（八）要注意称呼客人姓氏，未知姓氏之前，要称呼"先生"或"女士"。

（九）指第三者时不能讲"他"，应称"那位先生"或"那位女士"。

（十）无论从客人手上接过任何物品，都要讲"谢谢"。

（十一）客人讲"谢谢"时，要答"不用谢"，不得毫无反应。

（十二）客人来时要问好，注意讲"欢迎您到×××宾馆"，客人走时，注意讲"祝您愉快"，或"欢迎您下次再光临"。

（十三）任何时候不准讲"喂"或说"不知道"。

（十四）离开面对的客人，一律讲"请稍候"。如果离开时间较长，回来后要讲"对不起，让您久等"。不得一言不发就开始服务。

六、制服

（一）制服应干净、整齐、笔挺。

（二）非因工作需要，不得在馆外穿着制服，亦不得带出馆外。

（三）纽扣要全部扣好，穿西装制服时，不论男、女第一颗纽扣须扣上，不得敞开外衣、卷起裤脚、衣袖，领带必须结正。

（四）制服外衣衣袖、衣领处、制服衬衣领口，不得显露个人衣物，制服外不得显有个人物品，如纪念章、笔、纸张等，制服衣袋不得多装物品，显得鼓起。

（五）必须穿着皮鞋上班，禁止穿凉鞋，女员工只准着肉色袜，其他颜色和带花边、通花的袜子一律不准，袜头不得露出裙脚，袜子不得有破洞。

（六）行李员不准不戴帽出现在服务区域内。

七、电话

（一）所有来电，务必在三响之内接答。

（二）接电话先问好，报单位，后讲"请问能帮您什么忙?"，不得颠倒次序。

（三）通话时，听筒一头应放在耳朵上，话筒一头置于唇下约五厘米处，中途若需与他人交谈，应用另一只手捂着听筒。

（四）必要时要做好记录，通话要点要问清，然后向对方复述一遍。

（五）对方挂断之后，方为通话完毕，任何时候不得用力掷听筒。

（六）在宾馆内不得打私人电话、传私人电话，家人有急事来电，应从速简洁结束通话，他人接听，只代为记录。

（七）对话要求按本章"言谈"一节规定办。

第八章 酒店客房服务礼仪

学习目标

知识目标

1. 了解客房部员工的基本素质要求及服务原则

2. 熟悉客房各岗位的服务礼仪、进入客房的礼仪、整理客房的礼仪、客房服务其他礼仪及服务程序等

实训目标

1. 掌握客房台班服务礼仪

2. 掌握进入和整理客房的礼节礼貌

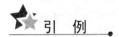引 例

给客人一个惊喜

某外国客人住在某星级酒店 1128 房已两天了,每天早出晚归。服务员小袁留意到房间里的茶杯每天都没有动,心想难道客人不喝水吗?小袁好奇地问中班服务员,得到的回答是"每次我们给他送茶他都没喝,但是他每天都会买一瓶矿泉水"。

第三天,该房的客人来了一位朋友,服务员小袁想客人和他的朋友可能都不喜欢喝袋装茶叶,于是抱着试试看的心理用散装茶叶为他们泡了两杯茶送进房。

不久,小袁看见客人和朋友出去了。为了弄个明白,她马上进房查看,发现两个茶杯都空了,原来他们爱喝散装茶。小袁高兴地在常客卡上记录了这一条,又为客人泡了一杯茶,用英语给客人留下了一张便条:"It's the tea for you! Wish you like it!"

下午客人和朋友大汗淋漓地从电梯里出来,手里抱着一个篮球。客人把球放在服务台,用手比划着指着酒店的布草房。小袁接过球一看,黑糊糊的。"Take it in work-room?""Yes, yes!"这么脏,还是洗一下吧?小袁把球拿到消毒间用刷子刷干净。第二天下午,客人又出去打球,当他从小袁手中接过干净如新的篮球时,竖起大拇指。另外,客人在昨天的那张留言条下写着"Thank you."。

问题：

（1）客房服务员小袁是怎么以用心的服务打动了客人，赢得了客人的好评的？

（2）如果你是小袁，你会怎么做？

（3）你对做好客房服务有什么看法？

客房是酒店的主体，是酒店的主要组成部分，是酒店存在的基础，在酒店中占有重要地位。

（1）饭店最基本的设施是客房，最基本的功能是满足客人的住宿需求。有客房便能成为酒店，所以说客房是酒店存在的基础。

（2）客房是酒店组成的主体。按客房和餐位的一般比例，在酒店建筑面积中，客房占70%～80%；酒店的固定资产也绝大部分在客房，酒店经营活动所必需的各种物资设备和物料用品均大部分在客房，所以说客房是酒店的主要组成部分。

（3）客房收入占酒店收入的大部分。酒店的经济收入主要来源于三个方面：一是客房收入，二是餐饮收入，三是综合服务设施收入。其中客房收入是较稳定的收入来源，一般占整个酒店经济收入的70%左右。一般来说，酒店经营活动主要围绕客房出租进行，提高客房出租率就能增加酒店的经济收入，在客房服务过程中可以推销其他酒店产品，如酒水、送餐、洗衣服务等等。

（4）酒店的规模大小主要是由客房数量决定的。客房作为酒店的基本设施和旅游投宿活动的物质承担者，其建筑面积一般占酒店的65%～70%。从物资设施、人力配备和必需的各种物料来看，客房占的数量也较大。一个国家或一个地区、一个城市的旅游接待能力，也是由客房和床位数量决定的。国际通行的标准是：300间客房以下为小型酒店，301～600间客房为中型酒店，601～1000间客房为大型酒店，1000间以上客房为超大型酒店。

（5）酒店的等级水平主要是由客房水平决定的。人们主要依据酒店的设备和服务衡量酒店的等级水平。酒店设备无论从外观、数量或是使用来说，都主要体现在客房，因为旅客在客房呆的时间较长，较易于感受，因而客房服务水平常常被人衡量酒店等级水平的标准。客房水平包括两个方面：一是客房设备，包括房间、家具、墙壁和地面的装饰、客房布置及客房电器设备和卫生间设备等；二是服务水平即服务员的工作态度，服务技巧和方法等。

客人在酒店入住期间在客房里停留时间最长，客人与客房联系最紧密，客房服务员与客人接触时间最多，是客人的"家外之家"，客人对酒店服务质量的评价往往会由于客房服务质量的好坏而定。因此客房部要为客人提供舒适、清洁、安全的房间，与酒店其他部门一道，努力打造成为客人出差在外的"家外之家"，使客人成为忠诚顾客，与酒店"一见钟情"，再见"痴情"，"白头偕老"，甚至"世代延续下去"。

作为酒店产品的客房最主要的特性就是不可贮藏性。"客房"这种产品不像其他商品可以库存，可以具有一定的"保鲜期"、"保质期"，它是"最容易腐败变质"的商品，一旦当天没出售出去，那天的效用、价值就失去，成本、利润就永远也收不回来，同时客房产品的季节性波动很大，在管理上就更加具有紧迫的时间观念。

（6）客房部服务员作为酒店人力资源的重要组成部分，一般占整个酒店人数的70%到80%。虽然他们与客人的接触相对其他一线部门少，但他们所努力创造出来的产品是最长时间直接面向客人的，因此客房部服务员的工作技能、服务态度、服务质量是相当重要的。必须坚持对客房部工作人员的服务礼仪培训，提升其精神状态和文明程度，以利于营造和谐的工作氛围，提高酒店服务的档次和品牌形象，利于员工的身心幸福。

8.1　客房部员工的基本素质要求

人们称导游人员是民间大使，说导游工作是一项体力和脑力高度结合的高强度的综合性劳动，它的最高境界要求导游人员必须具备运动员的体魄、经济学家的头脑、外交家的圆融、演讲家的口齿和学者的渊博。其实，酒店客房部员工的身上就体现着这样的素质要求。

8.1.1　以服务业为荣的服务意识

8.1.1.1　以服务业为荣

"服务"一词的语源是拉丁语"servos"，具有"奴隶"的含意。从该拉丁语派生出英语的 serve（侍候）或 servant（仆人、佣人）。另一方面，殷勤待客一词也来自拉丁语，从拉丁语的 hospes（客人的保护者）变成 hospitale（亲切招待客人），最后衍变为英语的 hospitality。所谓的殷勤待客是体贴、关怀，是发自内心的款待，是服务的基本出发点。如果不包含语源所示的真心，顾客就绝不会满意。

正如现代酒店业之父斯塔特勒所说，酒店出售的是一种特殊"商品"——服务。在酒店业发展越来越成熟、竞争日益激烈的今天，酒店的"软件"——服务，所占的比重越来越大。酒店的竞争归根到底是人的竞争，是服务的竞争。客房服务员不但要正确、深切领会服务的含义，理解服务的重要性，还要建立以在服务业工作为荣的观念。

进入21世纪以来，随着全球经济由工业经济向服务经济转型趋势进一步加快，发达国家已完全确立了服务经济的产业结构，服务业已成为国民经济的重要组成部分，服务业发达与否，已经成为衡量国家或地区现代化程度的重要标志。目前全球的经济总量中服务业已占60%以上，金融、保险、旅游和咨询等服务业是产业国际转移的重点领域。

现代服务业具有"三高"和"三新"的特点：技术含量高、人力资本含量高、附加值高。同时现代服务业采用了大量新技术、形成许多新的产业形态和新的服务方式。现代服务业包括通信及信息服务等基础服务业，金融、电子商务、农业支撑服务等生产和市场服务业，文化娱乐、旅游等个人消费服务业以及医疗卫生等公共服务业。

目前发达国家服务业在 GDP 中的比重平均达到 70%左右，吸引就业劳动力人数已超过第一、二产业吸收劳动力的总和。美国现代服务业产值已占到 GDP 的74%，创造了 80%的就业机会。全球 500 强企业中，从事服务业的企业比例数已经达到 56%。与西方发达国家和大多数发展中国家相比，我国服务业在国民经济中的地位明显偏低，2006 年，我国服务业占 GDP 的比重为 39.5%，甚至低于发展中国家 52%的平均水平。

我国政府十分重视发展服务业，国务院下发了《关于加快发展服务业的若干意见》，提出到 2020 年，基本实现经济结构向以服务经济为主的转变，服务业增加值占国内生产总值的比重超过 50%。近年来我国服务业快速发展，年平均增速为 15.4%，远远高于我国经济的平均增速，服务业在 GDP 中的比重呈上升趋势。值得一提的是，2007 年北京市服务业比重超过 71%，达到世界发达国家平均水平，率先在全国构建起以服务经济为主导的产业结构。

我国在迎接"入世"挑战的过程中，哪一种行业最具竞争优势？海外经济学家认为，宾馆服务业当首推为"国内最不惧怕'入世'挑战的优势行业"。自从 1978 年改革开放政策实施以来，我国酒店业与国际酒店行业接轨，发展相对较成熟，我们酒店从业人员要以从事服务业为光荣，时刻牢记服务是酒店的基本职能，树立强烈的服务意识，投身于前景广阔的现代服务业中。要把客人当作自己的亲人或朋友，用"心"来为他们服务。在肢体语言和眼神交流上体现出热情、大方，让客人有宾至如归的感觉。

8.1.1.2 强烈的服务意识

1. 正确理解客人的概念

美国 Faimont 酒店总经理说，客人就是通过各种途径到酒店来的最重要的人，他不是供你议论或与你较量智慧的人，而是我们以礼貌和尊敬的态度给予服务的人。他是和我们一样有血有肉、有感情的人，是一个我们必须持续得到他的亲善友好，一次再次到酒店来的人。他永远都不是我们工作中的障碍，相反，他是我们工作的目的。我们为他服务，不是我们给他一种恩惠，而是他通过给予我们为他服务的机会给予我们一种恩惠。

正确理解客人的概念后，服务人员还要懂得如何接待客人。现代饭店之父斯塔特勒说："客人永远是对的。"从客观事实上来说，客人也会出错，但对于酒店行业来说，得理也要让客人，把面子让给客人。当然，这个"让"是有条件的，即客人的行为在不违反我国现行法律法规的前提下。当服务员与客人有矛盾时，要尽可能大事化小，小事化了。如果服务员据理力争，非要客人认错不可，就算说赢了客人，也是输了服务，丢了客人。客人会感到自己很没面子，只会心里不爽，甚至怀恨在心，下次就坚决不再光顾这家酒店了。

在酒店服务中，必须明白"100 - 1 = 0"的道理。对客人的接待从入住到离开，每一个环节都要周密而细致。要时刻记住，哪怕是很小的事情，对酒店客人来说，都是大事，对酒店来说更是大事，所谓酒店无琐事。

对于挑剔的客人，服务员也要非常有耐心，设法满足客人的要求，实在满足不了的，要耐心、委婉地做好解释工作。只要服务员的态度是友好真诚的，服务是热情周到的，这种耐心和忍让，也会使客人感动，这也是一种让的方法。

2. 经常热情称呼客人的名字

酒店服务员要迅速记住客人的名字，经常热情主动真诚地正确称呼客人的名字，这是礼貌礼仪的最起码的一步。对一个人来说，他的名字是世界上最美妙的声音。客人在酒店时如果听到有人能亲切地喊他的名字，他会感觉到自己是被作为一个独立的个体受到酒店重视的，服务员都认识他，使他产生一种强烈的亲切感和认同感，做客异乡的陌生和孤独感就会顿时消失。在酒店服务工作中，主动热情地称呼客人的名字是一种服务艺术，不花成本，却收效巨大。许多著名酒店都规定服务员在为客人办理入住登记时至少要称呼客人的名字三次。

酒店服务员应时刻牢记：无论做什么工作，我们都要对工作有足够的热情和对人有礼貌。你越有礼貌，别人就会越尊重你。尽管看上去无关紧要，但礼貌礼仪却是让一个人脱颖而出的必备素质。礼仪就是多为别人着想。正如著名国际品牌丽思卡尔顿酒店的座右铭"我们是为绅士淑女们服务的绅士淑女"，强调的也是从自我做起，以最佳的礼仪和态度，赢得客人的舒适和欣赏的感觉，为营造最高档次的服务氛围奠定坚实基础。

3. 带着创意去进行服务

"您好！""欢迎光临！""早上好！"这是服务员对客人的最基本的见面语，简洁而热情。但每天重复这样的话，容易引起客人尤其是常住客的烦腻，有些客人甚至会因此而转投到别的酒店去住；而服务员也会因一成不变的套路而逐渐丧失工作热情。

人生需要激情，工作也是。比如，不少酒店服务人员根据本人的体会及面对的不同客人，会设法准备或创造更多的贴切的见面语，一个星期中每天换一种说法，甚至做到一天中换几种不同的说法，使客人感到新鲜、诚意和热情。

每天的服务，每一个服务环节，服务员都可以通过观察、思考、互相交流、参观学习等不断改进和进行创新。完美极致的服务艺术是永无止境的，服务这张王牌打得好，酒店服务的品牌就走得越长久，经济效益和社会效益就越大，员工的人生价值和成功感也就越高。

8.1.2 态度端正

与餐厅、前台等部门相比，客房工作与客人打交道少，不够热闹，容易使一些酒店工作人员认为单调乏味，辛苦，没有成就感。

要做一名合格的客房服务员，必须要端正态度，对客房工作的辛苦有心理准备，脚踏实地做好一项看似枯燥但又不得不做的工作。要能够按照酒店规章制度做好客房服务或清洁工作，能服从领导的调配，按时按质按量完成好客房工作。把主管领导对自己工作中提出的批评，当作是领导帮助自己、希望自己成熟进步的教育，不要顶嘴和诸多辩解，还要表示感谢，才能真正迅速成长。遇到客人投诉，要能以平和、客观的心态和认真负责的态度妥善解决，不断学习并总结客房服务和管理经验，才能在工作岗位上表现优秀，自我增值。

另一方面，正因为与客人打交道少，才更要讲究对客服务的有效性和与客交流的质量，嘘寒问暖，让客人感到客房区域宁静、亲切、周到。服务员在服务过程中，要主动为客人提供方便，及时满足客人的要求。具体说来，在服务工作中要做到"十主动"：主动问好打招呼；主动迎送提行李接大衣；主动引路；主动开门；主动送香巾、茶水；主动介绍情况；主动照顾老弱病残；主动擦皮鞋；主动征求意见；主动按电梯。

8.1.3 知识广博

（1）客房服务人员掌握客房设备和用品的使用和保养知识，并能熟悉操作。

（2）了解不同国家和地区的文化、宗教信仰、民风与禁忌，能为来自世界各地的客人提供多元化的适宜的服务。

（3）掌握客房日常英语会话，能与客人进行英语交流。根据具体酒店的客源特点，还应主动有针对性地学习和掌握韩国语、日本语、法语等其他语种。

（4）具有较丰富的文学、历史、地理知识，尤其要熟悉当地的基本情况和旅游景点，能为客人提供浏览建议。

（5）能够运用服务心理学知识，通过细心的观察和思考，了解客人需求，为客人提供个性化服务。

（6）了解音乐、美学、建筑学常识，在酒店背景音乐、客房设计和布置、客房用品的色彩搭配等方面，有一定的修养和鉴赏眼光。

8.1.4 身体素质佳

客房清洁整理是一项体力活，要科学合理地安排工作程序，既快又好地完成任务，遇到酒店旺季开房高峰时，每天要整理十二甚至十四间房，还有可能需加班加点，服务员必须有良好的身体素质。

8.1.5 端庄大方

客房服务员的仪表、仪容直接代表酒店的形象，端庄大方、谦虚有礼、热情诚恳是每个客房服务员必备素质。对每一位客人要经常保持发自内心的微笑，使客人感到宾至如归。记住，微笑是制服的一部分，大方淡定地微笑着的专业人士看起来年轻、美丽而有魅力。

仪表和卫生方面，女服务员必须淡妆上岗，不涂彩色指甲油；男服务员不能留胡须，保持脸部整洁。所有服务员工都不留长指甲，不能染彩色头发或梳怪异发型；除结婚戒指外不佩戴任何饰物；穿酒店规定的鞋袜，工作服要整洁；无不良体味和口气。为客人服务前或清洁房间后要洗手、消毒。

日常工作中要保持环境的安静。搬动家具、开关门窗时要操作轻，不要发出过分的声音。不要大声喧哗、嬉笑怒骂、唱歌。与客人或同事说话时均不可声音过高。若距离较远可点头或招手示意。

8.2 客房部各岗位服务礼仪

8.2.1 客房服务员

客房服务员也称卫生班，主要负责清扫客房，要求操作服务能力强。其服务礼仪要求如下：

（1）能服从领班分配，认真清扫客房，填写工作报表。能迅速清理离店客房，报领班检查。能做好 VIP（贵宾）房的清洁和整理工作。面对繁重的客房清洁、服务工作，能在短时间内调整自己的不良情绪，很快进入工作状态。

（2）能使用标准的普通话和柔和的语调与客人交流，恰当地使用迎宾敬语、称呼敬语、问候敬语、电话敬语、服务敬语。

（3）能熟练运用一门以上外语为客人服务，具有一定的亲和力。

（4）摆正自己的位置，做好本分工作，有与领导、同事融洽相处，共同做好工作的能力。

（5）能正确使用清洁设备和用具，严格按照客房清洁和消毒要求，对客房浴缸、水杯等用具进行消毒。

（6）能及时、准确地报修客房设施设备，报上自己的工号，并在工作报表中做记录。

（7）发现客人遗留物品时，能立即报告楼层服务员或领班。

（8）能认真检查房间内小酒吧饮品的消耗情况，准确清点并及时补充。

（9）能及时报告住客的特殊情况，遇到突发事情时能迅速处理或向客房主管汇报。

（10）有使用客房消防安全器械的能力，在危险事故或火灾面前疏散客人的能力。

8.2.2 楼层服务员

楼层服务员一般设在电梯的出口处，客人来到所要住楼层，第一眼见到的就是楼层服务员，住店期间遇到什么麻烦或是问题，第一时间想到的也经常是楼层服务员。所以酒店客房部楼层服务员不但代表整个楼层的形象，还是整个楼层的客房服务能够正常运行的核心所在。

楼层服务员应做到服饰整洁，仪态优美，始终带来微笑，对过往的客人都点头致意，主动打招呼，把客人当作是工作环境中的贵宾朋友。

一般要求楼层服务员熟悉客房服务员（卫生班）的工作，通常至少要有六个月的卫生班工作经验。其服务礼仪要求如下：

（1）具备一定的人际交往能力。能与客人用眼光交流，能与客人建立和谐的人际关系，能通过自己的优质服务，为饭店争取到一定数量的回头客。

（2）有较强的语言表达能力，具有较强的亲和力。能用生动、准确的语言表达服务能力。

（3）有一定的应变能力，能应付不同客人的个性化需求，力求做到客人满意酒店受益。

（4）至少能用一门外语流畅地与外人交流。

（5）能在客人左侧前方两三步的距离，引领客人前去房间，边走可边向客人介绍楼层的一些安全设施，如消火栓、安全通道等。

（6）到达房间，用客人的钥匙为客人开门，请客人先进去，然后协助行李员把行李放在行李架上。

（7）根据客人对酒店客房的熟悉情况，酌情为客人介绍房间里设备的使用方法、注意事项和酒店一些餐饮厅和娱乐健身等设备。客人若无疑问，不要借故逗留，应对客人说："您好好休息，我先出去了。"

（8）接到客人退房的通知后，应弄清楚客人的房间号码和离开的准确时间，及时做好欢送客人的准备。若是客人下午5点后退房，还应安排好客房清洁卫生工作。

（9）帮助客人将行李提到电梯口，为客人按电梯，待客人和行李都完全进入电梯，不会有任何危险后，再松开手。并对客人说："××先生/小姐，谢谢您光临我们××酒店。祝您旅途愉快！欢迎您再次光临！"

（10）要牢记客人在酒店的人身财产安全是最重要的，切不可大意。一定要密切注意进出楼层的一切人员，发现可疑人员要及时与主管和酒店保安部联系，并配合保安部门的一切行动。

来访客人的登记要严格把关，如果客人不在房间，不得向来访者透露客人的房号和房间电话号码，更不可请来访者进入客人房间等候。

如有客人前来说忘了带钥匙了，或不小心钥匙丢了，或不小心把钥匙放在房间里，必须要求客人出示相关证件，如身份证、工作证、护照以及在酒店登记入住的单据等，认真核对无误后，才能给客人开门。若客人什么证件也没有，应立即报告上级主管，再采取措施。

（11）按酒店的规定，到各房巡查，发现安全隐患和异常情况一定要及时通知维修人员。

（12）受理客人投诉时，一定要抱着"有则改之，无则加勉"的态度，一般要相信客人所说的情况，切不可自以为是，与客人争吵，这在酒店服务中是绝对不允许的。

要认真记下客人所说的问题，做必要的解释。对于一切事情，都不要先下定论，一定要先调查再解释。让投诉的客人得到心理上的绝对尊重，同时要对客人的投诉表示感谢，让坏事变好事，让客人通过我们对待投诉的认真态度而产生对饭店的归属感。

（13）客人到服务台办事，服务员要起立，热情接待。要有笑容，与客人说话要自然、亲切，切忌态度生硬、语言粗鲁。

8.2.3　服务中心服务员

（1）对客人不但能做到热情友好，而且要能急客人所急，想客人所想，如及时雨般恰到好处地为客人服务。

（2）对不同层次的客人都能做到不卑不亢，一视同仁，把他们当作最尊敬的客人，用心为他们服务。

（3）能和客房部的领导、同事团结协作，对关系到酒店的大是大非，能坚持原则；对无关大局的小事能顾全大局，不斤斤计较。

（4）要求能准确无误接听电话，并详细记录，做好工作记录和交班。保持与其他部门的联系，传达有关表格和报告，严格招待钥匙的领用和归还制度。

（5）对外借物品进行登记并及时回收。

（6）统计客房酒吧的消耗量，填写酒水补充报告单，并负责保存，遇有特殊情况，及时向上司反映。

（7）随时掌握房态，准确无误地输入电脑，并与前厅保持密切关系，遇有特殊事项，及时向上司反映。

（8）及时通知楼层即将抵店或离店的贵宾和旅行团房号。

（9）每日做好24小时维修统计工作，及时更改和填写维修房情况和客房加床显示记录。

（10）负责楼层服务员考勤记录和病假、事假条的保存，准确无误地做好各班次的交接记录，向领班汇报交接记录内容。

（11）详细登记客人遗留物品，并妥善分类保管。

（12）每日早班服务员负责向日班楼层领班提供楼层出租的情况。

（13）及时将客人投诉报告领班和楼层主管，并做好记录。

（14）负责服务中心的卫生和安全。填写服务员工作报告表、楼层酒水控制表。

8.3　进入客房礼仪

最好选择在客人外出时进行清洁客房或进行简单客房维修，要在客人回来之前做好清洁卫生。如客人是在凌晨 0：00~6：00 期间入住的，应确保客人休息 8~10 小时后，打电话询问是否整理。挂有"请勿打扰"牌的房间，服务人员不得进入清理。下午 2：00 以后仍挂有此牌，服务员应请示领班。领班或客房服务中心打电话到客人房间，电话询问是否可以进房打扫或需要什么帮助，并向客人表示歉意。要与客人电话联系，弄清原因，以防意外。

长住客人的房间要主动征询客人的意见，按照客人的要求时间去打扫。有的长住客人要求高，会指定某个做得好的服务员进房打扫。酒店客房部主管应了解情况，合理的话应尊重客人的要求，尽量安排好。

进入客房前应按铃三次并报称"客房服务"或"Housekeeping"，等候客人开门或确定房内无人再用工作钥匙开门。

如果客人应允开门，服务员应有礼貌地微笑，与客人有目光交流，说"××先生/小姐/女士，您好！我是客房服务员，请问您希望什么时候打扫房间呢？"倘若客人说可以马上打扫，则要对客人表示感谢，然后按操作标准提供迅速、快捷的客房清扫服务，并尽量避免打扰客人。

若无人应答，才能用钥匙自己开门，留意看客人是否在房内，观察客房里有无异样情况，如有状况，要机警地及时退出并报告楼层服务员、领班和主管等。

若被客人唤进客房，要把房门打开或半掩，不要关门。客人请坐下时，一定要婉言谢绝。客人邀请吃食物或喝水、饮料、酒等，也一定要婉言谢绝。

当客人房门外挂着"请勿打扰"牌子时，不要打扰客人，更绝对不可擅自闯入。

如果客房内有激烈的争吵或搏斗的声音，要马上报告楼层服务员、领班和主管等，必要时马上通知酒店保安。

找不到"请勿打扰"牌

史密斯先生是英国一家著名投资公司的项目经理，此次来华与中方洽谈一笔大型的投资项目。由于大量的商务活动和谈判以及时差的原因，并且他每天需要与伦敦总部进行联系，只好在凌晨开始休息，中午以后起床工作。遗憾的是，客人这一起居习惯并未得到饭店有关方面的充分重视。每天上午客房服务员清扫房间、收取客衣，信使派送留言、传真等等，都使他不能得到良好的休息。虽多次向员工交代，也许是因为语言沟通的障碍，收效甚微。他曾尝试使用"DND"牌来提醒，但由于房内行李及资料很多，未能找到该牌。尤其在周末，打扰更加频繁，他忍无可忍，甚至认为服务人员要与他作对。他原打算住宿一个月，但到第15天时，便给饭店总经理写了长达五页的投诉信，然后毅然搬到了另外一家饭店入住，使这家饭店失去了应得的收益。

（资料来源：陈志学：《旅游饭店经营管理服务案例》，北京：中华工商联合出版社，2000）

思考题：

（1）饭店客房应如何保证客人房间不被服务员贸然闯入？

（2）饭店客房的"DND"（请勿打扰）牌应如何管理？

（3）饭店客房服务员平时应如何与客人交流，以便提供个性化的良好的服务？

8.4　整理客房礼仪

服务员在客房清扫时，要始终保持打开房门，并在门把上挂"正在清扫"牌。清扫过程中如需离开房间，必须关上房门。

整理客房时应尊重客人隐私和住宿习惯，对于属于客人的一切东西，只能稍加整理，不能随意挪动位置，不得翻看客人的文件，不可对客人的物品和活动表示好奇，不可随意扔掉客人的书报杂志，即使是花束、纸条等，未经客人吩咐，未被客人扔到垃圾筒的，均不得随便扔掉，因为它们可能对客人还有用。对于垃圾筒内的信封、文件等，要打开看看，判断是不是支票或重要文件，有疑问的可以先保留在客房书桌上，写字条提醒客人，待客人回房后尽快询问客人的意见。有些客人往往因为服务员的细心，而使其财物或文件失而复得，感激不已。

绝对不能吃客人的零食或水果。除非发生意外情况，一般不要使用房内电话。凡是打到客房内的电话，一概不要去接听。不能边听房内音响或边看电视边进行客房整理。

床单和被罩等床上用品以及毛巾等，应按照酒店的规定按时更换，不能整理平整就当已更换。将更换出来的布草送到洗衣部清洗消毒。撤用过的床单时，要一张一张地撤，注意不要把客人的白色衣物或项链、戒指等一同撤走。

清洁卫生间时，要注意漱口杯内的物品。有时客人会把隐形眼镜和药水放在杯中浸泡。

客房内如有鲜花或绿色植物，要观察是否有枯萎或叶子变枯黄，如有则需撤换。要把绿色植物的叶子擦拭干净，按酒店规定定期浇水。

如果清扫客房时有客人进房，应：

（1）有礼貌地请客人出示房间钥匙或房卡，确定该客人的身份。如不肯定客人的身份，可不露声色地尽快告辞退出房间后，与楼层服务员核对客人的身材、长相、口音等，以确认客人的身份。一旦有可疑之处，应报告给上级，妥善处理。

（2）询问客人意见能否继续打扫，征得客人允许才可继续清理。注意应迅速搞好卫生以免影响客人休息。

（3）如客人说不方便，应停下来，与客人商定清理时间，收拾好工具后退出房间，待客人外出后再清洁。

粗心的服务员

小 A 刚做客房服务员，因操作不够熟练而每天都最晚完成客房清扫任务，所以一心想做快点。这天按门铃、报称身份再敲门后，见没有动静，就拿钥匙打开了 2428 房的门。房内窗帘未拉开，光线较暗，小 A 恃着视力较佳，马上撤床单，准备铺床。不料，双手一抓，赫然是一双客人的脚！倒霉的客人被惊醒，大声叫喊，最后要求酒店赔偿精神损失费。

思考题：

（1）小 A 哪里做错了？

（2）客人大声叫喊时，小 A 应怎么做？假如你是酒店客房部经理，你会怎样处理这件事？请同学们讨论后抽选代表做情景扮演，然后互评和学生点评。

（3）酒店客房部应如何培训新员工？

8.5　客房其他服务礼仪

8.5.1　对残疾人服务礼仪

问候肢体残疾客人时，服务员应亲切友好，表情自然。客人乘坐轮椅的，服务员应保证与客人目光平视。问候盲人客人时，服务员应在一定距离处通过声音提示让客人及时辨听周围情况。提示时，语气柔和，语调平缓，音量适中。问候聋哑客人时，服务员应微笑着注视客人，通过眼神向客人传递平等、友好的信息。服务员应主动学习手语，或由酒店提供相应的培训。

为肢残客人提供引领服务时，应走最短路线，做到走平路时适当关注，走坡路时适当帮助。引领盲人客人行走时，应事先征得其同意。向盲人客人指示方向时，应明确告诉客人所指人或物相对于客人的方位，不使用指向性不明的表述。

引领残疾客人乘坐电梯时，引导者应适当关注肢残客人，积极帮助盲人客人。引领盲人客人上下楼梯或乘坐自动扶梯时，引导者应先一步上下，然后回身照应客人。引领过程中，引导者应不断通过声音提示和放缓脚步的方式，及时提醒盲人客人前面的路况。

引领盲人客人乘车时，引导者应告诉其车辆停靠的位置相对于客人的方位。开关车门、帮客人上下车、给客人护顶等，都应有声音提示。引导者与客人同车的，应向客人描绘沿途景色。引领盲人客人入座时，应把客人带到座椅旁，让客人自己调整桌椅间距离。

8.5.2　客房送餐服务礼仪

客房送餐服务是星级酒店为方便客人、增加收入、减轻餐厅压力、体现酒店服务水准而提供的服务项目。包括早、午、晚餐、夜宵、饮料服务，也包括总经理赠送给酒店重要客人的花篮、水果篮、欢迎卡等，还有重要客人在酒店的生日礼物、节日送给全部或部分住客的礼品等。

客人在房内用餐，可以享受到一种毫无拘束的用餐环境，节约客人的时间。但增加了酒店人工成本，需服务员专门服务，因此送餐服务比客人直接到餐厅用餐的费用高，约高出 20%。

客房送餐服务最讲究服务的准确和及时。客人需要房间送餐服务时，服务人员要记录下客人的姓名、房间号、用餐人数、用餐品种、规格、数量、送餐时间、特殊要求等，要适时推销酒水。如没有客人所需的菜点，应礼貌地向客人解释，并建议同类菜点。记录完后要向客人重述一遍，以免出错。再通知餐饮部，或将送餐卡送去。

有的酒店客房部中副班晚上开完夜床后，会把送餐卡放在客人的床头柜上，送餐卡上提示客人填好后挂在门把上，由夜间服务员在客房走廊上巡查时收回，经行李员送到餐饮部。

一般要求早餐在20分钟内，午、晚餐在30分钟内送到客房，不能让客人久等。

送餐过程中一定要注意食品的安全。送餐的时间要把握好，离预约的时间要恰到好处。送餐员要根据客人订餐内容及数量准备好送餐餐具和调味品，备好账单，按要求摆放整齐并注意卫生。送餐员必须熟记客人所订餐的品种、价格、主要风味特点和文化典故等，以便客人有疑问时能对答如流。

进房前先敲门或先按门铃，得到客人允许后才进入。见到客人，对客人说："××先生/小姐，这是您订的早（中或晚）餐。……您希望我把餐桌摆放在哪儿呢？……这是您的客房送餐账单，请过目。……麻烦您签名好吗？……谢谢××先生/小姐。请问还有什么需要我为您效劳吗？……非常感谢您使用××酒店的客房送餐服务。祝您有愉快的一天/祝您用餐愉快/祝您有好胃口。"

按客人要求摆好餐桌后，若客人还需要服务，则站立在一旁按餐厅的规格为客人提供服务。如果要求送餐的客人是残疾人或生病的客人，送餐员应提供周到、细致入微的特殊服务。若客人不再需要服务，则应请客人签单或付现金，然后道别。返回送餐部后，送餐员要将签好的账单或现金及时送到收银台。

若在订餐过程中出现了什么差错，应对客人表示歉意，并立即予以改正。

配合客房服务员，估计客人的用餐时间，在客人用餐结束后将餐具收回，及时清洗。收取和清点餐具时要检查有无破损，如有遗失应设法追回。

8.5.3 特殊情况客房服务礼仪

住店客人生病时，酒店应派人及时探访，应真诚询问客人状况，按工作程序及时提供必要的帮助。探访人应把握探望时间，尽量不打扰客人休息。

客人财物在客房内丢失时，酒店应派人及时到达现场，安抚客人，表示同情，及时为客人提供帮助，并尽快将调查、处理结果通知客人。

客人损坏酒店物品时，酒店应派人及时到达现场，首先查看客人是否受伤，然后再检查物品的损坏情况。及时修补或更换被损坏物品，查明物品损坏原因，根据实际情况处理索赔事宜，做到索赔有度。

员工损坏客人物品时，酒店应派人及时到达现场，赔礼道歉，安抚客人，然后认真查看物品损坏状况。分清责任后，应就员工的过失再次向客人诚恳致歉，及时与客人协商赔偿事宜，跟踪处理结果。

酒店装修或维修客房时，应用敬启信或通告的方式真诚地向客人致歉，感谢客人的理解和支持，并及时为客人提供附加值服务。维修人员应着装干净，维修物品应摆放有序。提拿动作轻缓，尽量不影响客人休息。给客人造成不便时，应主动向客人致歉。维修时，宜使用维修专用物品和设备，不应随意使用客房物品和设备。维修完毕，维修人员应主动清扫维修垃圾，及时通知客房部整理客房，使客房尽快恢复原状。客房部应及时回访客人，对给客人造成的不便再次向客人致歉。

酒店应按客人要求和相关程序提供擦皮鞋服务，遵守承诺，按时送还。

客人需要洗涤或熨烫衣服时，客房服务员应及时收取客衣，并按时送还，按规定将洗好或熨烫好的衣物挂放整齐。

客人租借用品时，酒店应热情受理。服务员应向客人礼貌申明相关租借规定。如果无法提供租借用品，应主动提供建议，尽量帮助客人解决问题。

提供房内免费饮品服务时，应保证其质量，并尊重客人的需求和偏好，按时将有免费标志的饮品送至客房。

8.5.4 个性化服务

越来越多酒店已经认识到突出标准和规范只是酒店服务业的"初级阶段"，而酒店服务的最终追求是突出自己的特色和满足客人需求的个性化服务。服务流程中的细节将是个性化服务的重点。

例如以往的很多客房中的拖鞋、牙刷都是一模一样的，现在有的酒店把它们分浅蓝色和粉红色，以供男客人和女客人明确地区分并愉快地享受。开夜床服务，以往是在客人晚上六点至九点钟之间，替客人掀起床罩，拉开毛毯一角以方便客人入睡，并在床头柜放晚安巧克力的服务。这样的服务，仍然缺乏个性化体验。如果以洁白睡袍代替掀起毛毯的一角；睡袍上的绑带被卷成温馨的玫瑰花状；点缀在睡袍上的玫瑰花瓣不但区别了该客房主人的性别，还体现了个性化的需求；在床上摆放注意安全的小卡片更加彰显了酒店对客人的人文关怀；又或者，对于贵宾或常住客，在有特色的睡衣上绣上客人的名字……这些服务的细节，完全地将两种客房区别开来。

客房细节服务常常具有以下特点：不需要过多地增加服务成本。成本是酒店管理者最关心的问题，但节约成本并不等于要降低服务质量，而是要合理地利用现有的资源，实现效率的最大化。而这正是客房的细节服务所追求的：最大限度地发挥服务人员的主观能动性。在服务过程中人是提供服务的主体，如何激发服务人员的服务潜力，将是细节服务成功的关键；与客人进行情感交流。服务必须融入感情，没有感情的服务不但不能打动客人，也增加了服务的难度。

1998 年 8 月的一天上午，在北京某四星级饭店的六层客房，实习生服务员正在一间住客房清扫卫生，这时房门开着，只见一位男子径直走进了这个房间。小张一看此人身材魁梧，近 1.8 米的高个子，衣着讲究，穿一身高级服装，五官端正，从容不迫，气度不凡，像是高级客商，又像企业的管理人员，这位男客人一进门就冲小张喊道："怎么搞的，我的房间怎么还没搞好？一会儿我的客人要来，快点搞，快点搞！"说着，随手打开冰箱，拿出一瓶可口可乐坦然自若地喝了起来。小张看这位客人仪表堂堂，举止气势又自然，一下子被蒙住了。心想，房间的客人回来了，还是位高档客人，客人着急了得赶快搞卫生。想着就加快了工作进度，急急忙忙搞完卫生就离开了房间。

下午，住在这个房间的客人来报案，说在房间丢了5000元人民币和一件高档名牌T恤，而且强烈要求向公安机关报案，饭店只得向市公安局报警。很快北京市公安局来人侦察此案，公安人员从饭店内部监控录像里发现，该男子曾三次从饭店大堂穿过，他从客房一层到九层反复串了好几遍，他在寻找下手的时机，最后在六层找到机会，进了房间。该男子进房间后，以气宇轩昂的外表、镇定自若的神态欺蒙了实习生，实习生小张被男子布的疑阵所迷惑，认定是本房间住的客人，在他的催促之下连起码的客人进房制度都忘了。该男子进房后，实习生没有验卡，让这个盗贼大摇大摆地进了房间，轻而易举地窃得住客的财物，然后从容不迫地溜之大吉。

（资料来源：张永宁：《饭店服务教学案例》，北京：中国旅游出版社，1999）

思考题：

（1）这起盗窃案给你什么样的启示？饭店应吸取什么教训？

（2）假如不久又有客人在实习生小张清扫客房的时候回来，他应该怎么做？试选派学生做情景表演，再由学生点评，老师指导和总结。

本章小结

本章对饭店客房服务人员的基本素质要求，客房部各主要岗位服务礼仪进行了介绍，重点讲述了进入客房服务礼仪、整理客房服务礼仪。

课后思考与练习

（1）饭店客房服务礼仪的作用有哪些？客房服务人员应如何端正心态？

（2）客房部各个岗位的服务礼仪包括哪些内容？

（3）如果你是饭店客房部经理，你会如何管理这个重要部门？

案例一：里根夫妇的晨衣

1984 年美国总统里根到上海访问，下榻某饭店。里根总统和夫人南希早上起来，服务人员已经准备好了晨衣。里根和夫人穿上一试，不由得惊讶起来："哦，这么合身！就像为我们量了尺寸做的。"里根和夫人没有想到，该饭店早已留有他们这方面的资料，而且还知道南希喜欢鲜艳的红色服饰，就事先专门为她定做了大红缎子的晨衣。为了感谢酒店出色的服务，里根在离开饭店时，除在留言簿上留下他的赞誉之词外，还特地将他们夫妇的合影照片夹在留言簿内，并在背后签有赠给饭店留念字样。

案例二：斐济总统的特大号拖鞋

当年，斐济国总统访华，在他访问了中国其他几个城市后来到上海，下榻某饭店。这位身材高大的总统有一双出奇的大脚。因此，他在访问中国期间，还没有穿到一双合脚的拖鞋。此刻，当他走进饭店的总统套房，一双特大号拖鞋端端正正摆在床前，总统穿上一试，刚好跟脚，不由得哈哈大笑，问道："你们怎么知道我脚的尺寸的？"服务员答道："得知您将来上海下榻我们饭店，公关部人员早就把您的资料提供给我们，我们就给您特地做了这双拖鞋，您看可以吗？""舒服，太舒服了。大小正好！谢谢你们！"当总统离开中国时，特意把这双拖鞋作为纪念品带回了斐济。

（资料来源：张永宁．饭店服务教学案例．北京：中国旅游出版社，2003）

评析：

上海该饭店是我国一家著名的五星级饭店，它曾多次成功地接待了到我国进行国事访问的外国总统和总理。

思考题：

（1）怎样才能做好贵宾的接待工作？

（2）如何理解里兹·卡尔顿酒店的黄金标准"所有员工必须知道客人的需求，这样我们方能把客人期望的产品和服务提供给他们"？

案例三：客房的访客（1）

有两位外宾来到某饭店楼层服务台，要求协助查找一位叫史密斯的美国客人是否住在此楼层，并想尽快见到他。

客房服务员立即进行查询，果然有位叫史密斯的先生。服务员于是接通客人的房间电话，但长时间没有应答。客房服务员便和蔼地告诉来访客人，确有这位先生住宿本店，但此刻不在房间，也没有他的留言，请来访者在大堂休息等候或另行约定。

这两位来访者对客房服务员的答复不太满意，并一再说明他们与史密斯先生是相互认识多年的朋友，要求客房服务员告诉他的房间号码。客房服务员和颜悦色地向他们解释："为了住店客人安全，本店有规定，在未征得住店客人同意时，不便将房号告诉他人。两位先生远道而来，正巧史密斯先生不在房间，建议二位可以给史密斯先生留个便条，或随时与饭店总台联系，我们乐意随时为您服务。"

来访客人听了接待员这一席话，便写了一封信留下来。

晚上，史密斯先生回到酒店，客房服务员将来访者留下的信交给他，并说明为安全起见和不打扰休息的缘由，没有将房号告诉来访者，敬请先生原谅。史密斯先生当即表示理解，并表示这条规定有助于维护住店客人的利益，值得赞赏。

（资料来源：http：//bbs. veryeast. cn 最佳东方社区）

案例四：客房的访客（2）

南方某四星级饭店，墙上的挂钟嘀嗒地即将到零点，四周一片寂静，夜已深。服务员皱着眉，看看挂钟又看看腕上的手表。服务员拨通 1606 号房间电话："您好，黄先生，我是 16 楼服务员，打扰您很抱歉，只是酒店规定的访客时间已过，您的访客该离开了，我怕您不知道，特地提醒您。"停顿一下，见对方沉默不语，又说："哦，可能您还有事没谈完，您再谈一会儿吧，过一会我再给您来电话。"由于语气平和，并给了对方一个余地，对方一时无言。挂钟嘀嗒……时针跨过零点半，访客还没有离开的意思，服务再次拨通电话："您好，黄先生，欢迎您的访客来我店，只是现在酒店规定的访客时间已过了，如果您还要继续会谈，欢迎您和您的朋友到我们楼下的咖啡厅，它将 24 小时为您提供服务。"顿一顿，又说："如果您的访客要留宿，我们很欢迎，请您的朋友到总台办理好入住登记手续。"这次通话依然没有奏效，又过了一会儿，服务员第三次拨通客房电话："您好，黄先生，看来您的访客是想留宿了，我们很欢迎，如果您不方便，我通知总台上门为您的朋友办理手续行吗？"不出几分钟工夫，客人收起东西，出了酒店。

（资料来源：http：//bbs. veryeast. cn 最佳东方社区）

评析：

"为住店客人保密"是饭店服务的原则，关键在于要处理得当。为了饭店客人的安全，饭店必须坚持夜间清房制度，这些都要既坚持原则，又注意智慧和较高的语言艺术。

思考题：

1. 住客不愿意接见访客时怎么办？

2. 住客要求服务员事先为访客开门怎么办？

实训应用 →

实训项目：进房服务实训。

实训目标：通过对进房规范知识的讲解和进房服务技能的训练，使学生了解进入房间的礼节基础知识，掌握进房的正确程序和相关标准，达到规范操作与熟练运用的服务能力。

实训指导：（1）教师指导学生按照住客在房间内、服务员询问能否进行客房清扫为训练内容。具体由学生分组设定不同性别、不同个性的客人的情节。老师讲解、学生模拟，老师再指导。学生互相点评。

（2）实训内容应包含观察房外情况、敲门通报、等候、向客人打招呼说明来意等礼仪。

实训组织：实训时间为1学时。教师先示范讲解，然后全班分成若干小组，对不同个性的住客在房内的不同情形、服务员与客人的对答进行设计与讨论，然后由学生分别扮演客人和服务员进行服务员进房服务实训模拟表演。教师抽取不同小组进行表演，被抽中的小组全部表演完后，由学生互相点评，教师也对每个小组作出点评。

实训考核：（1）衣着得体、仪态大方。（10%）

（2）服务过程中，言语符合要求、举止优雅、动作正确。（30%）

（3）服务员反应灵活、服务程序流畅、能符合客人要求。（60%）

【补充阅读】

客房钥匙的分发及管理制度

1. 酒店钥匙的种类

酒店的钥匙共分为：万能钥匙、客房总匙、楼层主匙和客房钥匙及公众地方钥匙等五种。

①万能钥匙（King Key）——可打开酒店内所有客房的门锁，并且能够实施客房双重锁和能够打开客房双重锁，此匙由总经理（驻店经理）及值班经理（大堂经理）保管（财务总监保管一片封存备用），便于总经理检查任何客房及值班经理于紧急情况下使用此万能钥匙。

②客房总匙（Rooms Master Key）——可打开酒店内所有客房的门锁，但不能打开双重锁及实施双重锁，由行政管家（客房经理）保管使用，便于客房部经理人员检查

房间的工作。

③楼层主匙（Floor Master Key）——只能打开一层楼所有客房的门锁，由楼层领班保管使用，便于楼层领班检查房间状况和清洁卫生，以及楼层各班服务员整理客房、开床或客人丢失、忘带钥匙时为客人开门之用。

④客房钥匙（Room Key）——住店客人于住宿期间使用的钥匙，由接待处（问讯处）保管。

⑤公众地方钥匙（Public Areas Key）——各营业场所每日使用的工作钥匙，亦是公众清洁级领班安排非营业时间内清洁营业场所时开门之用。应统一保管于前台收银处之专门匙箱内，通常规定指定人员方可领用，并存可领用人之签名名单于前台收银处，便于签领时登记查核之用。

2. 客房钥匙的分发和管理

①客房钥匙的分发须严格控制，接待员（问讯员）可直接把钥匙分发给熟悉的贵宾、长住客和酒店的常客，分给钥匙时，一定要小心慎重，绝不可漫不经心地将客人的钥匙弄错，引起客人的反感。同时，正确地分发客房的钥匙，可以防止和避免发生意外，如客人拿错了钥匙入错了房间，被该房间的客人投诉丢失物品时便很难处理。

②住客到来拿取钥匙时要热情迎接，向客人问候，若能主动、准确地将客人的钥匙拿给客人，客人会感到你的业务熟练，记忆力好，感到你对他们的尊重。

③对于你不认识，不熟悉的客人来拿钥匙时，应该有礼貌地询问客人的姓名，然后与住客名单仔细核对，确认准确无误后，方可给予客人钥匙，如遇疑问，还应请客人出示房卡，以供核对，这样做的目的是为了将钥匙发给真正的客人。

④非住店客人若要取用客房钥匙一定要有住客的书面授权或书面证明方可，非住店客人如有特殊情况必须进入客人房间时，一定要有大堂副理及保安人员在场陪伴。

⑤注意与前台收银、大堂副理、团体领队及陪同保持联系，提醒离店客人归还钥匙。

⑥钥匙从客人手中收回时，应及时放入钥匙格内，以免到处放容易丢失，将钥匙放入钥匙格时一定要看清楚房号，不要放错，避免引起工作不便。

⑦前台柜台严禁外人及无关人员出入及动用客房钥匙。

⑧定期擦拭钥匙，保持清洁卫生。

⑨如发现钥匙遗失，当班职员必须在房间控制表上的相应位置注明"钥匙遗失"（No Key）的标记，同时还应填写钥匙遗失的报告，报告的内容除证实该客房钥匙遗失外，还应填写遗失的原因，以便前厅部管理人员可以从遗失的客房钥匙数量及遗失的原因中，发现改善管理的必要性，从而决定应该采取何种安全措施。

（资料来源：http://www.icanyin.com/www/xueyuan/xueyuan_kefang/xueyuan_kefang_zd/03231101175.htm 我爱餐饮网）

第九章 酒店餐饮服务礼仪

 学习目标

知识目标

1. 理解餐饮服务人员的素质要求
2. 掌握餐厅服务（零点服务和宴会服务）礼仪要点
3. 掌握酒吧间服务礼仪要点
4. 掌握咖啡厅服务礼仪要点

实训目标

掌握餐饮服务过程中的相关服务礼仪及程序

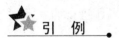 引　例

微笑——化解矛盾的润滑剂

又是一个阳光普照、风和日丽的星期六，酒店餐厅生意兴隆，人潮涌动。这时，在王华服务的"果房"餐厅，迎来了一位西装革履、红光满面、戴墨镜的中年先生。见到这种客人，谁都不敢怠慢。王华快步走上前，微笑迎宾，问位开茶。可是，这位客人却不领王华的情，一脸不高兴地问道："我两天前就已在这里预订了一桌酒席，怎么看上去你们没什么准备似的？""不会的，如有预订，我们都会提早准备的，请问是不是搞错了？"王华连想都没想就回答了那位客人。可能是酒席的意义重大，客人听了王华的话后，更是大发雷霆，并推开他跑到营业部与营业员争执起来。营业部经理刘小姐闻讯赶来，刚开口要解释，客人又把她作为泄怒的新目标，指着她出言不逊地呵斥起来。当时，刘小姐头脑非常清醒，她明白，在这种情况下，做任何解释都是毫无意义的，反而会招致客人情绪更加冲动。于是就采取冷处理的办法让他尽情发泄，自己则默默地看着他"洗耳恭听"，脸上则始终保持一种亲切友好的微笑。一直等到客人把话说完，平静下来后，刘小姐才心平气和地告诉他餐厅的有关预定程序，并对刚才发生的事情表示歉意。客人接受了她的劝说，并诚恳地表示："你的微笑和耐心征服了

我，我刚才情绪那么冲动，很不应该，希望下次还能来到贵餐厅见到你亲切的微笑。"一阵暴风雨过去了，雨过天晴，酒店的服务空气更加清新了。

问题：案例中的王华在餐饮服务礼仪上犯了什么错误？客人为什么会如此生气？在餐饮服务过程中，正确得体的礼仪对提升餐饮服务质量有何帮助？

餐饮服务是餐饮部门服务人员为就餐宾客提供食品、饮料等一系列行为的总和。它能满足宾客的多种需求，包括宾客生理的需求，自我满足的需求，美食的需求，被尊重、重视和享受的需求等；餐饮服务水平是饭店服务水平的标志，也是饭店营业收入的主要来源之一，一般可达30%~35%。因此，餐饮服务质量高低影响整个饭店的经营。

9.1 餐饮部员工的基本素质要求

9.1.1 餐饮部工作特点

餐饮服务可分为前台服务与后台服务两大部分。前台服务主要指餐厅、酒吧、咖啡厅等餐饮设施中面对面为宾客提供的服务；后台服务主要指在客人视线所不能到达的场所，如厨房、采购部、粗加工间等部门服务人员为生产加工菜点所进行的一系列工作。本章所讲的主要是前台服务中的礼仪规范。

餐饮部要遵循"宾客至上，服务第一"的宗旨，要礼貌、热情、主动、周到、卫生。餐饮部由于接触面广，工作量大，对酒店形象和经济效益起着直接的影响，客人在消费的同时也是餐饮部产品生产销售的同时，因此必须严格按照规格，提高服务质量。

9.1.2 餐饮服务人员素质要求

餐饮服务人员应该具有良好的服务意识，要有吃苦耐劳乐于敬业的精神，要时刻注意形象，并熟悉专业操作技能，并掌握语言技巧，反应灵活迅速。

某五星级酒店西餐服务员接待外国客人时，客人询问吃什么好，该服务员适时介绍推销酒店套餐，说："先生，我们现在正推出A、B套餐，A套餐有……B套餐有……我建议您试一下A套餐，您觉得如何？"客人同意后，服务员又说："先生A套餐如果配一杯法国白兰地更好，要不要来一杯？"客人愉快地接受了。

服务员在提供良好的服务同时也推销了酒店产品，相反那些反应迟钝或思想不集中的服务员面对客人时可能会引起客人反感。

有一人刚从乡下被招来做服务员工作，客人点一道清蒸水鱼，菜端上来了，客人问："叫什么？"服务员答："叫腊目。"客人不悦，问："这道菜叫什么？"答："俺叫鳖，你们叫王八。"客人大怒，起身买单告辞，服务员点人数，客人说："你数什么？"服务员答："我属（数）狗。"客人立即找经理投诉。

所以，要提高饭店的服务质量与水平，餐饮服务人员应当具有如下两方面的素质：

9.1.2.1　良好的品德和修养

1. 爱国

爱国是伦理道德的核心，是作为一名合格饭店服务人员的首要条件。一名优秀的饭店服务员一定要有强烈的民族自尊心，时时处处维护国家尊严和民族尊严，绝不能以损害国家、民族的荣誉来讨好客人。一名饭店服务人员只有充满爱国的精神，才有可能真诚地为客人服务，把中国人的"热情"、"好客"呈现给客人。

2. 爱企业饭店

服务人员应该把自己的企业视为生命，除了做好自己的本职工作外，还应积极为企业的发展出谋划策，任何时候都应以维护企业形象为出发点。很难想象，一名不爱自己企业的员工会尽职尽责做好自己的工作，会在客人有困难，需要帮助的时候主动提供热情的服务。爱企业是一名饭店服务人员饭店意识的再现。

3. 诚实

诚实是一个人品德的重要组成部分。美国第16任总统林肯年轻时在家乡小镇当伙计，一天一名顾客多付了一个小硬币，晚上关上店门后，他步行12英里穿过大草原将钱还给顾客，他由寒门子弟到总统，成功的因素很多，但他诚实的品德起了重要作用，林肯也因此有"诚实的阿伯"的美称。

4. 良好的职业道德

职业道德是把一般的社会道德和具体的职业特点结合起来的职业行为规范或标准。我国饭店服务人员的职业道德可概括如下：热情友好，宾客至上，真诚公道，信誉第一，文明礼貌，优质服务，不卑不亢，一视同仁，团结协作，顾全大局，遵纪守法，廉洁奉公。

5. 修养

修养是一个人的内在素质，它体现在一个人必要的文化、社会、专业知识之中，体现在一个人的心理素质、行为举止之中，是一个人自我认识、自我养成、自我提高的过程，是通过有意识的学习、仿效、积累而逐步形成的。任何一名饭店服务人员都应把修养看作是自身素质不可或缺的一部分。

9.1.2.2 优良的服务技能

对于饭店服务人员来说，不仅要有"肯干"和"愿干"的思想认识，还应有"能干"和"干好"的能力。技能是技术与经验的结合，同时又是实践的结果。要提高服务技能，必须不断实践、不断总结。饭店服务人员的服务技能主要有以下几个方面：

1. 观察能力

饭店服务人员要为客人提供主动、周到的优质服务，不仅需要有十分的热情，还要善于观察，想客人所想，把服务做在客人开口之前。这虽然有一定难度，但往往会起到事半功倍的效果。对于饭店服务人员来说，应学会从客人的衣着、打扮、言谈举止中判断出客人的身份、爱好、习惯、情绪、需求等。但不能有势利眼，把人分成高低贵贱，看人服务。

2. 记忆能力

在服务工作中，记忆能力表现在记得住人和事。如饭店服务人员应记住常客的姓名和特殊习惯，以便再次光临时能用姓氏称呼并提供个性化的服务。当然，进出饭店的人很多，服务员没有精力和能力将每一位客人都牢牢记住，但常客、长住客及 VIP 客人应予十分的注意。

3. 推销能力

在饭店里，推销和服务是密不可分的。销售工作尽管有主次之分，但在饭店，销售工作的全员性是毫无疑问的。为了挖掘客人的消费潜力，积极推销饭店产品，就要充分了解饭店的各种产品与服务，善于观察、分析客人的消费心理，区分不同种类的客人和需求，恰到好处地宣传、推销饭店产品。客人的消费行为是建立在两个因素之上的：一是需要，二是价格。作为服务员，他就是要找两者的结合点。对有支付能力无欲望的客人，就要刺激他的消费欲望；对欲望高，支付能力有限的客人，就要注意不让客人丢面子，尽量让客人少花钱而多办事，这样的客人很有可能成为饭店的回头客，甚至还可能成为很好的宣传窗口。

4. 语言表达能力

饭店服务是直接的对客服务，服务水平的高低很大程度上取决于服务员的语言表达能力、客人精神上的享受水平。同样一个意思，不同的语言表达方式会收到截然不同的效果。通常饭店服务常用语体现在如下几个方面：

（1）欢迎语。主要有："您好，欢迎光临！""欢迎您下榻我们饭店！""欢迎您来这里进餐！"

（2）问候语。饭店服务人员所用的问候语主要有"早上好！""您回来了！""您好！""您辛苦了！"等，而不用"您吃饭了吗？""您到哪儿去？"等。对于比较熟的宾客，见面时也不可用"Hello！"打招呼，因为这是处于平等地位的熟人之间使用的，而相对于饭店服务员对宾客来说就不一定合适了。

（3）称呼语。在饭店服务过程中，称呼语用不好，很可能导致客人的不满，甚至投诉。称呼客人时可以冠以姓氏、职称、官衔等。称呼恰当，往往可以起到事半功倍的效果。此外称呼语还和场合有关，稍有不慎也会出差错。

（4）征询语。常用的有："我能为您做些什么吗？""您喜欢……吗？""您还有别的事情吗？""您需要……吗？""这会打扰您吗？""如果您不介意，我可以……吗？"

（5）应答语。虽然很简单，但却必不可少，少了会让人感觉不舒服，如："小姐，请再给我们拿两瓶啤酒。"正常情况下应答："好的，请稍等。"但如果服务员没有应答，尽管速度很快地为客人拿来了，客人也会感觉到好像你不情愿去拿一样。也就是说，在客人需求与服务之间出现了断裂。

（6）致歉语。凡是给客人带来不便、麻烦时，一定要致歉，态度要诚恳。如："对不起，这都是我的错。""非常抱歉，让您久等了！"

（7）致谢语。当你得到客人帮助时，一定要向客人致谢。常用的有："谢谢您的合作！""谢谢您的提醒。"

（8）祝福语。当客人有喜事，节假日、生日、婚庆等要适时送上自己的祝福语。常用的有："祝您生日快乐！""祝贺您比赛取得好成绩！""祝您生意兴隆，财源滚滚！"

（9）安慰语。当客人遇到急事、生病时，要给客人以贴心的安慰。如："您别着急，再好好找找，是不是放在……""您先躺一会儿，我马上给您请大夫。"

（10）推托语。一般和致歉语连在一起。当客人提出的要求无法满足时，如客人提出让服务员陪喝酒，请跳舞等，服务员应注意说话的方式。如："很抱歉，我不会喝酒。""对不起，谢谢您的邀请，只是下班后我男朋友要来接我。"

（11）道别语。道别语是饭店服务语言中不可或缺的部分，常见的有："明天见。""晚安。""再见！""祝您旅途愉快！""祝您一路平安！""欢迎您再来！"

5. 应变能力

在对客人服务的过程中，突发事件不可避免。对于突发事件的处理，需要饭店服务人员灵活机动，沉着冷静，具备较强的应变能力。既要遵循"客人永远是对的"这一原则，又要努力使饭店所受的损失减少到最低限度。

6. 操作能力

操作能力是服务员的基本技能之一，它体现了服务员的动手能力。熟练、准确、优美的操作技术，会使客人在获得物质享受的同时，更多地获得精神上的满足感。

以上从品德修养和服务技能两方面给服务提出了要求，由此我们不难得出：做一名服务员不容易，做一名优秀的服务员更不容易。因为一名优秀的服务员必须具备多种人的综合素质，即军人的作风、艺术家的风度、企业家的头脑、演说家的口才、外交家的气质和运动员的体魄。

9.2 餐饮部各岗位服务礼仪

餐饮服务礼仪主要体现在餐饮部的前台服务过程中，即体现在餐厅、酒吧、咖啡厅等餐饮设施中面对面为宾客提供服务的过程中。下面从餐厅（零点、宴会）、酒吧和咖啡厅服务礼仪进行分述。

9.2.1 餐厅零点服务服务礼仪

9.2.1.1 订餐员

（1）宾客前来订餐要拉椅让座，使用服务敬语，微笑服务。对于宾客的询问，要礼貌应答，不清楚或不易解答的问题要想方设法查清或婉言告知，不能使用否定语和含混不清的答复。

（2）遇有外宾前来订餐，要使用外语进行服务，最好能使用该宾客本国语言进行接待服务。

（3）主动介绍餐厅情况、历史发展、设施设备；主动推荐餐厅的菜点、食品；主动介绍餐厅的风味特色，如主菜、辅菜、汤类等风味特色；主动明码报价，有针对性地提供适合宾客口味的餐食供客人选择；主动在就餐时间和方式上方便宾客。

（4）在与宾客达成口头订餐协议后，可请宾客逐项填写订餐单。在填写前，对于可能会出现的问题，要与客人讲清，然后让宾客填写。特别要请宾客填写清就餐标准、就餐人数、就餐时间、就餐地点、付费方式、就餐布置及要求，一并请宾客签字。

（5）订餐完毕，待客人起身后，订餐员应站起来拉椅，送别客人。然后，应将自己的名片或印有餐厅地址、电话号码的餐厅情况介绍卡送给客人，便于今后联系订餐。送客时，服务员应与宾客点头示意，欢迎下次再来。

9.2.1.2 迎宾员

迎宾要积极主动，答问要热情亲切，使客人一进门就感觉到他们是最受欢迎的尊贵客人，从而留下美好的第一印象，使客人进餐厅用餐变成一种美的享受。迎宾员在服务中应做到：

（1）着装华丽、整洁、挺括，仪容端庄、大方，站姿优美、规范。开餐前5分钟，迎宾员应恭候在餐厅大门两侧，做好拉门迎宾的准备。

（2）神情专注、反应敏捷，注视过往宾客。当客人走近餐厅约1.5米处，应面带笑容，热情问候："小姐（先生），您好，欢迎光临！"客人离开餐厅时，应礼貌道别："小姐（先生），谢谢您的光临，请慢走，再见！"

（3）如遇下雨天，应主动收放客人的雨具，客人离开时把雨具及时递上，再帮助客人打开雨伞、雨衣。

9.2.1.3 领位员

餐厅领位是餐厅服务流程中的第一个环节，同时兼有服务和礼仪两种职能。餐厅领位员在餐厅门口负责迎接、引座和告别客人服务，基本要求是：着装整洁、仪容美观、仪表大方、微笑服务、热情待客。

1. 主动迎接客人

餐厅营业时领位员站在餐厅门口一侧，客人前来用餐，主动上前迎接，面带微笑，向客人微微点头示意并热情打招呼问好："先生/小姐"、"午安"、"晚上好"。在迎接客人时，要注意以下三个问题：

（1）坚持一视同仁。不管客人肤色、年龄，是内宾、外宾，熟客或第一次来用餐的客人，都要主动热情地迎接，不可厚此薄彼。

（2）迎客时要主动接过衣帽，在征得客人同意后，将客人衣帽放好。

（3）如果餐厅座位已满或有的客人需要等人聚齐时，可以先请客人在门口休息室或沙发上等候。若客人有急事，一般不要安排客人拼桌就餐，以免引起双方难堪，可安排客人到附近餐厅就餐。

2. 问清客人情况

客人前来用餐，一般情况下要说："请问小姐（先生），一共几位？"或问："小姐（先生），您有订餐吗？""您已订位了吗？"然后根据客人具体情况安排餐位，引导客人入座。对有订餐、订位的客人，直接将客人引导到已经预订的座位上用餐。如果是男女宾客一起进来，领台员应先问候女宾，然后再问候男宾。

3. 引送客人到位

"迎客走在前、送客走在后、客过要让路、同走不抢道"，这是餐厅服务人员迎送宾客时起码应掌握的礼貌常识。

（1）宾客初来，对餐厅环境不熟悉，领位员礼貌迎客走在左前方，目的是为客人引路入座。引座时，应对宾客招呼"请跟我来"，同时伴之以手势，手势要求规范适度。在给客人指引大致方向时，应将手臂自然弯曲，手指并拢，手掌心向上，以肘关节为轴，指向目标，动作幅度不要过大过猛，同时眼睛要引导宾客向目标望去。这里切忌用一个手指指指点点，显得很不庄重。

（2）引座员领宾客时，应在宾客左前方 1 米左右的距离行走，并不时回头示意宾客。

4. 为客人拉椅让座

引导客人来到餐位后，领位员先问："这个位置您满意吗？"然后再拉椅让座。其具体做法是：双手将椅子拉出，右腿在前，膝盖顶住椅子后部，待宾客屈腿入座的同时，顺势将椅子推向前方。推椅子动作要自然、适度，注意与客人的默契合作，使客人坐稳。如有多位客人就餐，应首先照顾年长者或女宾入座。这时要注意以下三个问题：

（1）拉椅让座同样要坚持先女宾后男宾、先主宾后随从的原则。一般情况下，应将女宾让到面向餐厅门口餐位上。

（2）如同批客人人数多时，可示意性地为1～2位客人拉椅让座。

（3）客人入座后，领位员应把客人介绍给桌面服务员。如果桌面服务员正在忙着接待别的客人，可请客人稍候，给客人倒上茶水，然后将点菜单递送给客人。回到餐厅门口去迎接别的客人时，应主动向客人打招呼说："希望您吃得满意。""祝您用餐愉快！"

9.2.1.4　桌面服务员

1. 热情迎宾

当客人走近餐桌时，要微笑问候。主动协助客人脱衣摘帽，并按顺序挂好。注意勿将衣服倒提，以防衣袋内的物品掉落，贵重衣服要用衣架挂好，以防衣服折皱走样。

待宾客入座后，应为宾客斟茶送香巾。上茶时将茶杯放在托盘里，轻轻放置在餐桌上。放茶杯时，切忌以手指接触茶杯杯口。需要续茶时，应右手握壶把，左手按壶盖，将茶水徐徐倒入杯内，注意不要将水倒得太满，以免外溢，约占水杯的3/4即可。分发香巾时，要放在小碟内，用夹钳递给宾客。

2. 恭请点菜

（1）菜单服务。桌面服务员要随时注意宾客要菜单的示意，适时地递上菜单。递送的菜单应干净无污损。

递送菜单时要注意态度恭敬，不可将菜单往桌上一扔或是随便塞给客人，不待客人问话，即一走了之，这是很不礼貌的举动。如男女客人一起用餐时，应将菜单先给女士，如很多人一起用餐，最好将菜单递给主宾，然后按逆时针方向绕桌送上菜单。

客人考虑点菜时，桌面服务员不要催促，或是以动作（如敲敲打打等）来显示不耐烦，可站在一旁，站立姿势要端正，距离要适度。

（2）推销菜点服务。观察客人嗜好，了解客人就餐目的，向客人重点介绍各种特色的菜点。

餐厅客人情况复杂，来自不同国家、地区，生活环境各不相同，消费水平也不一样。因此，只有认真观察客人嗜好、禁忌后，才能有针对性地帮助客人选菜配菜，做好迎合服务。

餐厅服务过程就是饮食产品的推销过程，一个餐厅的菜单一般有40～50种产品，客人具体需要哪些菜点，是由多种因素决定的。如有身份地位的客人，可先介绍高档产品；专家学者，多介绍清淡食品；不同季节推销时令产品等。在点菜过程中，尽量突出不同产品的风味特点、吃法，刺激客人需求。切不可过分推销菜肴或酒水。

全世界最著名的矿泉水

气派豪华、灯红酒绿的中餐厅里，顾客熙熙攘攘，服务员小姐在餐桌之间穿梭忙碌。一群客人走进餐厅，引座员立即迎上前去，把客人引到一张空餐桌前，让客人各自入座，正好10位坐满一桌。服务员小方及时上前给客人一一上茶。客人中一位像是主人的先生拿起一份菜单仔细翻阅起来。小方上完茶后，便站在那位先生的旁边，一手拿小本子，一手握圆珠笔，面含微笑地静静等候他的点菜。那位先生先点了几个冷盘，接着有点犹豫起来，似乎不知点哪个菜好，停顿了一会儿，便对小方说："小姐，请问你们这儿有些什么好的海鲜菜肴？""这……"小方一时答不上来，"这就难说了，本餐厅海鲜菜肴品种倒不少，但不同的海鲜菜档次不同，价格也不同，再说不同的客人口味也各不相同，所以很难说哪个海鲜特别好。反正菜单上都有，您还是看菜单自己挑吧。"小方一番话说得似乎头头是道，但那位先生听了不免有点失望，只得应了一句："好吧，我自己来点。"于是他随便点了几个海鲜和其他一些菜肴。

当客人点完菜后，小方又问道："请问先生要些什么酒和饮料？"客人答道："一人来一罐青岛啤酒吧。"又问："饮料有哪些品种？"小方似乎一下来了灵感，忙说道："哦，对了，本餐厅最近进了一批法国高档矿泉水，有不冒气泡的和冒气泡的两种，你们不能不尝一下啊！""矿泉水？"客人感到有点意外，看来矿泉水不在他的考虑范围内。"先生，这可是全世界最著名的矿泉水呢。"客人一听这话，觉得不能在朋友面前丢了面子，便问了一句："那么哪种更好呢？""那当然是冒气泡的那种好啦！"小方越说越来劲。"那就再来10瓶冒气泡的法国矿泉水吧。"客人无可选择地接受了小方的推销。服务员把啤酒、矿泉水打开，冷盘、菜肴、点心、汤纷纷上来，客人们在主人的盛情之下美餐一顿。

最后，当主人一看账单，不觉大吃一惊，原来1400多元的总账中，10瓶矿泉水竟占了350元，他不由嘟哝了一句："这矿泉水这么贵啊！""那是世界上最好的法国名牌矿泉水，卖35元一瓶是因为进价就要18元呢。"账台服务员解释说。"哦，原来如此，不过，刚才服务员没有告诉我价格呀。"客人显然很不满意，付完账后怏怏离去。

以上案例中，点菜员犯了两种错误：推销不力和过分推销。这都是不当的推销方式，在服务礼仪上不合规范。

要尊重客人的民间习俗和自身特点，尽量满足他们的特殊需求。当回答客人，征询意见，介绍和推荐本餐厅的特色和时令菜肴时，要顺便介绍一下所点菜肴的烹制时间，以免客人因久等而不耐烦。同时要注意观察揣摩客人的心情和反应，即要察言观色，不要勉强或硬性推荐。同宾客谈话时，上半身略微前倾，始终保持面带笑容，客人点的每道菜和饮料等，都要认真记录。如果宾客点的菜当日没有现货供应时，要礼貌致歉，求得宾客谅解。

如果宾客点出菜单上没有的菜时，服务人员也不要不假思索立即予以回绝，可以说"对不起，这道菜目前菜单上没有，请允许我马上与厨师长商量一下，看能否尽可能满足您要求"等。这样，既不失礼貌，又可以体现出本餐厅想客人之所想，满足客人特殊要求的良好服务特色来。

点菜就餐中应注意的问题

在点菜就餐服务过程中，应注意以下几个方面：（1）引客入座注意餐厅的情况，将客人引到合适的餐位；（2）递送小毛巾应用毛巾夹；（3）在客人犹豫不决时，不要显得不耐烦，要给客人当好参谋，帮客人进行选择；（4）费工费时的菜肴应事先向客人说明，以免等的时间长而遭客人抱怨；（5）有佐料的菜肴要先上佐料或一同端上；（6）介绍菜点要恰到好处，引起客人兴趣与食欲；（7）及时撤走空盘、空碟，及时更换烟灰缸、骨碟，及时添加菜点的辅助佐料；（8）盘中剩下不多菜肴时，要大盘换小盘；（9）当桌上菜多摆不下，需撤走或合并某些菜肴时要征得客人同意；（10）注意盯台，不要因为人多而出现逃账的客人；（11）结账时不要因为找零而让客人多等；（12）客人离开时提醒客人不要忘带自己的东西。

3. 席间服务

（1）斟酒服务。服务人员在为客人斟酒水时，要先征得宾客的同意，讲究规格和操作程序。凡是客人点用的酒水，开瓶前，服务员应左手托瓶底，右手扶瓶颈，商标向客人，请其辨认。这主要包含着三层意思：一是表示对客人的尊重，二是核对选酒有无差错，三是证明商品质量可靠。斟酒多少的程度，要根据各类酒的类别和要求进行。斟酒时，手指不要触摸酒杯杯口或将酒滴落到宾客身上。斟酒时应先给主宾再给主人斟酒，然后按顺时针方向依次绕台斟酒。如果是两名服务员服务时，应一个从主宾开始，另一个从副主宾起，依次绕合斟酒。

（2）上菜服务。餐厅服务要讲究效率，节约客人时间，一般来说，客人点菜以后10分钟内凉菜要摆上台，热菜不超过20分钟。服务人员在餐厅服务时，应做到"三轻"：走路轻、说话轻、操作轻。取菜时要做到端平走稳，汤汁不洒，走菜及时，不拖不压。从餐厅到厨房要力求做到忙而不乱，靠右行走，不冲、不跑，不在同事中穿来穿去，走菜时保持身体平衡，注意观察周围的情况，保证菜点和汤汁不洒、不滴。

传菜时，要使用托盘取菜，要做到菜点的拼摆图案不因经历送菜一段过程到桌而受到破坏，并注意托盘内热菜必须热上，凉菜必须凉上。

餐厅服务员对于厨师做出的菜肴要做到"五不取"：数量不足不取；温度不够不取；颜色不正不取；配料、调料不齐不取；器皿不洁、破损和不合乎规格不取。

将菜盘端上来放到餐桌时不能放下后推盘，撤菜时应直接端起而不能拉盘。餐厅操作要按规程要求，斟酒水在客人的右侧，上菜从客人的右侧，分菜从客人的左侧，而餐中撤盘则从客人的右侧。上菜时，要选择操作位置，一般要在陪坐之间，而不要在主宾和主人之间。上菜前，在菜盘中放一副大号的叉、匙，服务员双手将菜放在餐桌的中央，同时报上菜名，必要时，简要介绍所上菜肴的特色、掌故、食用方法、风味特点等，然后请宾客品尝。但要注意说话时切不可唾沫四溅，以免有煞风景。有的风味食品如需要较为详细介绍，应事先征得客人的同意。

服务人员每上一道新菜，须将前一道菜移至副主人一侧，将新菜放在主宾、主人面前，以示尊重。上菜和撤菜前，要事先打招呼，征询宾客的意见，待宾客应允后方可操作，以免失礼。撤菜的位置与上菜的位置相同。掌握正确的上菜和撤菜方法，能为宾主之间创造良好而和谐的气氛，不致中断或影响进餐的正常进行。

（3）派菜服务。派菜是由服务员使用派菜用的叉、匙，依次将热菜分派给宾客。

派菜的顺序是先客人，后主人；先女宾，后男宾；先主要宾客，后一般宾客。如果是一个人服务，可先从主宾开始，按顺时针的顺序逐次派菜。

派菜服务员用左手垫上布将热菜盘托起，右手拿派菜用的叉、匙进行分派。服务员要站在宾客左侧，站立要稳，身子不能倾斜在宾客身上，腰部稍微弯曲。派菜时呼吸要均匀，可以边派菜边向宾客讲明菜点的名称，但要注意说话时头部不要距离宾客太近。边讲边派菜时，一定要注意力集中，熟练地掌握叉、匙夹菜的技巧，在宾客面前操作自如。派菜时，要掌握好数量，做到分让均匀，特别是主菜。派菜要做到一勺准，不允许把一勺菜分让给两位宾客，更不允许从宾客的盘中往外拨菜。

（4）撤盘服务。撤换西餐餐具要等整桌的宾客把刀、叉并放在盘子里，汤匙放在汤盘里，表示已经用餐完毕。但目前也有一些外宾不是很注重此种表示方法，遇到这种情况时，服务员可上前有礼貌地询问一下，征得客人同意后撤下盘子，不要贸然行事。

撤餐具时，应按逆时针方向进行，从宾客的左侧用左手将盘子撤下（西餐宴会例外，要从宾客的右侧撤餐具，要用右手撤盘，左手接盘）。如果餐桌上有女宾，则从女宾开始撤盘。撤盘时不要一次过多，以免发生意外事故。

撤下的餐具要放到就近的服务桌上的托盘里，不要当着宾客的面刮盘子内的剩菜或把盘子在餐桌上堆起很高再撤掉。

（5）送客服务。客人用餐结束后，服务员要主动询问客人，征求客人意见和反映。

如问"小姐（先生），您觉得满意吗?"、"欢迎您提出宝贵意见"、"欢迎您下次光临"等。

客人用餐将要结束时，服务员要准备好账单，让客人过目，请求付款。账单核实无误后，不要用手直接把账单递给宾客，应将其放在收款盘里或收款夹内，账单正面朝下，反面朝上，送至宾客面前，表示礼貌和敬意。

如果是住店客人签字，服务员要立即送上笔，同时有礼貌地请宾客出示酒店欢迎卡（Hotel ID）或房间钥匙，检查要认真，过目要迅速。不论是签单还是付现金，服务员都应向客人道谢。宾客起身离去时，服务员应及时为宾客拉开座椅。宾客出门前，服务员应注意观察并提醒，客人不要遗忘随身携带的物品，并将宾客送至餐厅门口，礼貌地表示感谢与再见。

（6）送餐服务。服务员用托盘将客人所订食品送到客人房门前，右手托盘左手敲门，待客人招呼后进入房间，将餐食、餐具和用具按客人要求依次摆放好。在摆放好餐食、餐具后，同时将账单送上，以便餐后请客人付款并签字。向客人道谢后退出。

9.2.2 餐厅宴会服务礼仪

宴会是为了表示欢迎、祝贺、答谢、喜庆等举行的一种隆重的正式餐饮活动。宴会从不同的角度可以划分为不同的类型。从规格上分，有国宴、正式宴会、便宴；从进餐形式上分，有立式宴会和坐式宴会；从宴会的餐别上分，有中餐、西餐、自助餐和鸡尾酒会；从宴会的时间上分，有早宴、午宴和晚宴；从礼仪上分，有欢迎宴会、答谢宴会等。此外，还有招待会，民办的各种婚宴、寿宴等。下面主要从中餐宴会和西餐宴会上进行分述。

9.2.2.1 中餐宴会服务礼仪

要做好中餐服务，必须事前掌握好有关情况，做到"八知"、"三了解"。八知即知台数、知人数、知宴会标准、知开餐时间、知菜式品种和出菜顺序、知主办单位、知收费办法、知邀请对象；三了解即了解宾客习惯、了解宾客生活忌讳、了解宾客特殊要求。

在掌握上述情况后应尽可能地向宾客提供尽善尽美的服务。其主要应做到如下几方面：

（1）面带微笑，热情迎宾。

（2）拉椅让座，先宾后主，先女后男。

（3）征求宾客意见斟倒酒水，斟酒前先以商标面正对客人，向客人展示一下，以确认酒的品牌及其瓶体的完整性；斟倒酒水时应站在宾客右侧，一般不同时为两位客人斟倒酒水，切忌从客人面前伸过手臂为另一客人斟倒酒水；斟酒水时不宜太满，一般以八分为宜。

（4）宾主讲话或国宴奏国歌时，服务员要停止操作，退至工作台两侧肃立，姿势要端正，厅内保持安静，切忌发出声响。

（5）宾客干杯或互相敬酒时，应迅速拿瓶到台前准备添酒。

（6）宾主离席讲话，服务员斟甜、白酒各一杯放在托盘中，站在讲台侧，随机递上。

（7）上菜时严格按上菜规则进行，一般为：冷盘——热炒菜——大菜（第一道大菜）——点心——甜菜——大菜——面饭——甜点——水果。

（8）上每一道菜都要热情地报菜名，并重点介绍某些特色菜。

（9）细心观察宾客表情和示意动作，主动服务。

（10）餐毕离席，提醒客人携带随身物品。

（11）口称敬语，微笑送客。

9.2.2.2　西餐宴会服务礼仪

西餐宴会是指按西方国家宴会的形式举办的宴会。其特点是：摆西餐台，吃西菜西点，用多套餐刀、餐叉和餐勺，菜点都各自分吃，进餐中常放轻音乐。

1. 西餐宴会台型的布置与台面的摆法

西餐宴会无论是在形式上还是在内容上都与中餐宴会有着截然的不同。西餐宴会就台型布置看主要有"一"或"I"字形、"T"或"O"形、"U"或"N"形；使用的餐具具有明确的专用性，主要有：底盘（服务盘或垫盘）、口布、汤匙、头盆刀、鱼刀、肉刀、肉叉、鱼叉、头鱼叉、面包盆、黄油刀、黄油盅、点心匙、点心叉、水果刀、水杯、葡萄酒杯、利口杯等；餐具还特讲究摆法，按西餐要求应该是垫盘正中，盘前横匙，叉左刀右，先外后里，叉尖朝前，刀口朝盘，主食靠左，酒具在右，餐具间隔1厘米左右，公共用具的放置按4人一套的标准摆放在餐桌中线位置上；除此之外，餐台上要放置鲜花，高度不超过眼睛位置，菜单每桌不少于两份。

2. 西餐宴会餐间服务礼仪

西餐宴会除了要提供和中餐一样的服务礼仪外，还要注意以下服务礼仪：

（1）餐前鸡尾酒服务。宴会前15~30分钟，在餐厅门口热情地为先到的客人提供鸡尾酒会式的酒水服务。

（2）会前几分钟摆上黄油，分派面包。

（3）注意正确的上菜顺序：冷开胃品（开胃菜）——汤——鱼类——副菜（又称小盆）——主菜（大盆）——点心（或干酪）——水果——咖啡或红茶。

（4）按菜单顺序撤盘上菜。每上一道菜要先将用完的前一道菜的餐具撤下，在西餐宴会上要求所有宾客吃完一道菜后才一起撤盘。

（5）上甜点、水果之前撤下桌上除酒杯外的所有餐具，摆上干净的烟灰缸，甜品叉匙。水果放在水果盘里，并上洗手盅、水果刀等。

（6）咖啡或茶放在客人右手边（同时应放好糖缸、淡奶壶）。

（7）宴会结束，将客人送到餐厅门口，礼貌道别。

对于宴会服务，服务员须注意斟酒时以上宾开始，然后再斟正主位左边的宾主，顺时针方向逐位斟，最后斟主位。先软饮料后斟甜辣酒，洋酒询问是否加冰块。

9.2.3 酒吧间服务礼仪

酒吧间以销售各种酒类和饮料为主，兼营各种小吃。要求环境舒适、高雅、独具风格。

酒吧间服务礼仪主要体现在如下几个方面：

（1）热情迎宾，引领入座。

（2）恭送酒单，微笑等待客人点酒。

（3）轻盈地为客人提供送酒服务。用托盘端送，先女宾后男宾，先放杯垫后上酒或饮料；送酒时手指不能触摸杯口，拿着杯的下半部或杯脚，放酒杯时，不宜拿得过高，要站在客人的右侧从低处慢慢地送到客人面前。对背相坐的客人，上酒水时要提醒客人注意，以免将酒水碰洒到客人身上。

（4）如果客人要求消费瓶装酒时，在开瓶前应以左手托瓶底，右手扶瓶口，酒标正对着客人，经客人查验确认后，才可当面打开瓶盖斟酒，让客人放心饮用。

（5）斟酒时，应本着先宾后主、先女后男、先老后少的原则或由主宾开始按顺时针方向依次进行的原则，以示尊重与礼貌。

（6）客人到吧台前时，服务人员应热情招呼，按要求斟倒或调制各种饮品，摇晃调酒壶的动作不要过大或做作；要神情专注，不敷衍随便；调酒时不要背向宾客，取身后物品时应斜身取。

（7）酒吧消费不像一般餐饮消费那样普及，它具有相对固定的消费群体，因此，记住常客的消费爱好，及时提供饮品，是酒吧服务礼仪的重要内容之一。

（8）注意餐间巡视，服务在客人开口之前。

（9）喝酒过多的醉客或已有醉意的客人，往往会有情绪激动、言行过激的行为，对他们尤其应该注意分寸，以礼相待。如发生意外情况，应及时报告，以便妥善处理。

（10）迅速准确结账，恭送客人，欢迎其再次光临。

9.2.4 咖啡厅服务礼仪

咖啡厅一般与大堂相连，24小时服务。

咖啡厅服务礼仪与酒吧间服务礼仪基本相同，只是其提供的消费品不同而已，咖啡厅主要提供果酱、黄油、果汁、热咖啡、茶、鲜奶、面包、水果等以西餐菜肴为主的消费品。

本章小结

本章对餐饮饭店服务人员的基本素质要求，餐饮部各岗位服务礼仪进行了介绍，重点讲述了餐厅（零点和宴会）服务礼仪、酒吧间服务礼仪和咖啡厅服务礼仪。

课后思考与练习

（1）饭店餐饮服务礼仪的作用有哪些？餐饮服务人员应具有哪些基本素质？

（2）餐饮部各个岗位的服务礼仪包括哪些内容？

案例一：迷路的用餐老人

一天晚上北京某四星级饭店的对外餐厅正在营业，餐厅内气氛热烈，餐厅外还有等待用餐的宾客。突然，门外下起了大雨，餐厅外等餐的宾客顿时都涌进了休息室。几位用完餐的客人被大雨阻在门前，无法出去。过了一会儿，餐厅经理见雨仍停不下来，便让服务员去为要走的客人联系出租车，但门外的出租车很少，只有几位客人坐车走了，门前仍有人在等车。

一对法国老年夫妇也在餐厅门前等候。服务员小安见他们手中没拿雨具，神情比较焦急，便走上前询问。原来，客人在旅游中和儿子走散后碰巧来到这里吃饭，现在又迷了路，小安得知后要帮他们联系出租车，但客人却说不清住在哪家饭店，手中也没带所住饭店的地址和电话号码。小安赶紧找到一张北京的英文地图让他们找，他们还是说不清楚，只是记得住在城东的一家五星级饭店。小安又问他们所住的房间号，他们说是昨天晚上刚到，房间号也记不起来了。小安请他们先到休息室等候，并为他们拿来热茶和手巾，记录了他们的姓名后便去打电话询问。经过一番电话询问，小安终于查出客人住在长城饭店。当小安把这个信息告诉客人时，他们非常高兴，但一定要小安陪他们回去，怕出租车司机搞错。小安请示过餐厅经理后，亲自为客人叫了出租车，并拿了雨伞送他们上车。

当车到达长城饭店时，两位老人的儿子正在大厅里焦急地等待，见小安将老人安全送到饭店，非常激动，忙用英语表示感谢。老人也激动地说："你们饭店餐厅的服务太好了，送客一直送到了家，我们还要到你们那里去用餐。"说完，就拿出钱酬谢小安。小安微笑地对他们说："热情迎送客人是我们应该做的，中国人最讲礼貌，而真诚礼貌待客是无价的。"他谢绝了客人的酬谢后，就离开了。

评析：

送客服务除注重礼貌礼节之外，还应保持一种真诚和友好的超值服务意识。本例中，服务员小安在雨天能够将迷路的外宾送到所住的饭店，就是这种意识的具体表现。如果只是简单地按规定的送客程序服务，不考虑宾客的具体个性要求，超过服务程序范围就推诿或敷衍的话，超值服务的优越性就很难体现得这样淋漓尽致。因此，服务员在送客服务程序中，应结合宾客的个性要求和客观环境的变化，不断完善程序中所没有的内容，使送客服务的形式更加生动和实用，让宾客感到更多的真情和温暖。

思考题

（1）客人用完餐后若遇到下雨的情况，饭店服务人员应如何做？

（2）在送客服务中提供超值服务，要求服务人员具备什么素质？

案例二：手忙脚乱的翻台

某天晚上，北京一家三星级饭店的中餐厅十分火暴，短短的一个小时，餐厅内便座无虚席了，后来的客人不得不在休息室稍事休息，待有客人退后才能再进入餐厅就餐。

由于客人比较多，所以服务员都十分繁忙。服务员小张看到这种情况，心中暗暗着急，只盼着一些已经快吃完饭的客人尽快结账离开，为那些在外等待的客人空出座位。正在此时，她所负责的6号桌客人要求结账，在为客人办理了结账手续之后，小张迅速取出托盘并径直走向餐桌，将托盘放在桌面，开始撤台，而此刻6号桌的客人正在起身穿衣，看到小张的这一举动，客人不禁奇怪地盯着小张看了一眼，但他们并未说什么就离开了饭店。

由于外面客人迫不及待要进入餐厅就餐，因此还未等小张将台面摆好，迎宾人员就已领了几名客人到此落座。虽说台布已铺好，但餐具餐巾、花卉等都还没摆好，小张只好当着客人的面摆放餐具、折叠餐巾。在摆放餐具时，一位客人说自己不喝白酒，因此要求小张撤掉自己面前的白酒杯，小张手忙脚乱之际，不小心将要撤下的白酒杯摔落在地，使周围的客人都吓了一跳，小张也忙不迭地向客人道歉。此刻，小张不禁出了一头汗，真不知是热汗还是冷汗。

评析：

饭店经常会碰到业务繁忙的情况，此时要求服务人员有连续服务和快速服务的职业技能。提高服务速度、熟练服务技巧尤其是翻台摆台的技巧、加强衔接与协调，以及提高客流的预测水平，是解决就餐人多与就餐场地有限之间矛盾的关键。

在繁忙时，撤台率和摆台的速度是关系到下批客人能否尽快用餐的关键。对于客人来说，摆台的台型、餐具、餐巾、花卉、桌号等方面的质量，更是整个餐饮服务的体现。餐间的撤台与摆台最好不要当着宾客的面进行，尤其是不能在客人离开座位之前就端着托盘进行撤台和翻台。因为这对客人是不尊重、不礼貌的，有一种赶客人尽快离开的意味。此外，也不要当着下批客人的面进行翻台工作，在摆台时应请宾客在休息室就座。摆台的位置和要求一定要符合客人的需要，客人落座前要征求宾客的意见，对客人不满的位置和物品要及时调整。

思考题

（1）餐饮部门业务繁忙时，服务人员应注意哪些服务礼仪？

（2）客人结账后，服务人员应在何时进行翻台才合适？

案例三：意外

在一次春节前的团拜会上，宾客满座，大家喜气洋洋。餐厅服务员拿着红酒为宾客服务。当服务员小杨倒好一杯酒，正准备放到桌上时，有一位客人突然站起来，碰到了小杨的手肘，高脚杯中的红酒一下子洒在另一旁的客人身上，西服和裤子都碰到了酒。客人非常气愤，指着小杨鼻子说不会服务，弄得小杨这时不知怎么是好，只是一个劲地说："对不起，对不起。"

思考题

请问：假设你是小杨，应该如何处理？

实训应用

实训项目：餐厅服务礼仪。

实训目标：通过对迎宾服务基础知识的讲解和迎宾服务的操作技能的训练，学生了解引领客人、迎接客人的技巧，掌握迎宾服务的程序与礼仪，达到能够热情、准确、熟练迎接宾客的能力。

实训指导：（1）按照酒店服务过程自己设定情节，编写剧本。

　　　　　（2）实训内容应包含问候、引位、接受点菜、席间服务、结账等礼仪。

实训组织：（1）表演人员应着装整齐、仪表端庄。

　　　　　（2）全班分成若干小组，结合饭店各工作岗位的实际，进行礼貌服务接待的模拟训练。

　　　　　（3）模拟饭店餐厅服务员有礼貌地为宾客服务。

实训成绩评定：（1）衣着得体、仪态大方。（10%）

　　　　　　　（2）服务过程中，言语符合要求、举止优雅、动作正确。（40%）

　　　　　　　（3）服务程序流畅、正确及符合客人要求。（50%）

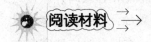

阅读材料

金陵饭店

作为江苏全省酒店业龙头的金陵饭店确实身手不凡。各部门对员工的服务要求早已超出常规程序，客房、前厅和餐饮等一线部门的员工被要求尽可能地向客人提供个性化服务，这是我国酒店业向国际接轨的重要一步。

在金陵饭店的梅苑餐厅里，约有七成座位上都有客人。在靠窗临街的一张桌子前坐着几位广东客人，那位戴眼镜的穿牙签条西服的中年人，一看便知道是今天做东的主人。

值台小姐在客人点完菜后便手托酱油、醋等调味品走到几位广东客人前面。

"张先生，您来点酱油吧！"她那自信的口吻丝毫不像询问，也不像建议，而如早有所知似的。

"好啊！"张先生也没有一点惊奇的样子，似乎这应在情理之中。

但是在座的其他几位客人都不解，他们入厅之后没向谁报过姓名，这位小姐何以知道客人的姓氏？更令人捉摸不透的是连张先生爱蘸酱油的癖好都知道，岂不成了神机妙算？

一位朋友转过头来问张先生，是否经常来梅苑餐厅吃饭，张先生答道："不常来，大概才3次吧！不过在这个餐厅消费哪怕一次，小姐都能记住你的习惯和爱好，就像家里人一样。我第二次来这里陪几位朋友吃午餐，小姐已经为我送酱油……"张先生不无自豪的一席话，逗得大家都乐了。饭还没开始吃，欢快的气氛却早已是浓浓的了。

（资料来源：蒋一骠．酒店服务180例．上海：东方出版社，1998.）

饭店餐厅服务礼貌用语应用举例

How do you do?	您好。
Glad to meet you.	见到您很高兴。
You are welcome to dine in our restaurant.	欢迎您到我们餐厅来。
How many people, please?	请问一共几位？
Please come this way.	请往这边走。
Please follow me.	请跟我来。

Sit down, please.　　　　　　　　　　　　请坐。

Please wait a minute, I'll arrange it for you.　请等一等，我马上给您安排。

Please wait a moment, your table will be　请等一等，您的桌子马上就准备好。
ready right away. Please look at the menu first.　请先看看菜单。

Would you like to sit here?　　　　　　　您喜欢坐这里吗？

Excuse me, is there any vacant seat?　　　对不起，这里有空位吗？

Excuse me, may I take your order now?　　对不起，现在可以点菜吗？

What wine would you like to have?　　　　您喜欢喝点什么酒？我们有……
We have…

Would you like…?　　　　　　　　　　您喜欢……吗？

Would you like to try today's special?　　请尝尝今天的特菜好吗？

Would you like some dessert?　　　　　　饭后您喜欢吃点甜点吗？

What else would you like?　　　　　　　请问您还需要什么？

Sorry, it takes sometime for this dish.　　真对不起，这个菜需要一定时间。

Could you wait a little bit longer?　　　　您能多等一会吗？

I'm very sorry, that dish is not available now.　真对不起，这个品种刚卖完。

All right, I'll contact the cook and see to it that　我跟厨师联系一下，会使
you are satisfied.　　　　　　　　　　您满意的。

Sorry, this wine is only sold by glass.　　对不起，这种酒只论杯卖。

How about a bigger one?　　　　　　　您看杯大一点好吗？

Can I arrange a snack for you if time is　如果您赶时间的话，我给你安排一些
pressing for you?　　　　　　　　　　餐饭菜好吗？

Would you mind serving now?　　　　　现在上菜好吗？

I'm sorry to make you wait for such a long time.　真抱歉，耽误了您很长时间。

Excuse me, is it yours?　　　　　　　　对不起，这是您的菜吗？

I'm sorry, I'll do it again for you at once.　实在对不起，我马上为您重做。

Pardon me, I've made a mistake about　请原谅，我把您的菜搞错了。真抱
your dish. I'm awfully sorry, please　歉，请再多等几分钟。
wait a few more minutes.

Sorry, I'll let you know when I make sure of it.	对不起, 我问清楚马上就告诉您。

Would you like to have some rice?	给您再添点饭好吗?
Would you like to have some fruit?	您喜欢吃点水果吗?
Anything else would you like?	您喜欢再要点别的吗?
Is it enough?	您的菜够吗?
Did you enjoy your meal?	您吃得满意吗?
May I take away this dish?	我可以撤掉这个盘子吗?
Sorry to disturb you.	对不起, 打扰您了。
Thank you for your help.	谢谢您的帮忙。
May I make out the bill for you now?	现在可以为您结账吗?
Please sign it.	请您签字。
Could you show me your room key, please?	请您出示房间钥匙。
Sign your name and room number on the bill, please.	请您写上你的名字和房间号码。
Sorry, you can't sign the bill here.	对不起, 我们这里不可以签单,
Cash only, if you please.	请付现款好吗?

× × Yuan in all, please. Thank you.	一共 × × 元。谢谢。
This is your charge.	这是找给您的钱。
Thank you. Welcome to come back again.	谢谢, 欢迎再来。

(资料来源: 张四成. 现代饭店礼貌礼仪. 1 版. 广州: 广东旅游出版社, 1996)

第十章　旅行社服务礼仪

知识目标

1. 了解与旅行社相关的知识，理解旅行社的基本职能
2. 掌握旅行社各部门服务礼仪的基本要点
3. 理解并掌握导游的基本素质要求
4. 理解导游艺术的含义，掌握使用导游语言艺术和态势语言技术及技巧

实训目标

能够按照旅游涉外工作的要求，了解和掌握旅行社各个岗位的基本服务礼仪以及导游的艺术

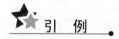引　例

为大家服务原则

一次，瑞辉旅行社欧美部的英语导游员小陈作为地陪，负责接待一个由说多种语言散客组成的旅游团。旅游团共13人，其中8人英语，5人普通话。在旅游车上，小陈用两种语言交替为游客讲解。到了一游览点时，小陈考虑到团员中讲英语的较多，便先用英语进行了讲解，没想到他讲解完毕想用中文再次讲解时，讲中文的游客已全都走开了，因而他就没用中文再做讲解。事后，小陈所在旅行社接到了那几位讲中文游客的投诉，他们认为地陪小陈崇洋媚外，对待游客不平等。

点评：本案例中，分析小陈遭受投诉的原因，其实并非他真的崇洋媚外，只是服务过程中在实施"为大家服务"的原则时工作欠细致、周到而已。从案例中我们可知，无论是动机上或行为上，小陈本人都没有不想为这些讲中文的游客做讲解，却因为在导游服务礼仪与导游艺术方面的欠缺导致了不愉快的事情发生。

10.1　旅行社接待礼仪

10.1.1　旅行社业务介绍

10.1.1.1　旅行社的定义

在旅游产业中，旅行社是联结旅游客源地和旅游目的地，以及旅游者和旅游主要服务供应商的组织，其重要的产业地位是显而易见的。根据世界旅游组织的定义，"零售代理机构向公众提供关于可能的旅行、居住和相关服务，包括服务酬金和条件的信息。旅行组织者或制作商或批发商在旅游需求提出前，以组织交通运输，预定不同方式的住宿和提出所有其他服务为旅行和旅居做准备"。1996 年 10 月国务院颁布的《旅行社管理条例》规定："旅行社是指有盈利目的，从事旅游业务的企业。"并说明："本条例所称旅游业务，是指为旅游者代办出境、入境和签证手续，接待旅游者旅游，为旅游者安排食宿等有偿服务的经营活动。"《条例》按照业务范围的不同将我国旅行社分为两大类，一是国际旅行社，二是国内旅行社。《条例》还对不同类型的旅行社、旅行分支机构和外资旅行社的设立条件和程序进行了明确的规定。

10.1.1.2　旅行社的基本业务

从旅游者由旅游客源地出发到旅游目的地，再由目的地回到客源地的过程中，可以发现旅行社是如何作用和服务于旅游者的空间移动的，旅行社的基本业务范围也可以由此做出合理的总结。

在旅游者旅游动机的形成阶段，旅行社主要通过市场调研及时了解旅游者的旅游动机，并根据旅游者的旅游动机有针对性地设计旅游产品。在旅游者根据自己的旅游动机搜集相关的旅游信息时，旅行社会适时地以多种方式进行旅游促销活动，尽可能提供最新、最全的旅游信息，并使旅游者方便地获取。旅游者经过对大量信息的评价与判断后，会有选择地向有关旅行社进行咨询，此时旅行社可以通过网络、人员等多种渠道向旅游者提供真实有效的优质咨询服务。旅游者通过对其咨询结果的比较而做出最终的决策，向其满意的旅行社付费购买旅游产品，这对于旅行社而言就意味着旅游产品的销售服务，这一服务环节是与旅行社的采购服务密切相连的。旅游者实际旅游活动的开始同时也就意味着旅行社业务的开始，而当旅行者旅游活动结束后旅行社则提供相应的售后服务，以解决旅游者各种可能的问题，并保持与旅游者的联系，为下一次旅行社业务的开展奠定良好的基础。

在市场经济条件下，所有旅游服务与产品的供给都是为了满足特定的旅游消费需求。与旅游者的消费流程相对应，旅行社将会顺次开展市场调研、旅游产品开发、促销、咨询服务、销售、采购、接团或发团，以及售后服务等业务流程。可以将其归纳为三项基本业务：

(1) 旅游产品开发业务（含市场调研、产品开发与采购等业务）；

(2) 旅游产品的市场营销业务（包括促销与销售等业务）；

(3) 旅游接待业务（包括接团或发团与售后服务等业务）。

旅行社所起的作用与其他的大多数零售商不同，因为旅行社并不购买产品以转售给其顾客，只有在一个顾客决定购买旅游产品的时候，旅行社才代表该顾客向它们的委托人采购。因此，旅行社从不携带"库存"的旅游产品进行推销。可以说，旅行社的主要作用是为旅游产品的销售和购买提供一个便利的场所或条件，其中介组织的特征是非常典型的。

10.1.3 旅行社的基本职能

作为一种为旅游者提供相关服务的专业性机构，旅行社一般都具有以下几种基本职能：

10.1.3.1 组织职能

无论是完整的旅行社产品，还是单项旅游服务项目的提供，旅行社都在提供旅游服务过程中担负着一个中介组织者的角色，从相关的各类供应商处采购并进行合理的组织加工，融入本旅行社的服务特色和专业个性，进而形成具有本旅行社风格的旅行社产品，并向旅游者进行销售。从这一意义而言，旅行社具有极强的组织职能。

10.1.3.2 销售职能

社会的进步使社会分工不断细化和分化，生产的社会化分工决定了需要有旅行社这样一种组织，专门从事旅游产品的组装和加工，并通过提供各种及时有效的旅游信息，满足旅游者对旅游产品的广泛需求并便利旅游者购买旅游产品。旅行社在此就承担起沟通供求双方的责任，使旅游产品借此可更顺利地进入消费领域，旅行社也因此而成为旅游产品最重要的销售渠道，并具有了销售职能。

10.1.3.3 分配职能

在旅游者的整个旅游活动中，旅游者将涉及许多方面的旅游服务，这就意味着旅行社必须根据旅游者的意愿和要求，在不同的旅游服务项目之间合理分配旅游者的支出，以最大限度满足旅游者的需求，并在旅游活动结束之后根据各供应商具体提供服务的数量和质量，合理分配旅游收益，这就充分体现了旅行社的分配职能。

10.1.3.4 协调职能

旅游活动涉及食、住、行、游、购、娱等各个方面，旅行社要想确保旅游者旅游活动的顺利进行，就必须进行大量的协调工作，在确保合作各方实现各自利益的前提下，协同旅游业各个相关部门和其他相关行业，保障旅游者在旅游活动过程中各个环节的落实。

10.1.3.5　信息提供功能

旅游产品的异地消费性等特征造成了旅游市场上诸多信息不对称，这决定了旅行社作为中介企业不仅需要对供应商的产品进行组织加工，而且有必要向旅游者提供目的地的相关信息、接受旅游者的咨询。旅行社的这一职能也正是其作为中介组织的基本性质延伸而来的。

10.1.2　旅行社各部门服务礼仪

10.1.2.1　导游员

（1）仪态举止应自然大方，稳重高雅，充满活力，给人以亲切感和可信感。

（2）仪容应保持端庄整洁，女性导游不宜浓妆艳抹。

（3）在工作中应穿制服或比较正式的服装，佩戴导游证。女性导游员不宜穿过长或过短的衣裙。

（4）与游客交谈时，态度热情、庄重，表情应大方、自然，目光应坦率、诚实，话语应文雅、得体。

（5）要尊重不同的国家、地区和少数民族游客的风俗习惯，尊重他们的宗教、民族信仰。

（6）应提前到达接团地点或集合地点，并将游客或其他标志向游客展示。

（7）见到游客应主动、热情地招呼。游客上下车，应站在车门前迎候，对上下车不方便的旅客，应主动相助。

（8）在清点游客人数时，切忌用手指点游客。应热情、友好地向游客致欢迎词。游览活动结束，应对游客的合作表示感谢，礼貌道别。

（9）在车上和景点做讲解时，应面对客人，语言清楚、准确，声音柔和、适中，语调轻松自然，富有情感。忌用命令式口吻。

（10）当游客对导游员的工作提出意见或要求时，应做到认真倾听，耐心解释，以理服人，尽量满足客人的合理要求。

（11）陪同客人观看文娱节目时，要做好节目介绍；文娱活动结束，应将客人送至宾馆休息。

（12）送团时，要提醒游客带好证件及贵重物品，并有礼貌地致欢送词，感谢游客的合作，表达友好惜别之情，欢迎再次光临。

10.1.2.2　旅行社门市部业务员

（1）在岗位上必须按规定着装、佩戴胸牌，保持个人清洁卫生，保持仪容仪表端庄。

（2）接待客人要文明礼貌，做到不敷衍、不推诿、不顶撞、不争吵。与客人说话时，目光应向着对方脸部，提供微笑服务。

（3）对客人提出的涉及旅游和机票等问题，必须立即做出正确回答，并伴以介绍和报价，直至帮助客人挑选旅游产品。如果在接待客人的过程中需要接听电话，应该先向客人打招呼，电话结束后，再向客人表示歉意。

（4）客人随意浏览旅游宣传品时，销售人员应保持观察，揣摩其需要和特点，寻找接近的时机和方式，以便进入交谈过程。

（5）对客人提出的需求，无论营业部有无能力解决，销售人员都须从帮助角度答复对方，并伴以行动上的表示。

（6）电话铃响，应立即接听。对于客人的电话咨询，耐心解答，不厌其烦。

（7）客人较多时，要招呼其他客人先坐下，或将有关资料先呈上让他们查阅，然后按先后顺序予以接待，务必减少客人不必要的往返。

（8）在确定客人的行程计划中，要尽可能按客户的要求提供服务。对特殊要求可以再重复一下，以示确认。对需填写出国（境）旅游申请表的客人要详细告知其注意事项，免得增加客人不必要的往返。

（9）客人挑选旅游产品后，销售人员需按照种类和价格迅速结算，让客人付款，现钞要当面点清。收款后将机票、找零、身份证等交给客人清点，并当面向客人交代清楚。当客人支付现金时，应该及时辨明钱币的真伪，防止假钞流入。

（10）与客人道别时，应起立并加上道谢和祝愿。

（11）当接到客人的投诉时，要耐心倾听，并详细记录客人的要求，告诉客人会尽快与有关部门联系解决，事后及时把投诉结果告诉客人。要以真诚的态度赢得客人的信任。

10.1.2.3 旅游景点讲解员

（1）着装整齐规范，佩戴胸牌，保持仪表仪容端庄，女性略施淡妆，接待过程始终保持精神饱满。

（2）客人到来时应面带微笑，热情问候招呼："小姐（先生），您好，欢迎光临……"

（3）按客人逗留时间长短安排参观路线，并根据旅游者合理要求，尽可能予以满足，并能妥善协调旅游过程中发生的各种状况。

（4）讲解内容符合参观者的要求，内容准确、生动、简练，口头表达清晰，普通话标准。

（5）照顾大多数参观者，不可冷落客人，耐心回答参观者提出的问题。

（6）参观结束后，请参观者提出宝贵意见，并欢迎他们有机会再来。

10.1.2.4 驾驶员

（1）车辆整洁人精神。车况良好，设施、技术性能完好。车容优美、整洁，符合营运规范要求。

驾驶员（包括旅游线导游员）要仪表端庄整洁、精神饱满。营运时应统一穿着公司识别服，不佩戴首饰。男士头发不过耳，不留胡须；女士头发不披肩，不染彩发。岗位上尤其在客人面前避免做打哈欠、打喷嚏、撩头发、挖耳鼻等不雅动作。站立服务不倚不靠，行走保持稍快节奏。

（2）微笑迎客站车门。与客人相遇时，面带微笑，目光接触时点头示意，说话亲切，音量适中，问答规范，简洁明确。

（3）老、弱、幼、残、孕勤搀扶。对老、弱、幼、残、孕客人要热情、细心、周到；客人上下车时候，应主动照顾搀扶。

（4）初次服务报家门。遇初次服务的客人，应主动介绍情况，自报姓名、工号和单位，并说表示欢迎的话。与客人对话要保持一定的距离，态度自然，称呼得当，语调热情，姿势大方，使用敬语。

（5）主动提携行礼包。上下车时候，应主动为客人提携行礼包。

（6）为客人备伞遮雨。每辆车按车型配备公司统一制作的服务伞。逢雨天，客人上下车时，要为客人遮雨或提供借伞服务。

（7）下车提醒说再见。客人下车及时做好提醒服务，提醒客人勿忘随带物品，并说"请走好，再见!"。

10.1.2.5 站点调度员

（1）仪表整洁，着公司识别服，佩戴调度胸卡。

（2）车辆调度，按序秉公派车，不徇私情。

（3）对老、弱、病、残、孕等特殊顾客优先供车。

（4）文明礼貌，扶老携幼，开关车门。

（5）遇到客人携带大件、多件行礼，要主动协助提拿、安放。

（6）做好调派记录及乘客失物登记。

（7）保持站点环境整洁，维持站点候车秩序，制止营运驾驶员违反客运规定的行为。

（8）不准在车内与驾驶员闲聊，不准脱岗，上岗时不准吸烟。

（9）按规定做好出市境用车登记手续。

（10）不得索要小费。

（11）做好交接班、台账记录和职责范围内其他工作。

常规游、主题游、个性游三足鼎立

春节临近，广东各大旅行社出境游报名进入尾声，国内游全面"开盘"。从各大旅行社返回的信息来看，在 2005 年春节游价格创下历史最小增幅之际，由于竞争加剧，旅行社在产品设计方面更贴近市场和消费需求，常规旅游（观光）、主题旅游（特色、休闲）、个性旅游（自由行）三足鼎立，旅游超市的货架越来越丰富。除东南亚未能如预期外，各大旅行社对春节形势均表示乐观。

广东中旅营运总监叶汉平介绍，从 2004 年 9 月以来，继欧洲申根国际旅游签证的全面放开，境外航空公司与境内航空公司出境航班频频增加，为今年春节出境游的升温创造了利好的前景。

首先是价格趋向平稳，不少线路创历年新低。由于出境旅游目的地可以选择范围日趋扩大，今年春节市场一改以往无序涨价的攀高局面。可以说，今年春节出境游市场是近年来总体涨价幅度最小的的一年。受到海啸的影响，除了塞班岛、澳大利亚等线路出现千元左右的涨幅外，欧洲线路不升反降，日、韩、文莱、沙巴、新马、南非等的价格与平时基本接近。

其次是欧洲游由多国游向深度游发展。欧洲五国、九国游走马看花的老面孔换成了法国与意大利、西班牙与葡萄牙、奥地利与瑞士、法国一地、希腊一地等分别游的新面孔。

东南亚游线中原本偏冷的越南、柬埔寨、文莱、沙巴等替代了泰国普吉、马尔代夫等受灾影响地，成为后发制人的新贵。

另外，游客的休闲需求首度超过了观光需求，体现出都市人旅游需求的层次变化。春节期间，适应旅游需求的住要四星五星、食要当地特色、玩要自由选择的路线，如尼泊尔的普卡拉、菲律宾的老沃、澳大利亚的帕斯、太平洋上的塞班天宁岛、东马来西亚的沙巴和文莱等休闲线路颇受青睐。

体验式线路刷新国内游。由于黄金周均衡效应继续发挥作用，春节国内游价格升幅也是历来最低。据了解，春节国内价格比往年降低 15% 左右，北京、华东、九寨、云南"四朵金花"等线路的价格都有大幅度下降。

升得"离谱"的是海南团队游和自由行价格。海啸后，由于风景和价格的可替代性，加之手续方便，海南获得了相当一批分流客源，加上日、韩和俄罗斯高端游客增多，其市价也水涨船高。随着春节的临近，房价，机票和地接费等一切有关海南旅游的费用都在飙升，海南游的报价是一天一变，引起春节海南游的价格迅速上升。春节海南五星级酒店房价上涨到每晚2500～3500元，有的甚至达到了每晚7000多元。酒店和机票的升价，使春节海南团队游和自助游价格的升幅均超过了100%。

旅游市场的成熟，促使旅行社着力研究不同消费群体的体验需求，在产品设计上推陈出新。在各大旅行社春节"菜单"上，春节国内游产品主题、卖点、特色增多，消费者选择增多，如北京、西安、华东五市等系列特色美食线路，黄山、泰山、五台山、衡山等名山祈福线路，三亚、鼓浪屿、北海等海边度假休闲线路，北京过大年等春节民俗线路，新疆、东北、陕北神农架等滑雪、赏雪团，"9＋2"系列生态线路，省内温泉线、登山线、海滩线，这些体验式线路让准备出游的消费者有足够的选择余地。

更多自由行产品走向市场，"自己做主"，"想怎么玩就怎么玩"的自助游等个性旅游的升温，也带动了旅行社继续推出春节"机票＋酒店"的自由行产品，产品之多前所未有。广东中旅联手香港安达旅运新设立的"明媚假期"发布了春节期间系列国际（香港或广东出发）、国内自由行产品，服务广州消费者及珠江三角洲企业外籍人士、高管人员和台湾同胞。此次推出的自由行产品面向高、中、低三端消费群体，涵盖海内外各大自由行目的地，包括澳洲5城市、欧洲16城市、东京、昆明、三亚等，每个目的地拥有不同的产品组合3种以上。据悉，有旅行社以"震撼价"和"新品"创下同类产品的低价。如3天2晚新加坡民丹岛度假新体验自由行2780元，昆明4晚自由行999元，以及节前的920元3天2晚的三亚自由行等。

10.2　导游人员礼仪与导游艺术

10.2.1　导游人员的基本素质要求

早在20世纪60年代，周恩来总理就对我国的外事人员提出了"三过硬"和"五大员"的要求。结合导游工作的实际，当时提出翻译导游人员要"三过硬"（即思想过硬、业务过硬、外语过硬）和做"五大员"（即宣传员、调研员、服务员、安全员和翻译员），这对当时翻译导游人员职责是高度的明确的概括。

改革开放以来，我国旅游业发生了翻天覆地的变化，旅游行业由从前作为外事工作一部分的政治接待部门转变为国民经济中一个产业部门；导游服务对象也由单纯的外国友好人士和海外华侨，转变为海外各阶层的旅游人士和数量更为巨大的国内公民。"五大员"就其精髓而言，至今仍有其现实意义，但内涵和外延已发生了变化。我国导游翻译界著名人士认为，当今导游人员要真正做好导游服务工作，真正成为游客和自己工作单位所喜欢的导游员，必须要当好"八大员"，即：国情讲解员、导游翻译员、旅游协调员、生活服务员、安全保卫员、情况调查员、座谈报告员和经济统计员。

10.2.1.1　良好的思想品德

在任何时代、任何国家，人的道德品质总是处于最重要的地位。中国导游人员的思想品德应主要表现出以下几个方面：

1. 热爱祖国、热爱社会主义

热爱祖国、热爱社会主义是作为一名合格的中国导游人员的首要条件。这是因为：

第一，导游人员所从事的工作是社会主义祖国整个事业的一部分，社会主义祖国培育了导游人员，为导游人员创造了良好的工作环境和发挥自己智慧与才能的条件。导游人员应该认识到这一点，摆正位置，正确对待个人、集体和祖国的关系，将工作做好。

第二，导游人员的一言一行都与社会主义祖国息息相关。正如前面所述，在海外游客的心目中，导游人员是国家形象的代表，游客正是通过导游人员的思想品德和言行举止来观察、了解中国的。

第三，导游人员向游客介绍和讲解的内容都是祖国灿烂的文化、壮丽的河山、中国人民的伟大创造和社会主义事业的辉煌成就。没有这些丰富的内容，导游工作就成了无源之水、无本之木。

由此可见，导游人员应把祖国的利益、社会主义事业摆在第一位，自觉地维护祖国的尊严，把热爱祖国与热爱社会主义统一起来，并把这种热爱化为工作的动力。

2. 优秀的道德品质

社会主义道德的本质是集体主义，是全心全意为人民服务的精神。从接待游客的角度来说，旅行社和各接待单位实际上组成了一个大的接待集体，导游人员则是这个集体的一员。因此，导游人员在工作中应从这个大集体的利益出发，从旅游业的发展出发，依靠集体的力量和支持，关心集体的生存和发展。只有这样，导游人员的工作才能做好。导游人员要发扬全心全意为人民服务的精神，并把这一精神与"宾客至上"的旅游服务宗旨紧密结合起来，热情地为国内外游客服务。

3. 热爱本职工作、尽职敬业

导游工作是一项传播文化、促进友谊的服务性工作，因而也是一项很有意义的工作。导游人员在为八方来客提供游客服务时，不但可以结交众多的朋友，而且能增长见识、开阔视野、丰富知识，导游人员应该为此感到骄傲和自豪。因此，导游人员应树立远大理想，将个人的抱负与事业的成功紧密结合起来，立足本职工作，热爱本职工作，刻苦钻研业务，不断进取，全身心地投入到工作之中，热忱地为游客提供优质的导游服务。

4. 高尚的情操

高尚的情操是导游人员的必备修养之一。导游人员要不断学习，提高思想觉悟，努力使个人的功利追求与国家利益结合起来；要提高判断是非、识别善恶、分清荣辱的能力；培养自我控制的能力，自觉抵制形形色色的精神污染，力争做到"财贿不足以动其心，爵禄不足以移其志"，始终保持高尚的情操。

5. 遵纪守法

遵纪守法是每个公民的义务，作为旅行社代表的导游人员尤其应树立高度的法纪观念，自觉地遵守国家的法律、法令，遵守旅游行业的规章，严格执行导游服务质量标准，严守国家机密和商业秘密，维护国家和旅行社的利益。对于提供涉外导游服务的导游人员，还应牢记"内外有别"的原则，在工作中多请示汇报，切忌自作主张，更不能做违法乱纪的事。

10.2.1.2 渊博的知识

旅游的本质就是一种追求文化的活动。随着时代的发展，现代旅游活动更加趋向于对文化、知识的追求，人们出游除了消遣，还想通过旅游活动增长知识、扩大阅历、获取教益，这样就对导游人员提出了更高的要求。实践证明，导游人员的导游讲解和日常交谈，是游客特别是团体游客获取知识的主要来源。为了适应游客的这种需要，导游人员要知识面广，要有真才实学。导游人员只有以渊博的知识做后盾，讲解时才能做到内容丰富、言之有物。

实践证明，丰富的知识是搞好导游服务工作的前提。导游人员的知识面越广、信息量越多，就越有可能把导游工作做得有声有色、不同凡响，就会在更大程度上满足游客的要求，从而使游客满意。渊博的知识是成为一名优秀导游人员的必要条件之一。

导游知识包罗万象，下面就是导游人员必须掌握的知识体系。

1. 语言知识

语言是导游人员最重要的基本功，是导游服务的工具。古人云："工欲善其事，必先利其器。"导游人员若没有过硬的语言能力，就根本谈不上优质服务。这就是说，导游人员若没有扎实的语言功底，就不可能顺利地进行文化交流，也就不可能完成导游工作的任务。而过硬的语言能力和扎实的语言功底则以丰富的语言知识为基础。这里所说的语言知识包括外语知识和汉语（或少数民族语言知识）。

涉外导游人员至少应掌握并熟练运用一门外语，最好掌握两三门外语。掌握一门外语，了解一种外国文化，有助于接受新思想、新观念，开阔眼界，在传播中外文化中做出贡献。

导游讲解是一项综合性的口语艺术，要求导游人员具有很强的口语表达能力。不过，导游人员的口语艺术应置于丰富的知识宝库之中，知识宝库是土壤，口语艺术是种子，两者结合才能获得收成——良好的导游效果。

目前，我国已形成了一支具有相当规模、会世界各主要语言的导游队伍，他们承担着接待中国游客和世界各国不同层次、不同文化水平游客的任务。诚然，他们中大多数人语言水平较高，能适应工作的需要，但也有的人语言表达能力较差，存在不少问题，需要进一步提高。目前绝大多数导游人员只会一种语言，会双语的人为数不多，懂多种语言的导游人员更少。这种情况不仅不能适应我国旅游业发展的需要，而且也不能顺应当今世界导游人员朝多语种方向发展的潮流，应当引起我们的重视。

2. 史地文化知识

史地文化知识包括历史、地理、宗教、民族、风俗民情、风物特产、文学艺术、古典建筑和园林等诸方面的知识。这些知识是导游讲解的素材，是导游服务的"原料"，是导游人员的看家本领。导游人员要努力学习，力争使自己上知天文、下晓地理，对本地及邻近省、市、地区的旅游景点、风土人情、历史掌故、民间传说等了如指掌，并对国内外的主要名胜景区、景点应有所了解，还要善于将本地的风景名胜与历史典故、文学名著、名人逸事等有机地联系在一起。总之，对史地文化知识的综合理解并将其融会贯通、灵活运用，对导游人员来说具有特别重要的意义，它是一名合格导游人员的必备条件。

导游人员还要不断地提高艺术鉴赏能力。艺术素养不仅能使导游人员的人格更加完善，还可使导游讲解的层次大大提高，从而在中外文化交流中起到更为重要的作用。艺术素质也是一名优秀导游人员的必备条件之一。

目前，我国导游人员在这方面存在的主要问题是，知识面较窄，只求一知半解，对其包含的科学内容不进行深入的探究。有的导游人员只满足于背诵导游词，在导游讲解时，单调生硬，激不起游客的游兴，更有甚者，竟杜撰史实，张冠李戴，胡言乱语，欺骗游客，这不仅有违导游人员的职业道德，而且也有损于我国导游服务的声誉，不利于我国旅游业的发展。

3. 政策法规知识

政策法规知识也是导游人员应必备的知识。这是因为：

第一，政策法规是导游人员工作的指针。导游人员在导游讲解、回答游客对有关问题的询问或同游客讲解有关问题时，必须以国家的方针政策和法规作指导，否则会给游客造成误解，甚至给国家造成损失。

第二，旅游过程中出现的有关问题，导游人员须要根据国家的政策和有关的法律法规予以正确处理。

第三，导游人员自身的言行要符合国家政策法规的要求，遵纪守法。

总之，导游人员应该牢记国家的现行方针政策，掌握有关的法律法规知识，了解外国游客在中国的法律地位以及他们的权利和义务。只有这样，才能正确地处理问题，做到有理、有利、有节，导游人员自己也可少犯错误或不犯错误。

4. 心理学知识

导游人员的工作对象主要是形形色色的游客，还要与各旅游服务部门的工作人员打交道，导游工作集体三成员（全陪、地陪和领队）之间的相处有时也很复杂。导游人员是做人的工作，而且往往是与之短暂相处，因而掌握必要的心理学知识具有特殊的重要性。导游人员要随时了解游客的心理活动，有的放矢地做好导游讲解和旅途生活服务工作，有针对性地提供心理服务，从而使游客在心理上得到满足，在精神上获得享受。事实证明，向游客多提供心理服务远比功能服务重要。

5. 美学知识

旅游活动是一项综合性的审美活动。导游人员的责任不仅要向游客传播知识，也要传递美的信息，让他们获得美的享受。一名合格的导游人员要懂得什么是美，知道美在何处，并善于用生动形象的语言向不同审美情趣的游客介绍美，而且还要用美学知识指导自己的仪容、仪态，因为导游人员代表着国家（地区），其本身就是游客的审美对象。

6. 政治、经济、社会知识

由于游客来自不同国家的不同社会阶层，他们中一些人往往对目的地的某些政治、经济和社会问题比较关注，询问有关政治、经济和社会问题，有的人还常常把本国本地的社会问题同出访目的地的社会问题进行比较。另外，在旅游过程中，游客随时可能见到或听到目的地的某些社会现象，也引发他们对某些社会问题的思考，要求导游人员给予相应的解释。所以，导游人员掌握相关的社会学知识，熟悉国家的社会、政治、经济体制，了解当地的风土民情、婚丧嫁娶习俗、宗教信仰情况和禁忌习俗等就显得十分必要。

7. 旅行知识

导游人员率领游客在目的地旅游，在提供导游服务的同时，还应随时随地帮助游客解决旅行中的种种问题。因此，导游人员掌握必要的旅行知识，对旅游活动的顺利进行就显得十分重要。旅行知识有交通知识、通讯知识、货币保险知识、卫生防病知识、旅游业知识等，必要的旅行知识往往能起到少出差错、事半功倍的作用。

8. 国际知识

涉外导游人员还应掌握必要的国际知识，要了解国际形势和各时期国际上的热点问题，以及中国的外交政策和对有关国际问题的态度；要熟悉客源国或旅游接待国的概况，知道其历史、地理、文化、民族、风土民情、宗教信仰、民俗禁忌等。了解和熟悉这些情况不仅有利于导游人员有的放矢地提供导游服务，而且还能加强与游客的沟通。

此外，导游人员若熟悉两国文化的差异，就能及早向游客说明，使游客意识到在异国他乡旅游，不可能时时都与自己的家乡相同，从而使其产生领略异国、异乡风情的游兴，对许多不解之处，甚至一些不愉快之处也能理解、谅解并与导游人员配合。

10.2.1.3　较强的独立工作能力和创新精神

导游工作是一项难度较大、复杂而艰巨的工作，导游的能力直接影响到对游客服务的效率和服务效果。导游独立工作能力和创新精神既是工作需要，也关系到个人的发展。导游人员接受任务后，要独立组织游客参观游览，要独立做出决定、独立处理问题。导游人员的工作对象形形色色，旅游活动丰富多彩，出现的问题和性质各不相同，不允许导游人员工作时墨守成规；相反，必须根据不同的时空条件采取相应的措施，予以合理处理。因此，较强的独立工作能力和创新精神，充分发挥主观能动性和创造性，对导游人员具有特殊的重要意义。

导游人员的独立工作能力和创新精神主要表现在下列四个方面：

1. 独立执行政策和独立进行宣传讲解的能力

导游人员必须具有高度的政策观念和法制观念，要以国家的有关政策和法律、法规指导自己的工作和言行；要严格执行旅行社的接待计划；要积极主动地宣传中国、讲解中国现行的方针政策，介绍中国人民的伟大创造和社会主义建设的伟大成就以及各地区的建设和发展情况；回答游客的种种询问，帮助他们尽可能全面地认识中国。

2. 较强的组织协调能力和灵活的工作方法

导游人员接受任务后要根据旅游合同安排旅游活动并严格执行旅游接待计划，带领全团人员游览好、生活好。这就要求导游人员具有较强的组织、协调能力，要求导游人员在安排旅游活动时有较强的针对性并留有余地，在组织各项活动时讲究方式方法并及时掌握变化着的客观情况，灵活地采取相应的有效措施。

3. 善于和各种人打交道的能力

导游人员的工作对象甚为广泛，善于和各种人打交道是导游人员最重要的素质之一。与层次不同、品质各异、性格相左的中外人士打交道，要求导游人员必须掌握一定的公共关系学知识并能熟练运用，具有灵活性、理解能力和适应不断变化着的氛围的能力，能随机应变处理问题，搞好各方面的关系。导游人员具有相当的公关能力，就会在待人接物时更自然、得体，能动性和自主性的水平必然会更高，有利于提高导游服务质量。

导游工作的性质特殊、人际关系比较复杂，要求导游人员应是活泼、外向的人；是永远精力充沛、情绪饱满的人；是具有爱心、与人打交道热情、待人诚恳、富于幽默感的人；是有能力解决问题并让人信赖、依靠的人。性格内向腼腆的导游人员，应主动在实践中不断磨炼自己，培养处理人际关系的能力。

4. 独立分析、解决问题、处理事故的能力

沉着分析、果断决定、正确处理意外事故是导游人员最重要的能力之一。旅游活动中意外事故在所难免，能否妥善地处理事故是对导游人员的一种严峻考验。临危不

惧、头脑清醒、遇事不乱、处理果断、办事利索、积极主动、随机应变是导游人员处理意外事故时应具备的能力。

10.2.1.4　较高的导游技能

服务技能可分为操作技能和智力技能两类。导游服务需要的主要是智力技能，即导游人员与同事协作共事，与游客成为伙伴，使旅游生活愉快的带团技能；根据旅游接待计划和实情，巧妙、合理地安排参观游览活动的技能；选择最佳的游览点、线，组织活动，当好导演的技能；触景生情、随机应变，进行生动精彩的导游讲解的技能；灵活回答游客的询问，帮助他们了解旅游目的地的宣讲技能；沉着、果断地处理意外事故的应急技能；合情、合理、合法地处理各种问题和旅游投诉的技能等。

一名优秀的导游人员应具有指挥家的水平，也要有演员的本领。作为一名高明的指挥，一上台就能把整个乐队带动起来并能调动全体听众的情绪，导游人员要有能力随时调动游客的积极性，使他们顺着你的导游思路去分析、判断、欣赏、认识，从而获得旅游的乐趣和美好的享受；作为演员，导游人员要熟练地运用丰富的知识、幽默的语言、抑扬顿挫的语调、引人入胜的讲解以及有节奏的导游活动来征服游客，使他们沉浸在欣赏美的愉悦之中。

语言、知识、服务技能构成了导游服务三要素，缺一不可。只有三者的和谐结合才称得上是高质量的导游服务，导游人员若缺乏必要的知识，势必"巧妇难为无米之炊"。语言表达能力的强弱、导游方法的差异、导游技能的高低，会使同样的题材产生不同的甚至截然相反的导游效果：有的平淡无奇、令人昏昏欲睡，使旅游活动失去光彩；有的则有声有色、不同凡响，让游客获得最大限度的美的享受。技能高超的导游人员对相同的题材能从不同角度讲解，使其达到不同的意境，满足不同层次和不同审美情趣的游客的审美要求；而技能低劣的导游讲解或语言干巴巴，或"百病一方"，只有一种导游词，有的甚至只能当哑巴导游，自己难堪，游客不满。

导游人员的服务技能与他的工作能力和掌握的知识有很大的关系，需要在实践中培养和发展。一个人的能力是在掌握知识和技能的过程中形成和发展的，而发展了的能力又可促使他更快、更好地掌握知识和技能并使其融会贯通，运用起来得心应手。因此，导游人员要在掌握丰富知识的基础上，努力学习导游方法、技巧，并不断总结、提炼，形成适合自己特长的导游方法、技巧及自己独有的导游风格。

10.2.1.5　竞争意识和进取精神

21世纪是知识经济的时代，其主要特征是，以智力资源为主要依托，把知识作为第一生产力要素。所以，21世纪是知识竞争的时代。

导游服务是一种高智能的服务，它以导游人员的智力资源为主要依托。因此，导游人员只有不断充实、更新知识，不断进取，才能面向充满竞争的新世纪的挑战。

在中国加入世界贸易组织后，中国旅游业更加开放，现在不仅外国旅游企业纷纷进入中国旅游市场，外国导游人员也可能踏上中国的国土。另外，随着改革的深入，面对国际国内旅游市场的激烈竞争，目前的导游管理体制正在发生巨大变化。因此，导游人员应有居安思危、优胜劣汰的思想准备。只有树立强烈的竞争意识，将压力变为动力，不断开拓进取，才能在新世纪的导游事业中立于不败之地。

"物竞天择，适者生存。"每个导游人员都必须牢记英国博物学家赫胥黎的这一名言。

10.2.1.6　身心健康

导游工作是一项脑力劳动和体力劳动高度结合的工作，工作纷繁，量大面广，流动性强，体力消耗大，而且工作对象复杂，诱惑性大。因此，导游人员必须是一个身心健康的人，否则很难胜任工作。身心健康包括身体健康、心理平衡、头脑冷静和思想健康四个方面。

1. 身体健康

导游人员从事的工作要求他能走路，会爬山，能连续不间断地工作；全陪导游人员、地陪导游人员和旅游团领队要陪同旅游团周游各地，变化着的气候和各地的水土、饮食对他都是一个严峻的考验。

2. 心理平衡

导游人员的精神要始终愉快、饱满，在游客面前应显示出良好的精神状态，进入"导游"角色要快，并且能始终保持不受任何外来因素的影响。面对游客，导游人员应笑口常开，决不能把丝毫不悦的情绪带到导游工作中去。特别是现在，游客的自我保护意识越来越强，有时对导游的工作理解不够，导游人员要能受得起委屈，心态要好。

3. 头脑冷静

在旅游过程中，导游人员应始终保持清醒头脑，处事沉着、冷静、有条不紊；处理各方面关系时要机智、灵活、友好协作；处理突发事件以及旅游的挑剔、投诉时要干脆利索，要合情、合理、合法。

4. 思想健康

导游人员应具有高尚的情操和很强的自控能力，抵制形形色色的诱惑，清除各种腐朽思想的污染。

总之，一名合格的导游人员应精干、老练、沉着、果断、坚定，应时时处处显示出有能力领导旅游团，而且工作积极、耐心，会关心人、体谅人，富于幽默感，导游技能高超。加拿大旅游专家帕特里克·克伦在他的《导游的成功秘诀》一书中对导游人员的素质作了精辟的结论：导游人员应"是集专业技能和知识、机智、老练圆滑于一身"的人。

导游员应该具备哪些基本素质？

导游是依法取得导游证、接受旅行社委托，为旅游者提供向导、讲解和相关旅游服务的人员。导游服务质量的高低，取决于导游员的基本素质。那么，导游员应该具备哪些基本素质呢？

分析提示：为保证导游服务质量，导游员应具备以下基本素质：

（1）爱国主义意识——在为旅游者提供热情、有效的服务的同时，要维护国家的利益和民族的自尊。

（2）法规意识和职业道德——遵纪守法、遵守公德、尽职敬业维护旅游者的合法权益。

（3）业务水平——导游员应具备较强的组织、协调、应变等办事能力，具有广泛的政治、经济、历史、地理以及国情、风土习俗方面的知识。

（4）仪容仪表。

导游人员应穿工作服或指定的服装，服装要整洁、得体。举止大方、端庄、稳重，表情自然、诚恳、和蔼，努力克服不合礼仪的生活习惯。

10.2.2 导游艺术

10.2.2.1 导游艺术的定位

导游被称为一种艺术，具有相当的合理性。导游的艺术包括：

（1）讲演艺术、夸张艺术以及这些艺术手段中丰富多彩的内容：途中导游、课堂讲解、景点导游、且行且讲、自问自答、抛砖引玉、引而不发、画龙点睛等等。

（2）导游的身体语言：青春活力的体现、手势的适度掌握、举手投足的修养、接人待物的礼仪。

（3）表情语言：面部表情的控制、眼神语言的运用、习惯动作的夸张以及喜、怒、哀、乐的自行设计。

（4）姿态的修养：气质、风度十分有助于导游员独特风格的形成。

（5）幽默的修养：对答如流的口才和机智幽默的应变，如何体现出东方人特有的神韵。

（6）广博的知识结构：对历史、宗教、文化、习俗、政治、经济、工业、农业、社会生活、日常居家度日等综合知识的掌握都是形成导游风格的重要组成部分。

（7）灵活机动地处理问题的方法，适当增加旅游行程中的华彩部分，都可以不同程度地增强导游工作的艺术魅力。

以上各点从不同角度反映出导游工作所需要具备的综合艺术修养，在实际操作中，导游员只有根据游客的不同情况，灵活地使用导游资料，运用导游艺术和技巧，才能使导游内容生动而又富有生命力。犹如有了齐全的原料，还要厨师高超的烹饪技术，才能做出美味的菜肴一样。

10.2.2.2　导游的语言艺术

导游是靠语言吃饭的，我们常说"祖国山河美，全靠导游一张嘴"，"看景不如听景"，可见导游讲解在导游工作中占有极为重要的地位。

1. 导游语言及其要求

（1）导游语言。

导游语言就是生动，形象，富有表现力的口头语言。它不同于书面语言，有着自身的特点和突出的特色。

（2）导游语言的四原则。

第一，正确恰当。

语言，语调，语法，用词恰当正确，多用敬语和谦语。内容要有根有据，正确无误。切忌信口开河，任意夸大（世界第一，中国最大等）。

第二，清楚易懂。

简洁明了，表达清楚，层次分明，逻辑性强。浅白易懂，按口语化要求，缩短句子，或句中停顿，改变书面用词和句式。

第三，生动形象。

在语言准确清楚的前提下，要鲜明、生动、形象，言之有神，切忌死板，老套，平铺直叙。语言要流畅，用词要恰当。运用好修辞方法，来美化自己的语言，做到有声有色，活灵活现。多使用形象化的语言，增加趣味性。

第四，风趣幽默。

借题（景或事）发挥，用夸张、比喻、讽刺、双关等语言，使导游语言锦上添花。活跃气氛，忘掉忧愁，缓解气氛。

2. 导游讲解的原则

（1）针对性原则。

满足游客求知、求新的需要。到什么山，唱什么歌；见什么人，说什么话。游客有不同的旅游目的，文化修养，知识水平和审美情趣也不同，这就要求导游人员在导游语言运用，服务态度，讲解方法和技巧方面具有针对性。即按游客实际需要有的放矢，因人而异。不看对象的"八股式导游"，不会有好的效果。

（2）计划性原则。

按照游客需求，不同时间、不同地点等条件，有计划安排导游讲解内容，目的性和科学性相结合。

（3）灵活性原则。

灵活性就是因人而异，因时制宜，因地制宜。因人：不同审美情趣的游客。因时：四季更迭，时辰更替，因时而异。因地：最佳观赏点会因季节不同而各异。灵活性还在于能触景生情，随机应变。特别是沿途导游，不能千篇一律，要见物生情，讲解内容随手拈来，即成妙趣。见什么讲什么，见商场讲购物，见马路讲交通，见农田讲农业，见酒店讲旅游，见姑娘讲风情。

（4）趣味性原则。

讲解过程中要合理运用语言艺术和技巧，做到生动，形象，幽默，风趣，增加讲解的吸引力和感染力，才能使游客感到有意思。

10.2.2.3 态势语言艺术与技巧

导游讲解并不是单纯动口就可以圆满完成的，必须用态势语言来辅助导游讲解，如果把站姿，眼神，表情，手势处理得恰到好处，就会增加讲解的效果和魅力。

1. 站姿

站姿显示风度。讲解时，要挺胸立腰，端正庄重。在车上，要站立讲解，面向游客，可适当倚靠。实地导游，一般不要边走边讲，讲解时停止行走。上身要稳，不可摇摆，烦躁不安。

2. 目光

导游讲解是导游员与游客之间一种面对面的互动，可以进行"视觉交往"。一是目光的连接。目光要与游客接触，不可低头或翻着眼睛讲。但也不要死盯着一个人讲。二是目光的移动。讲解讲一个景物时，首先用目光把游客的目光引过去，然后再收回目光，继续投向游客。三是目光的分配。目光要注意统摄全部听讲游客。四是眼球转动。视线转移，面孔应同时转移，不能只是眼球转动。头不转只有眼球转动令人生厌。

3. 表情

目光是表情的一个方面，这里主要讲解具体表情。一是要有灵敏感。面部表情随着讲解内容变化而变化，比较迅速敏捷地反映内心情感。二是要有鲜明感。内容明快，沉重，快乐，愤怒，都要有表情。三是要有真实感。表情要真诚，不要虚情假意，故作姿态会引起反感。四是要有分寸感。要掌握好度，既不要缺乏表情，又不能有过分夸张的表演，矫揉造作。

4. 手势

手势语言可以按其功能划分为三种：

情感手势：表现情感的形象化，具体化手势。

指示手势：指示具体讲解对象。

象形手势：模拟物体大小、形状等。

【小思考】

什么是接待礼仪中的"敬人三 A"

答案：服务人员在接待客人表示敬意时，应以自己的实际行动去接受对方、重视对方、赞美对方。因为在英文词汇中，"接受（accept）"、"重视（attention）"、"赞美（appraise）"的第一个字母都是"A"，所以在接待礼仪中被称为"敬人三 A"。

本章小结

本章就旅行社的基本职能和旅行社服务礼仪及导游艺术两个大部分介绍了旅行社服务礼仪的大致情况，并详细描述了导游员、旅行社接待员、导游景点讲解员等岗位的礼仪礼貌常识，礼仪礼貌用语的基本特点、方法及各岗位所需的接待服务礼仪规范。

课后思考与练习

（1）旅行社主要有哪些基本职能？

（2）导游人员必须具备哪些基本素质？

（3）导游服务有什么特点？

（4）对导游艺术的重要性你如何评价？

案例分析

某年夏季的一天，北京的导游员廖先生带着一个 10 人的加拿大旅游团在城内游览。当车子行驶到长安街的时候，一位客人指着街道上方悬挂的彩旗询问，那些彩旗是欢迎何人的？廖先生因不知道那天有哪国的贵宾来访，此前又没有经过悬挂来访国国旗的地方，便说："今天有一个从加拿大来的旅游团访问北京，这些彩旗是专门欢迎他们的。"大家先是一愣，然后恍然大悟，开怀大笑，纷纷鼓起了掌。

在去往颐和园的途中，一位游客嫌车速太慢，要求司机开车加速超车。廖先生连忙用手指着一位警察说："那可不行，要是让警察看到了，不但要吊销司机的驾驶证，还要把我作为责任人带走，罚我的钱。那么谁还敢给你们导游啊！"听完他的话，那位客人连连点头。

当到了一个公园吃晚饭时，司机师傅告诉廖先生，最近那里的治安不好，曾有旅游团的汽车被盗，所以请客人下车时把自己的照相机带下去。廖先生想，直接告诉大家容易引起紧张情绪，而且有损首都的形象。于是他对客人们说："今天我们要在一个景致优美的公园里吃晚饭，吃完饭司机师傅还要去加点汽油，我们可以利用这段时间拍拍照。"听他一说，大家连忙拿起了准备留在车上的照相机。

分析：

就该案例，请运用你的导游艺术知识，谈谈对本案例中导游言行的理解。

 **实训应用**

实训项目：导游服务礼仪。

实训目标：（1）通过实操训练，加强学生对导游服务礼仪的了解和掌握。

（2）培养学生的服务实际操作能力。

（3）增强学生的服务意识和观念。

实训指导：导游向客人介绍我校。

（1）随机性地抽取学生扮演导游。

（2）其他学生扮演客人。

（3）要求扮演导游的学生仪表整洁、仪态规范，口齿清晰，可以清楚、有条理地把我校的地理位置、发展历史、规模、校园建设和文化等内容介绍给客人。

（4）要求扮演客人的学生能够做出适当的回应和配合。

实训组织：（1）表演人员应着装整齐、仪表端庄。

（2）全班分成若干小组，结合导游工作的实际，进行礼貌服务接待的模拟训练。

（3）对参与模拟训练的同学分别进行点评，指出其表现的优缺点，并提出改进意见和建议。

实训成绩评定：（1）衣着得体、仪态大方。（10%）

（2）服务过程中，言语符合要求、举止优雅、动作正确。（40%）

（3）服务程序流畅、正确及符合客人要求，能有效地和客人互动。（50%）

第十一章　会展服务礼仪

知识目标

1. 了解会展服务的概念、性质和内容，认识会展服务在第三产业中的地位和作用
2. 掌握会展服务的基本礼仪及会展场所的设计、装饰和布置的基本要领
3. 掌握会展服务的服务规程

实训目标

掌握会展服务过程中的服务礼仪及场会布置

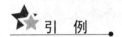

创造经典式服务

2001 年 10 月，在上海科技馆接待 APEC 领导人是一次高规格、高要求的任务，与会的服务人员也有很高的要求。本次接待服务由锦江集团承担，锦江集团为此进行了专门培训，一个多月的培训主要是训练"团队"配合，做到步调一致、动作优美，要为与会贵宾提供锦江集团最经典的服务。尽管参加的服务人员在各自饭店大多是服务能手，可作为一个大型的宴会，服务要做到尽善尽美，每个细节都不能放过，包括服务台的准备工作、台上餐具摆放的统一性以及服务的顺序、操作的协调一致性等。服务动作的设计要求尽可能全面、细致，每一道菜肴的服务动作要合理、规范、整体一致。

在准备工作之初，锦江集团就专门请来了形体教练和美容美发老师为整个团队授课，训练如何从外表上展示新一代上海人、锦江人的风采。通过专门训练，团队服务员们每天都能给人以朝气蓬勃的感觉。对于 APEC 会议来说，一切完美到几近苛刻的服务要求显得并不过分，台上一分钟，台下十年功。只有台下练精练好，到现场服务时一切才会成竹在胸。

为了做到服务尽善尽美，大家严格要求，反复推敲。例如，工作台餐具的摆放要求整齐划一以利于服务，对于服务程序，在每次试菜后，服务小组总能收到长长一列针对服务、菜肴等各个细节改进的清单。

为了保证会议及用餐过程的顺利进行，酒店还要设想出有可能突发的事情和会晤时提出的要求，并对此作出相应的反应。例如，为了防止电动门开关意外失灵而致使门不能打开，负责走菜的7名男服务员反复练习手动推开20扇大门，仅这个以防万一的备用动作就练习了几十次，以保证大门按时、快速打开。

由于参加这次接待任务的全体人员均来自集团下属各单位，要在这短短的几个星期里做到配合默契、步调一致确实是一件很不容易的事。无论是在操作时，还是在休息用餐时，大家总在一起反复商量、讨论、实践着各个服务环节与细节。为了在50分钟内做到所有的菜点和饮品、厨房与走菜、走菜与服务都紧密配合，一切多余的动作都被删减了。经过3次试菜的实战演练，50分钟上菜的合练终于成功了。

龙柏饭店承接了多名部长、工商界首脑出席的APEC工商咨询理事会晚宴。这次晚宴以户外冷餐会的形式进行。为了保证菜肴上桌的温度，服务员把从厨房走菜到上草地主桌的时间严格控制在1分30秒内，20名走菜服务员不仅要列队整齐、动作划一，而且要以最快的动作和步伐，在规定的时间内将菜肴送到位。在精心布置的草坪上，20位身着橙红色背心、动作划一的走菜服务员进入了会场，成为一道优美的风景。

（资料来源：上海市旅游事业管理委员会．服务的艺术——上海APEC会议接待服务案例．上海：上海教育出版社，2002）

上述案例告诉我们，只要思想重视，培训到位，服务工作也能创造奇迹，这充分展示了新一代上海人、锦江人的风采。

11.1　会展概述

会展服务是服务业的一个组成部分，是一项"朝阳"产业。虽然会展服务与其他服务产品在性质上是相同的，但它提供的是一种更高品位、更高档次的服务。会展服务的特殊性决定了这种产品还具有综合性、无形性、情感性、不可转移性、不可储存性、生产与消费的同步性以及差异性等特点。

随着世界经济格局的变化，越来越多的会议、展览转向经济处于新兴发展期的国家和地区。随着我国的改革开放和经济建设的深入发展，会展作为一种产业，已越来越被大家所认识。世界会展业的发展方向是专业化、国际化、品牌化。在我国，会展业的发展可促进劳动就业的增加，促进商务活动的繁荣，带动宾馆业、餐饮业、商业、交通运输业、广告业、房地产业等的发展，促进国际间的交流和合作。同时会展业无污染、高效益，能给当地经济发展注入新的活力，带来巨大的社会效益和经济收益。特别是大型国际会展，可吸引国际商界、政界、学界知名人士参加，在带动经济发展的同时，对提高城市地位、跻身国际环境参与国际竞争、争取更大发展具有重要意义。

11.1.1 会展服务概述

11.1.1.1 会展服务的概念

"会展"是一个复合词语，一般说来，包括会议和展览两大部分。

会展服务的概念有狭义和广义之分：狭义的会展服务，专指为各类会议、展览的举办提供一系列相关的并从中获取一定收益的服务。广义的会展服务，是指为各类会议、展览和各种活动提供全方位的并从中获取一定收益的服务。

11.1.1.2 会展服务的性质

服务活动、服务业、第三产业的替代演进，标志着服务不仅有社会的、精神的特性，同时也具备经济的、物质的特性。可以这样说，服务是现代文明的基本准则与标志，服务业已成为今天人们生活中不可缺少的一部分，成为发展最具前途、基础最为厚实、市场范围最为广泛的重要产业。

会展服务是一种特殊产品，它不是物质形态表现出来的一个个具体的有形产品，而是凭借一定物质条件以多种服务形态表现出来的无形产品。会展服务与其他服务产品具有相同的性质，但它提供的是一种更高品位、更高档次的无形产品。会展业是服务业的一个组成部分。服务活动是随着人类的诞生而诞生，随着人类的发展而发展的。从原始社会到第一个阶级社会奴隶社会的演变、人类的三次社会大分工（农业与畜牧业，手工业与农业，商业与农业、手工业的分离），一直到封建社会、资本主义社会、社会主义社会几千年的文明史的发展来看，无不体现着一种以互助精神为特征的人际关系。20世纪以来，服务作为一门产业迅速发展并成熟起来。第三产业的概念由此而生，这是划时代的变革。

11.1.1.3 会展服务的特点

1. 综合性

首先，构成会展服务产品的因素具有多样性，由硬件（设施、设备）与软件（服务）等诸因素构成。软件的服务部分，则包含了服务项目、服务态度、清洁卫生、安全保密、仪表仪容、言行举止、服务人员的知识及技术素质、沟通能力与应变能力等内容。

其次，客人消费所购买的是一次完整的情感经历，这就要求生产和提供服务产品所涉及的每一个企业、每一个部门、每一个岗位以及生产过程中的每一个时刻，都要提供优质服务。

2. 无形性

产品有两种存在形式：一种是以实物形态存在的物质产品，如作者的书、画家的画、饭店提供的菜肴等，都是有形物品；另一种是以员工的"活劳动"形式提供的服务产品，如演员、医生、教师以及会展服务人员等提供的服务。这种无形性表现为非物质形态，不能通过感官判断，导致了会展服务的不确定性。

3. 情感性

会展服务产品是一种精神产品，客人购买的是"情感经历"，而情感体验具有强烈的主观感受与主观评价，且各人感受不一样，正所谓公说公有理，婆说婆有理。因此，会展服务产品缺乏客观的细化与量化的标准。

4. 不可转移性

会展服务产品所依赖的设施设备、环境气氛，不仅在时间上不能储存，在空间上也是不能转移的。会展服务产品的流通不能以物流形式出现，而只能以信息的传递、客人的流动表现出来。

5. 不可储存性

会展服务产品"生产"的结果不以具体的实物来表现，其所形成的效用需要在"使用"时才能显示出来。会展服务产品不可能像有形物品一样被储存起来以便未来出售。会展服务产品的时间性很强，客人只能在规定的时间内来使用它，如不使用，则它的效用所体现的价值将随时间的消失而消失，且永远无法补偿。如李先生预订2002年5月10日上午的中心会场却未能使用，事先也未来电取消预订，那么他虽未使用，但预付的中心会场订金却不予退还。所以说会展服务产品的效用与价值不仅固定在空间上，而且也固定在时间上。

6. 生产与消费的同步性

会展服务产品，生产者与消费者直接发生联系，生产过程同时也是消费过程，两者在时空上不可分割，即生产与消费具有同步性。会展服务人员向客人提供服务时，也正是客人消费此项服务的时段。这种生产与消费的同步性，使得客人在决定购买和消费产品之前无法检查与验证其产品的质量，导致购买决策时出现风险与疑虑。

7. 差异性

会展服务产品是精神产品，不同的服务员为不同的客人提供的同一种服务，很难采用统一标准。同一个服务员提供的同类服务也会在不同时间、不同场合因员工的价值观、工作态度、个人情绪以及处理人际关系的技巧不同而产生服务质量差异。对同一服务，也会因客人的阅历、经验、性别、职业、情绪的个性差异与其所处社会的文化差异等因素不同，导致主观感受与主观评价不同。

11.1.1.4 会展服务的内容

会展服务是围绕会展活动的整个过程进行的，主要包含会展服务与会展接待两个方面。一般来说，接待工作在两头，服务工作在中间，它们是一个整体，环环相扣，不能脱节，对哪一环都不能掉以轻心。

当前，我国的一些企业集团或综合性行政部门根据实际需要，参照国外的先进经验，已成立了专门的会展服务机构，专司会务、接待等一揽子服务。有的省市针对会展服务的特点，专门设立一条龙服务机构，也出现了"会务服务公司"、"会议代理"等新形式，各方面协同作战，收到了很好的效果。会展服务的主要内容是：

1. 会前准备

如会议通知、会场布置、会议编组、证件制发、交通接送、食宿安排、安全保障等。

2. 会间工作

如人员签到、迎客入座、文件印发、会议记录、参观引导、会场调度、现场指挥、生活服务等。

3. 会后收尾

如票务安排、文件清退、财务结算、会场清理等。

总之，现代的会展服务已不再是迎来送往、泡茶倒水等事务性工作，而是涵盖了会展服务工作的全部内容，即从会展的接洽到接待、引导、提供咨询、安排休息、引宾入座、会间服务、餐饮招待、环境介绍、设备使用、参观浏览、票务安排以及其他特殊需要的服务工作，因此，会展服务是全方位、立体化的服务。

11.1.1.5　会展服务的目标

会展服务的近期目标是：充分调动和发挥会展服务人员的主观能动性，确保会展或各类活动的顺利开展和圆满成功。会展服务逐步从标准化向个性化、理性化服务过渡。

会展服务远期目标应向两个方面发展：一是改革分散的会展服务管理体制，建立统一的会展接待工作机构，统一会展服务的工作体制和办法。二是与国际接轨，逐步引进国外会展服务先进的管理体制和服务机制，运用符合国际惯例的服务方式和方法，使会展服务水平提高到一个新的高度。

11.1.1.6　会展服务的原则

1. 诚恳热情的原则

俗话说："情暖三冬雪，善招天下客。"热情、友好的言谈举止，关心、周到的服务行为，会使与会者产生温暖、愉快的感觉。因此，对与会人员，不管来自何方，不论身份职务，不论资历深浅，都应一视同仁，诚恳热情，平等相待。

2. 讲究礼仪的原则

我国是礼仪之邦，礼尚往来，古已有之。要继承和发扬崇尚礼仪的优良传统，需做到：仪表衣着得体，和蔼可亲；举止稳重端庄，落落大方；言语语气温和，温文尔雅。讲究礼仪是会展服务人员个人修养的自然流露和体现，这同虚情假意、矫揉造作是截然不同的。

3. 细致周到的原则

会展服务的内容具体而又繁琐，涉及面广，要细致入微，一丝不苟，有条不紊，善始善终，才能保证任务的圆满完成。如稍有不慎，可能带来无可挽回的损失。

4. 按章办事的原则

各单位会展服务都有规章制度，均应严格遵守。对服务的标准，不得擅自提高或降低。如有变化，要及时请示报告，不可自作主张更改变动。要自觉遵守关于廉政服务的规定、不得索要礼品。对方主动赠送礼品时应婉言谢绝，无法谢绝的，要及时上交组织处理。对不同国家、地区、民族的习俗要予以尊重，严格按有关外事纪律和规定办事。

5. 保守秘密的原则

会展服务人员在工作中会接触部分机要事务，如一些重要会议内容、秘密文件、电文资料等，要特别注意保密，不得向外人泄漏。在服务工作中，尤其要注意言谈举止，注意内外有别，严守秘密。

11.1.2 会展会场设计与布置

11.1.2.1 会展场所设计的原则

会展场所的选址、造型及装饰，关系到会展场所的类型、规模和舒适程度，影响到经济效益与美学的观赏效果。因此，它应该以"按照美的规律来建造"原则，妥善解决真、善、美的关系，自然美与人工美的关系，实用与审美的关系以及时代感与民族化、共性与个性的关系等。

1. 真、善、美的统一

真、善、美既相区别，又相统一。真，就是客观事物所具有的规律性，与"假"相对。真是美的基础，不真即不美。善，就是人的主观目的是好的，与"恶"相对。善是美的前提，不善也不美。美不是孤立的，真与善是美的基础和前提。只求真与善，而不顾及美，导致各地会展场所"千人一面"，到处雷同，内外环境缺乏审美情趣，必将损害真与善；反之，离开了真与善而仅谈美，只能是违反客观实际需求，一味追求豪华富丽，结果是劳民伤财。所以，现代会展场所应正确反映客观现实的需要，体现真、善、美的统一。

2. 自然美与人工美的结合

风景区应以自然美为主。会展场所人工美可以充实、丰富、强化自然美，做到两者和谐的结合。为此，要正确选址，严格控制尺度、体量、造型、风格、色调等审美因素，力求使会展场所的建筑与周围的自然环境真正地融合在一起。

3. 实用与审美的一致

实用是建筑的首要因素。一切建筑都是为了满足社会实用需要而产生的。会展场所与其他建筑一样，首先是供人享用的。就会展场所来说，实用也就是要满足客人的物质生活的需要，从建筑的选址、造型、布局一直到内部装潢，会展厅室的面积、层高、材料、结构、色彩、采光照明、温湿度及噪音控制等都要符合室内生活的需要，使会展活动的参加者感到舒适安静、清洁卫生、安全与方便。在具备了实用功能的同时，会展场所也应该在选址、造型及装饰上，力求营造出优美的环境，创造美好的建筑形式和艺术形象，既要重视实用，又不能忽视人的审美需求。

4. 时代感与民族化，共性与个性的统一

所谓时代感，就是这个时代所表现的普通性格，也就是共性。所谓共性，就是要满足客人对舒适性、清洁卫生、安全感、安静感等的共同需求。会展场所要运用一切可以利用的现代化物质技术手段，创造一个不论什么样的人，不论哪一个国家的人都能接受，都感到舒适优美的理想环境。

所谓民族化，就是地方性，也就是个性。这也是现实生活和时代提出的要求。会展场所的室内装饰应该充分考虑民族化、地方性。把时代感与民族化结合起来，把共性与个性统一起来，这是室内装饰艺术的美学原则。

11.1.2.2 会展场所设计的要素

1. 意境美

意境是中国特有的美学范畴。意是艺术家情感、理想的主观创造，境是生活现象的客观反映。意境是主观与客观相结合的产物，历来是中国民族艺术的灵魂。意境也就是艺术家在完成的作品中所表现出来的一种艺术境界，即所谓"言外之意，物外之境"。

要发挥会议场所（展馆）的意境功能，必须意在笔先。为了在室内环境中追求一种高超脱俗的意境，设计者应该把自己的立足点扎在民族的深厚文化土壤之中，创意铸境，运用一切艺术手段，创造出各种富有诗情画意的优美意境。

2. 整体美

美存在于整体和谐之中。会议场所（展馆）室内环境设计要取得整体美的效果，必须事先进行整体艺术构思。为了表现一种特定的气氛和情调，要把地毯、家具、窗帘、台布、床罩、灯具以及各种日用器件和装饰摆件组合起来，互相搭配，各得其所。一个室内环境的艺术质量高低，不仅仅表现在采用的名贵的材料及物品本身的造型、纹饰、色调，还表现在它的系列组合的装饰效果。室内环境不论采用哪种装饰风格，都要符合形式美的规律，力求基调清晰，主从分明，重点突出，点缀贴切。切不可各行其是，独善其身。要把各部分之间的配合协调视做决定室内环境整体美成败的关键。室内所有建筑装修、陈设艺术、生活用品以至工作人员的服装，都要注意和室内环境气氛相协调，符合特定的功能需要。

室内环境的整体美也就是妥善处理适用、经济、美观及方便管理的整体关系。在整体构思过程中，要把功能（适用）放在首位，根据不同的等级标准，选择合理的装修标准（经济），表现出令人赏心悦目的环境气氛（美观）。

3. 造型美

空间造型是室内设计的灵魂。千百年来，各种不同的空间形象，已经逐渐形成它们自己的造型语言。

空间的大小：大，表示豪华、高贵，适于公共社交；小，表示紧密、压抑和贫寒。

空间的高低：高，表示神秘、威严、庄重、深奥、恐怖；低，表示亲切、温暖、和谐、平易和压抑。

空间的轴线：直线轴线，表示庄重、尊严、集中、纪律；曲线轴线，表示活泼、变动、情趣和亲切。

空间的分隔：表示纪律、秩序、理智、保密、安全和清静。

空间的复合：表示趣味、变化、团结、合作、开明和坦率。

空间的上升：表示活泼、热情、等级、追求、趣味和力量。

空间的韵律：表示丰富、智慧、艺术、高雅、秩序和规律。

空间的实虚：实，表示坚固、力量、隔离和停止；虚，表示欢迎、进入、连续和通过。

空间的动态：表示热情、追求、活泼、导向、神秘、不安和警告。

空间的外延：表示光明、开朗、愉快、探索和希望。

室内空间美的探索，最重要的是处理好虚与实的关系。"实"是手段，为的是追求理想的美的室内空间。"虚"是目的，功夫用在"实"上，为的是能折射、回荡出某种能陶冶人的精神、升华美的空间境界。一切室内造型手段是"实"体，即使本身再美，但构成的室内空间"虚"体不美，则环境美也就落空；反之，如果不以"实"去表现，那么，"虚"的空间造型美也就无落脚之地，美也无以寄托。

会议场所（展馆）的各种不同的室内空间，尽管尺度多变，功能各异，个性强烈，但仍应服从建筑物整体的空间艺术构思，融合于既丰富又统一和谐的美感中，这是构成室内空间美的重要因素。

4. 色彩美

色彩是人们生活的伴侣，正确地使用色彩不仅能使人赏心悦目、心情愉快，而且有益于工作、生活和健康。

室内环境色彩美是构成环境美的重要因素，也是改善室内环境功能的不可缺少的手段。

色彩具有感情象征。例如：红色表示兴奋、热烈、温暖、热情、喜庆、欢乐和吉祥的感情；黄色给人以明朗、欢乐、崇高、神秘、华贵的感觉；蓝色是忧郁而悲哀的；绿色是平静而稳定的，等等。

色彩美也就是色调美，色彩必须组成色调，才能给人以强烈的感染力，赋予动人的魅力和美感。

色调，是统一的色彩倾向，有冷暖、明暗之分。要充分利用色彩的色相、明度、彩度和寒暖等性能，创造出丰富的色调，以适应现代环境的各种需求。用色之妙，着眼于少。色彩应与材料配合形成统一的基础调，最忌五彩缤纷，各自为政。必须确定基本色调（主色调）作为会议场所（展馆）室内环境色彩的主旋律，主导室内环境的气氛和情调。

5. 材质美

室内环境形象给人的视觉和触觉很大程度取决于装修材料的选择与运用。材料表面的精、粗、光、涩，常常影响到色光的寒暖感和深浅变化；质地的松软与挺括、柔韧与坚硬，也易引起凝重或明快的联想。

环境美不美，并不完全取决于高档名贵材料的堆砌。材料选用在于精巧，运用得当，即使传统的建筑材料，如清水砖墙、混凝土也可以取得良好的艺术效果。材料之美，在于充分揭示其天然素质，而不依赖于做作的辅助手段，不使本质美被遮掩，这正是材质美的特征。

6. 绿化美

在居室的绿化美方面，最为常见的是直接在室内养花栽草，把大自然的风采浓缩于室内小小的空间，以寄托人们的高尚情操，具有很高的审美价值。室内绿化还有调节气温、湿度，减少噪音，净化空气的作用。

在会议场所（展馆）大厅里陈列盆景、盆栽和瓶插，也是营造绿化美的传统手法，它能使人顿觉生机盎然、趣味横生。在斗室之中能领略到旷野森林之态、自然山水之貌，并能使室内空间气氛洋溢着自然美感和民族气息。

7. 人文美

人文美包括文化景观、民族（民俗）及宗教、神话及民间传说三个方面。人文美与自然美相协调，用人所创作的文学艺术的美去赞颂自然美，可起到点题、润色的作用，使自然美与人文美相得益彰。

会议场所（展馆）室内环境的意境创造，可以借助于厅室命名、题咏、匾联、铭刻、书画等人文美，来突出主题，烘托气氛，表现特定的境界。郁达夫先生有诗曰："江山也要文人捧，堤柳至今尚姓苏。"这说明室内环境美也离不开人文美的赞颂和渲染。因此，人工创造的文学艺术，应该纳入环境艺术的综合体中，与其他构成因素一道，通过人们的感知，化为美感，使得室内环境与当地人文环境相呼应，因而更具独特的魅力。

11.1.2.3 会展场所装饰的原则和方法

1. 会展场所装饰的原则

（1）必须注意满足室内的功能要求及适用性与艺术性的统一。

（2）室内建筑空间主要由建筑及结构部件组成，其美感应主要由本身形体产生，进行适当装饰即可。

（3）装饰应有重点，不宜全面开花，应贯彻"少而精"的原则，切忌烂琐装饰，到处"涂脂抹粉"。

（4）合理选择装饰标准，反对滥用艺术手段，并注意经济效益，方便管理。

（5）发扬民族特色，注意地方色彩与时代感。

（6）"古为今用"，"洋为中用"。古今中外，一切优秀的建筑装饰艺术，都可以为会展场所室内环境设计继承和借鉴。但是，继承和借鉴是为了革新和创造，绝不可以毫无批判地生搬硬套。

2. 会展场所装饰的方法

（1）门厅、入口大厅、过厅的装饰。

①门厅是重要的"交通枢纽"，人流频繁，来去匆匆，但不作过多停留。所以门厅内适宜采用体型较大、观赏性较强的绿化或艺术品陈设。

②入口大厅要给人以亲切、温暖、美好的感觉，不论采用什么格调，都应保证空间明亮。入口大厅的家具，主要是沙发，它在休息区域内成组地排列组合且放置于中心或一侧，它们的形式和体量以不妨碍通行为前提，并与门厅的大空间相协调。

③过厅的功能要求主要是提供客人在通行流动中驻足的场所。空间应采用流畅的处理手法，布置也应力求简洁，墙角适当布置盆栽，略作点缀，以减轻过厅平淡感。

（2）餐厅、宴会厅、酒吧的装饰。

①餐厅要求环境安静、舒适。餐桌的造型、结构，都要符合人体工程学的要求。在餐厅入口处，可布置画屏，在四周墙角可适当布置盆栽，并注意花木选材，要有民族特色。

②宴会厅是会展场所最主要的宴饮场所，往往同时兼作多功能大厅，是重点装饰对象，除了举行大型宴会外，它还有举办国际会议、展览、电影、舞会、表演等多种用途。宴会厅装饰要求较高，为了表现宏伟壮丽的空间气氛，宴会厅装饰陈设常常借助厅内的照明艺术，它起着控制整个室内空间气氛的作用。宴会厅照明常选择艺术性强的花饰吊灯，习惯采用中心式布置，以显示它的高贵气派。

中餐宴会厅多数用大圆桌。餐桌排列要突出主桌位置，主桌的铺设规格应高于其他餐桌。隆重宴会要铺设鲜花组成的花圈，环绕转台一圈，并铺设民族形式图案，以烘托宴会的气氛。

西餐宴会一般使用长台，根据人数和宴会厅的地形，将餐台居中排成"一"字形、"T"字形或"门"字形等。主宾席位置在长台的中间，可铺上长条形鲜花或摆瓶花或花篮进行重点装饰。

冷餐会没有固定的酒席，而采取"立食"形式，比较活泼。餐台的摆法自由，一只大餐台，可放在宴会厅中央；两只大餐台，可并列竖放或横放于大厅两边；三只大餐台，可排成"品"字形。大餐台周围还可穿插放一些小餐台，用以摆放酒水、杯盘、刀叉等。

③酒吧是为客人提供娱乐和休息不可缺少的场所，专售冷饮和各种酒类。通常将它们布置在门厅或客厅附近，可以是一个专用的房间，也可以占据门厅的一角。室内环境气氛要求幽静雅致，要有音响设备，灯光适宜暗淡柔和一些，座位间距要求适宜相互交谈。

（3）客房的装饰陈设。

客房是供客人休息的场所。它是应该重点装饰布置的地方。客房室内环境的设计原则是安全、健康与舒适。客房的安全问题主要表现为防火、治安和保证客房私密性。要重视客房隔音、亮度与室内温湿度的调节，以保证客人的健康。

客房照明的合理设计，一般采用分散的局部照明方式。一般来说，客房的亮度值应低于其他公共部分，以利于客人休息。

（4）商场的装饰陈设。

商场是会展场所不可缺少的部分，也是经济收入来源之一。商场的布置陈列也应精心设计。商场装饰陈设的基本原则，就是最大限度地突出商品的形象，以吸引客人。通过敞开的格架和透明的橱窗，直接向客人展示各种商品的形象，给人以琳琅满目、丰富多彩的感觉。这里，商场的照明艺术将起主要作用。为了烘托商品的色彩、形象，商场的室内墙面、天顶、地面等不宜太亮，天顶甚至不设照明灯具而采用吊顶灯配用反射灯泡，把明亮的光束投照到商品上，这样商品更能显示其五彩缤纷、五光十色的风姿。

（5）台面花卉装饰。

鲜花是美好的象征、友谊的信物，也是一种深受欢迎的礼物。台面花卉装饰对于宴会社交场所来讲是必需的。自然界的花草树木与人的关系十分密切，它不但是人类赖以生存的自然环境的重要组成部分，而且长期作用于人的视觉感官，影响着人的情绪、心理。花卉不仅可以丰富人们的文化生活，陶冶人的情操，而且还能美化环境，给人以美的享受。因此，栽花、摆花、插花，用花来美化生活，已成为当今的时尚。

11.1.2.4　会展场所布置的基本原则

（1）厅室布置是多种艺术的综合反映。总的要求是：美观实用，出入方便，疏密适度，协调对称，主次分明，错落有致，色调和谐，视听清晰。

（2）厅室布置在色调的配置上要以人为主体，厅室内的所有布置都是为宾客所用、所感觉的。艺术家把红、黄、橙等色称为暖色，把蓝、绿等色称为冷色。暖色使人兴奋、激动；冷色对人有抑制作用，给人以庄重、清新的感觉。色彩的冷暖，是人的心理感受。它是由人们在生活经验的基础上产生的联想而形成的。通过建立色彩的秩序使之达到与活动气氛协调一致。如对气氛热烈的活动厅室，在布置时应以暖色为主；对政治性较强和比较庄严的活动厅室，在布置时宜以冷色为主。

（3）花卉的点缀在厅室布置上有画龙点睛之妙。如在厅室里布置青松翠柏，会显得格外庄严；布置隽秀的兰草、多姿的盆景，会显得雅致而秀丽；用花草组字还可代替语言对宾客表示欢迎。

（4）不同的活动内容和对象，不同形状和大小的厅室，有着不同的布置要求和方式，但并非是一成不变的。同样是接见活动，可以采用几种形式来布置，在按照厅室布置的基本原则的前提下，创造出不同风格、各具特色的形式。

11.1.2.5 会展场所厅室的布置

1. 会见厅的布置

应根据参加会见人数的多少、规格的高低、厅室的形状和面积大小来确定会见厅的布置，一般有马蹄形、凹字形、正方形、长方形等。选择什么样的布置形式要因人因地而异。一般较多地采用马蹄形，正中迎门处摆四个或两个沙发，两边留有出入口，每两个沙发之间放一张小茶几（或一个茶几、一个沙发）。这种形式的特点是：主次分明，座位集中，出入方便，格局庄严。如图11-1、图11-2、图11-3所示。

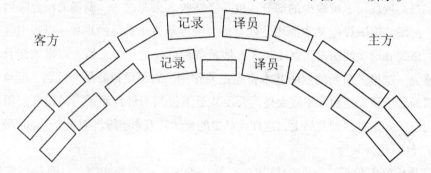

图 11-1　会见图

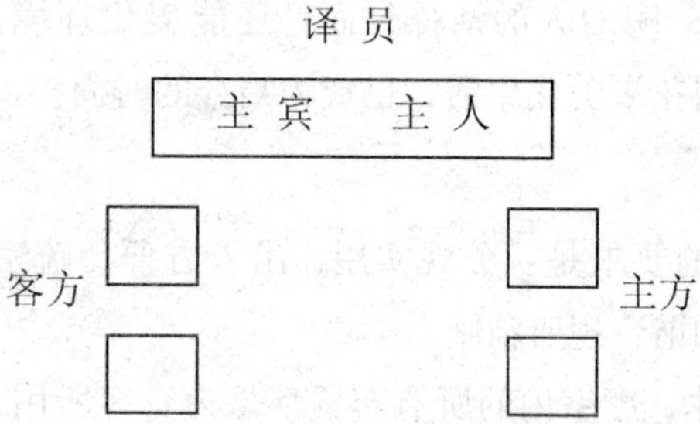

图 11-2　会见图 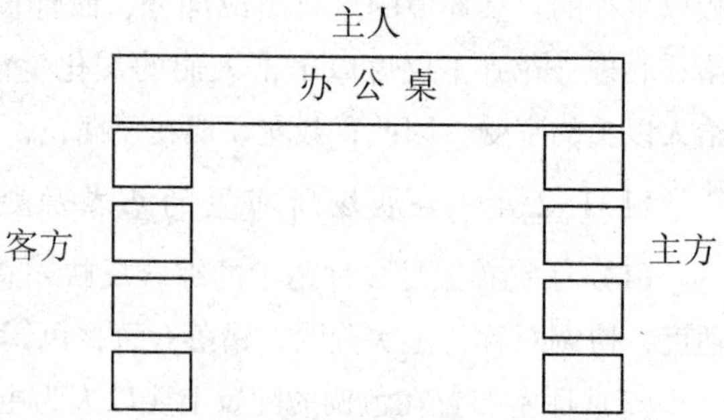　　　　　　　　图 11-3　会见图

会见厅的布置应注意以下几点：

布局要合理实用、美观庄重，位置要紧凑，各种家具之间的距离要协调一致。内圈沙发应根据人数来安排中间的空距，一般以两脚半为宜。

座位要比会见的总人数多几个，以备会见时临时增加的人员使用。

内圈沙发之间的茶几，要根据不同的服务对象而选择适当的位置，并根据领导的不同习惯适当放置痰盂。

准备好会见所需物品。数量要有一定的富余，做到有备无患。会见用的毛巾、茶具、冷饮具、牛奶咖啡具、餐具等要严格进行消毒、烫洗，达到安全卫生标准，然后封存起来，专人负责。

搞好清洁卫生。在以上工作完成后，要进行全面、彻底的卫生清洁和安全检查。

2. 会谈厅的布置

双边会谈通常布置长条形或椭圆形会谈桌和扶手椅，宾主相对就座。布置会谈厅要根据会谈人数的多少将会谈桌呈横"一"字形或竖"一"字形排列，桌子的中线要与正门的中心相对，桌面上匀称地铺上台呢，在桌子的两边对称地摆上扶手椅。主宾和主人的座位要居中摆放，座位两侧的空当应比其他座位要略宽。如果双方人数不相等，则双方主要领导人中间座椅对齐，其他两边匀称摆放。

如果会谈桌呈"一"字形排列，主人在背向正门的一侧就座，客人在面向正门的一侧就座。如会谈桌呈竖"一"字形排列，以进门的方向为准，客人居右方，主人居左方。译员的座位安排在主持会谈的主宾和主人的右侧，其他人按礼宾顺序左右排列。记录员一般是在会谈桌的后侧另行安排桌椅就座，如参加会谈的人数较少，也可以安排在会谈桌边就座。如图11-4、图11-5所示。

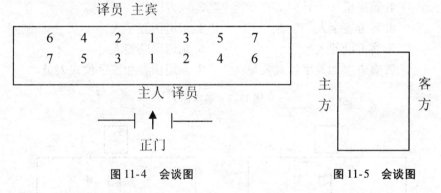

图11-4　会谈图　　　　　　　图11-5　会谈图

多边会谈可摆成圆形、方形等。如图11-6所示。

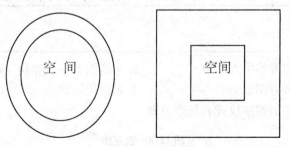

图11-6　多边会谈图

小范围的会谈，一般不用会谈桌，只设沙发，双方座位按会见座位安排。

3. 签字厅的布置

签字仪式所用的厅室，应根据出席签字仪式双方领导的身份、出席人数，选择在宽敞的大厅或以高大的屏风、大型挂画、壁画作为背景的厅室进行。

签字厅的布置方式是：在厅室正面的上侧、大型屏风或挂画的前面，将两张长条桌（签字桌）并拢呈横向排列，在桌面上铺墨绿色台呢。台呢要铺正，中心线拉直，下垂部分两端要均等，里外两侧则要求外边长里边短。在签字台的后面摆两把高靠背扶手椅（左为主方签字座位，右为客方签字座位）。两把椅子之间相距1.5~2米。在两个座位前桌面上放置文具和吸水墨具。如果是国事活动，桌面前方摆放挂有两面国旗的旗架。签字厅的两侧可布置少量沙发，供休息用。如图11-7所示。

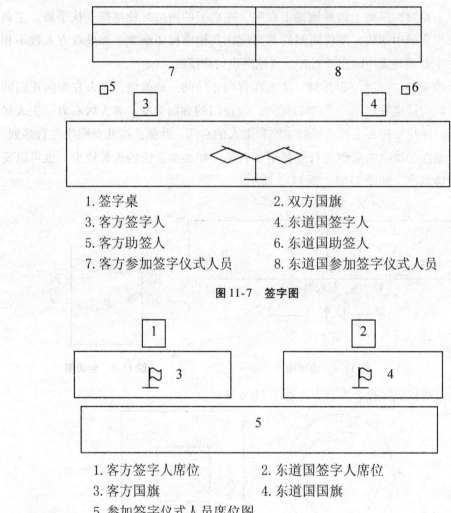

1.签字桌　　　　　　　　2.双方国旗

3.客方签字人　　　　　　4.东道国签字人

5.客方助签人　　　　　　6.东道国助签人

7.客方参加签字仪式人员　8.东道国参加签字仪式人员

图11-7　签字图

1.客方签字人席位　　　　2.东道国签字人席位

3.客方国旗　　　　　　　4.东道国国旗

5.参加签字仪式人员席位图

图11-8　签字图

各国举行的签字仪式的安排不尽相同。有的国家设置两张方桌为签字桌，双方签字人员各坐一桌，双方的小国旗分别摆放在各自的签字桌上，参加仪式的人员坐在签字桌的对面。如图11-8所示。

有的国家安排一张长方桌为签字桌，但双方参加仪式的人员坐在签字桌前方两旁，双方国旗挂在签字桌的后面。如图11-9所示。

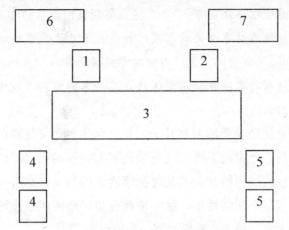

1. 客方签字人席位　　　　2. 东道国签字人席位 3. 签字桌
4、5. 参加签字仪式人员席位　6. 客方国旗　　　　7. 东道国国旗

图11-9 签字图

4. 国际会议会场布置

由国际性组织出面或者由一国或几国发起、多国代表出席就共同关心的国际问题而召开的会议称为国际会议。国际会议一般都具有规模大、规格高、议题专一、活动内容广泛的特点。

国际会议会场布置形式多种多样，具体采取何种形式应根据会议的性质、内容、规格、人数和主办方面的要求等情况来确定。

别开生面的开业典礼

1998年8月8日，是北方某市新建某大酒店隆重开业的日子。这一天，酒店上空彩球高悬，四周彩旗飘扬，身着鲜艳旗袍的礼仪小姐站立在店门两侧，她们的身后摆放着整齐的鲜花、花篮，所有员工服饰一新，面目整洁，精神焕发，整个酒店沉浸在喜庆的气氛中。

开业典礼在店前广场举行。

上午11时许，应邀前来参加庆典的有关领导、各界友人、新闻记者陆续到场。正在举行剪彩之际，天空突然下起了倾盆大雨，典礼只好移至厅内，一时间，大厅内聚满了参加庆典人员和避雨的行人。典礼仪式在音乐和雨声中隆重举行，整个厅内灯光齐亮，使得庆典别具一番特色。

典礼完毕，雨仍在下着，厅内避雨的行人短时间内根本无法离去，许多人焦急地盯着厅外。于是，酒店经理当众宣布："今天能聚集到我们酒店的都是我们的嘉宾，这是天意，希望大家能同敝店共享今天的喜庆，我代表酒店真诚邀请诸位到餐厅共进午餐，当然一切全部免费。"霎时间，大厅内响起雷鸣般的掌声。虽然，酒店开业额外多花了一笔午餐费，但酒店的名字在新闻媒体及众多顾客的渲染下却迅速传播开来，接下来酒店的生意格外红火。

分析提示：开业典礼是企业的大喜日子，是气氛热烈而又隆重的庆祝仪式，既表明企业对此项活动庄重、严肃的态度，又可借此扩大企业的社会影响，提高企业的知名度和美誉度。该酒店的经理借开业典礼之机请避雨的行人共享开业的喜庆，借此树立企业形象，收到了意想不到的效果。这一举动也很好地体现了该酒店经理的组织能力、社交水平及文化素养，是企业发展的第一个里程碑。

11.2 会展服务礼仪

11.2.1 大型代表会议服务

大型代表会议的特点是：规格高、场面隆重；政治性、保密性强；与会人数多，代表性广泛；会场使用范围广，持续时间长。为此，需要做好以下会展服务准备工作：

11.2.1.1 接受任务和会前准备工作

1. 制定切实可行的实施方案

大型会议的服务工作，必须先制订科学的、可行的实施方案。制订实施方案时应注意以下问题：第一，要借鉴以前的业务资料，吸收那些已被实践证明是可行的方法和经验。第二，在借鉴已有经验的基础上，不断了解新情况，根据新的要求和变化，研究新问题，制订相应的对策和措施，以便在服务工作中争取主动。第三，要充分研究会议需要的人力和物力，对短缺的人力和物力要及时向有关方面申请增补。

2. 进行思想动员

各级领导要有组织、分层次进行有力的会前动员。第一，反复宣传做好大会服务工作和安全保卫工作的重要性，重申会议服务工作的纪律和要求，具体介绍会议的各种情况，明确交代任务要求，并组织职工进行充分讨论。第二，做好细致的思想工作，教育职工正确处理工作与个人的关系。第三，充分发挥党团组织的作用，保证每个现场工作人员都能充分发挥自己的积极性。

3. 进行物质准备和人员分工

对沙发、椅子、桌子、茶几、地毯、茶具、暖水瓶、毛巾等物品进行全面检查，按计划、用量增添用品以满足会议的需要。对现场工作人员要事先进行挑选、组织、分工，统筹调整，合理分配，实行定岗位、定人员、定任务的"三定"岗位责任制。

4. 进行清洁卫生和安全检查工作

凡属大会使用的场地、行走路线、周围环境等场所，均要进行全面细致的清洁卫生工作，并达到卫生标准。对与会议有关的场所、设备、建筑、陈设等，除要自行进行全面的安全检查外，还要请公安消防、建筑设计及其他有关部门会同有关单位进行联合安全检查。清除易燃易爆物品，排除一切不安全的因素，确保大会的安全。

5. 进行严格的业务培训

会议前所有现场工作人员都要按分工提前进入工作岗位，参加本岗位业务训练，熟悉岗位环境，了解工作职责和岗位服务规范。结合岗位情况进行着装仪表、举止言谈、服务操作等方面的专门训练。按一流服务水平的要求，在会前进行一次业务演习。

总之，从接受任务到大会开幕之前，要把一切准备工作做得充分完善、万无一失。

11.2.1.2　服务规程

1. 茶座服务

茶座，顾名思义，即落座饮茶，形式不拘，与会者可以随便走动、自由畅谈，场面活泼、轻松、自然。做好茶座服务工作要严格执行下列程序和规范：

（1）搞好地区桌椅、沙发、茶几、厅廊地面和厕所的卫生，铺设地毯，清洁痰盂、果皮箱，创造一个文明、卫生的环境。

（2）根据茶座招待服务的需要，领取棉织品、茶具、烟具和招待用品。

（3）烫洗茶具要坚持用清洁剂冲洗、"氯氨T"消毒、开水煮烫和净布擦拭四道工序，严格把关，保证达到安全、卫生标准。

（4）着装统一，仪表整洁，在与会者入场前1小时上岗，布置茶座；台布铺设时"十"字折纹应与礼堂的方向取直、对正，周围垂下的桌布长短均匀；茶壶置居桌中，花式图案向着主座，壶嘴向左，壶把向右；茶碗在茶壶周围摆成圆形，把手朝外；壶、碗下均加垫盘；两个烟碟放在主座的右手和对角处，碟内放火柴；毛巾盘放在茶壶右侧。整个场面摆设整齐划一。

（5）茶几上的茶具均放在垫盘上，茶碗把手向左或直线扣放在茶几内侧；茶壶的花色图案面向座位，壶把手在右边，壶旁放毛巾盘；两个烟碟分别摆设放在茶壶的两边。

（6）入场前半小时，服务员开始打水；饮水处的服务员备好热茶、温茶和凉开水。

（7）开会前15分钟开始沏茶。

（8）与会者入场时，服务员站立两旁，面带笑容，一字排开。与会者入座时，主动上前表示欢迎、问候，如"您好"、"请喝茶"，并给每位与会者斟第一杯茶。对于行动不便的与会者，更要服务热情，照顾周到，必要时送入会场，并与场内服务员交代清楚。

（9）与会者饮茶、交谈时，服务员应仔细观察各桌的饮水情况，并及时续水。续水时统一使用暖瓶，随手带小毛巾。为了礼貌和不影响与会者的谈话，要在不交谈的两个座位之间，左脚在前，右脚在后，或"丁"字形，上身自然前倾，左手将茶壶盖揭开翻放在台布上，再拿起茶壶撤离座位约20厘米处斟开水，以防开水溅到与会者身上，斟水至八分满为宜，然后轻轻放回原处，用小毛巾沾净壶外的水迹。

（10）与会者离开座位时，要主动向前拉椅、照顾，并迅速检查桌面、桌下有无与会者遗忘的物品。

（11）大会开始后，及时清理现场，洗刷、调换用过的茶具、烟具，按要求重新摆放整齐，为会间休息做好准备。

（12）饮水处的温茶、热茶、纯净水等摆放整齐，标上字样，备好充足的茶杯。茶杯整齐地放在搪瓷盘里，杯把向外，便于取用。茶杯随时消毒、烫洗、擦拭干净，保证供给。

（13）饮水处的服务员要笑容可掬、亲切、热情地接待每一位与会者，回答问话和蔼耐心。

（14）供水的服务员要及时检查各饮水处的用水情况，保证茶水等的供应；在运输途中要避让与会者。在人群中穿行，要先打招呼，如"请让一下"或"劳驾"，然后方可通行。

（15）负责烧水的人员要坚守岗位，保证水源充足和安全。

2. 场内服务

场内服务是指在礼堂内为与会者指路引座的服务工作。其工作规程是：

（1）整理抽屉，擦桌椅地板，清理地毯，搞好场内卫生，保证温度适宜、空气新鲜。

（2）按要求摆好指路牌和带有各种标志的牌号。

（3）入场前1小时统一着装，仪表整洁地入岗、站位。站位时一般在各走道口的一侧，面向与会者。

（4）指路时右手抬起，四指并拢，拇指与其余四指自然分开，手心向着客人，示意所指方向时说"请走这边"或"请那边走"。

（5）熟悉场内区域座号，主动为与会者引座，做到准确无误。主动搀扶、照顾年老体弱者入场、站立、投票、上厕所等。

（6）大会开始时站到工作岗位上，站姿端庄、大方，集中精力，认真观察场内动静，如有行动不便的与会者站起，要迅速前往照顾。换班休息时动作轻稳、迅速离开。无关人员一律劝其退场，保持场内秩序井然。

（7）会间休息或休会时，要及时打开门窗。按规范要求站到自己的岗位上，照顾与会者出入或退场。

（8）与会者退场后，按分工划分的责任区域认真细致地进行检查，擦桌面，整理抽屉，如发现与会者遗忘的东西，要记清座排号码，及时上交或汇报。

（9）认真搞好当日收尾工作，妥善收存各种牌号，准备次日大会的工作。

3. 厅室服务

厅室服务主要是为与会者在会前或会中休息提供服务。其工作程序是：

（1）明确本厅活动的人数、主要领导及其生活习惯、招待标准、工作要求。

（2）按要求和人数布置沙发、椅子、茶几、衣架，布置形式要美观、大方、协调、适用。

（3）擦窗台、椅子、茶几、屏风、陈设品、地板，地毯吸尘，搞好厅室卫生，调节室内温度，保持空气新鲜，温度适宜。

（4）按人数和要求配齐茶具、餐具、冷饮具，认真烫洗，严格消毒，达到标准。

（5）摆好垫盘、烟缸、火柴、毛巾，备好文具，随时提供使用。

（6）入场前1小时蒸上毛巾，打好开水；入场前30分钟，在茶壶、茶杯内放好茶叶，备好茶漏、托盘和续水用茶壶、口布，放好卫生间的大小毛巾、梳子、香皂、手纸，放好工作人员休息处的茶杯、烟具、暖瓶。

（7）适时拉好窗帘，开灯照明。

（8）全面检查现场和出入路线，发现漏洞及时弥补。

（9）入场前10分钟，茶杯、茶壶加水，铺好托盘、摆好茶杯。做到人到茶到，茶量适当，浓淡可口，凉热适宜。

（10）会议进行中（如分组座谈会），一人坐在门后适当处值班，观察会场情况，掌握续水时间，其余人员退至工作间。续水时要轻拿轻放，保持会场安静。

4. 主席台服务

（1）搞好主席台上的卫生，擦桌面、椅子、地板，保持清洁。

（2）明确主席台总人数和各排人数，主要领导的座位和生活习惯、招待标准、工作要求。

（3）按人数配齐茶具、棉织品、烟具、名签座、排次牌、文具等。认真烫洗茶具，严格消毒，达到安全、卫生标准。

（4）穿好工作服，着装统一，仪表整洁，入场前1小时上岗，检查桌椅，摆放垫盘、茶杯（加好茶叶）、烟缸、火柴、毛巾盘、名签座、痰盂、便笺、铅笔、排次牌，要求距离一致，整齐划一。

（5）垫盘、茶杯的花纹图案要对正，茶杯把手向里，略有斜度（一般不大于90度和不小于45度）。

（6）全部摆放大毛巾。前三排热毛巾，后几排冷毛巾。毛巾的叠法一致，摆放整齐。

（7）会前30分钟，从最后一排的服务员开始，按顺序排队，统一进入场内。倒水时步态平稳，动作协调，左手小拇指与无名指夹住杯盖顶端，中指与食指卡住杯把，大拇指从上捏紧杯把，将茶杯端至腹前，右手提暖瓶将水徐徐斟入杯中，八分满为宜。然后将杯子放到垫盘上，盖上杯盖。

（8）会前20分钟，统一检查茶杯。检查时用右手指的指背轻轻靠一下杯子，即可知道是否有水，发现空杯、裂杯和渗水的要及时处理。

（9）会前10分钟，按各自分工各就各位，照顾与会者入场、就座。对行动不便的与会者要帮助戴好耳机。

（10）奏国歌时，听指挥统一上台，照顾自己所负责的搀扶对象起立、落座。

（11）第一次隔30分钟续一次水，以后每40分钟续水一次。对领导和报告人要根据情况及时续水，续水时按顺序排队统一上台。

（12）会议进行中，舞台两侧各设一人观察台上情况，处理应急事务。对中途退场或上厕所的与会者，要跟随照顾。

（13）收尾工作按顺序进行，撤杯盖，倒剩茶水，收茶杯，擦收垫盘，收回毛巾、火柴、烟缸、名签座，并做好下次大会的准备工作。

5. 主席台座位安排

为大型的会议通常应安排席卡，其颜色、规格、字体统一。主席台上的座位依此类推（国际活动时以右为尊）。如果发言人席设在主席台上，一般位于台上最右侧，主持人席在发言人席的左侧（见图11-10）；如在主席台外另设发言人席，则主持人席设在主席台的最右侧（见图11-11）；有时主持人席也设在主席台的中央。

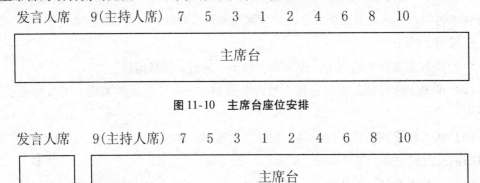

图 11-10　主席台座位安排

图 11-11　主席台座位安排

11.2.2　中、小型会议服务

中、小型会议在机关、企事业单位召开最为普遍和频繁，因参加会议的人数、会议的内容、时间的长短不同，对会议的组织方法、礼仪要求也各不相同。

11.2.2.1 会议筹备工作

1. 根据会议规模确定接待规格

会议规模一般由主持单位决定。如果请上级领导到场，出于对上级的尊重和对外宣传的需要，可将形式搞得隆重些。上级单位主持的会议，因邀请各单位的代表参加，所以会议的接待工作要求比较规范。为了完成上级布置的任务，通常由本单位的一位领导直接抓会议准备工作，成立会务组，专题研究布置会议接待的有关工作，明确各部门的职责。

2. 及时发出会议通知

会议通知必须写明开会时间、开会地点、会议主题及会议参加者等内容。为了使会议参加者能对自己的工作做好安排，还应写明闭会的时间。会议通知要提前发出，以便会议参加者有所准备。根据会议的内容和参加者的范围，会议通知可采用张贴、邮寄、电话通知等方式。对外地的会议参加者，应在通知上写明住宿的宾馆、到达的路线、应带的材料、会务费等。

3. 布置会场

会场的布置包括会场四周的装饰和坐席的安排。较重要的会议，根据需要可在场内悬挂横幅，门口张贴欢迎和庆祝标语。会场可摆放适量的青松盆景、盆花。桌面上的茶杯、饮料瓶等，应擦洗干净，摆放整齐。

坐席的布置要适合会议的风格和气氛，讲究礼宾次序，主要有以下几种布置方法：

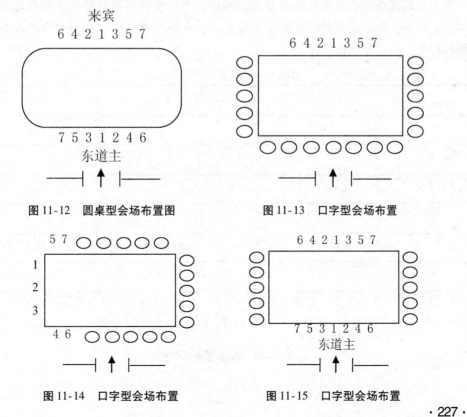

图 11-12 圆桌型会场布置图   图 11-13 口字型会场布置

图 11-14 口字型会场布置   图 11-15 口字型会场布置

（1）圆桌型，即使用圆桌或椭圆形桌子（见图 11-12）。这种布置使与会者同领导一起围桌而坐，从而消除不平等的感觉。另外与会者能清楚地看到其他人的面容，因而有利于互相交换意见。这种形式适用于 10～20 人的会议。座次安排应注意来宾或上级领导与本单位领导及陪同面对面坐，来宾的最高领导应坐在朝南或朝门的正中位置，本单位最高领导与上级领导相对而坐。

（2）口字型，即用长形方桌围成一个很大的口字形。这种形式比圆桌型更适用于较多人数的会议，这时来宾与本单位领导坐在一起，如座谈会、联欢会（见图 11-13）等。

比较严肃正规的会议，为突出与会者的等级，表现最高领导者的权威性，也可采用口字形安排，但重心在一头（见图 11-14）。

有些重要的会议，为体现东道主与来宾平等相处和对来宾的尊重，虽然也采用口字形配置，但重心在两侧（见图 11-15）。

（3）教室型，它适用于与会者人数比较多，而且与会者之间不需讨论、交流意见，是以传达指示等为目的的会议。主席台与听众席相对，主席台的座次按人员的职务、社会地位排列。座位以第一排正中间的席位为上，其余按右上左下（国际惯例）的原则依次排列（见图 11-16）。

4. 准备会议资料

有关会议议题的必要资料应由会务组准备。文件资料应装订整齐。如果需要与会者在会上讨论，应提前一周将资料发给与会者，方便与会者阅读和做好发言准备。如果文件较多，则用文件袋装好。

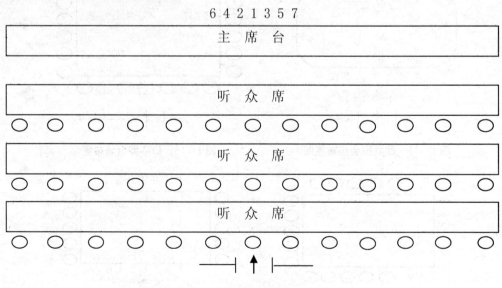

图 11-16　教室型会场布置

11.2.2.2　会务接待礼仪

1. 会前检查

会议开始前要对准备工作进行一次全面、详细的检查，如果考虑不周或未落实的要及时补救，以保证准备工作万无一失。

2. 提前进入接待岗位

会务接待人员必须在与会者到来前30分钟到达各自的岗位并进入工作状态。一般会议接待岗位有：

（1）签到。设一签字台，配有1~2名工作人员，如果是要求接待档次比较高的可派礼仪小姐承担。签字台备有毛笔和钢笔及签到本。向客人递钢笔时，应脱下笔套，笔尖对自己，将笔双手递上。如果是毛笔则应蘸好墨汁后再递上。如需要发放资料，应礼貌地双手递上。

（2）引座。签到后，会议接待人员应有礼貌地将与会者引入会场就座。对重要领导应先引入休息室，由本单位领导亲自作陪，会议开始前几分钟再到主席台就座。

（3）接待。与会者坐下后，接待人员应递茶、递上毛巾，热情地为与会者解答各种问题，提供全面周到的服务。

（4）倒茶。会务接待服务人员要注意观察每位与会者，以便及时为其添茶水。倒水时动作轻盈、快捷、规范。杯盖的内口不能接触桌面，手指不能印在杯口上，防止发出杯盖碰撞的声音，注意不要让茶水溅到桌面上或与会者身上。如操作不慎，出了差错，不要慌张，应不动声色妥善处理。

（5）会后服务。会议结束后，会务接待人员应分工明确做好善后处理工作。如清理会议文件，送别与会代表，安排好交通工具，使其愉快地、及时地踏上归程。

11.2.3　大型集会服务

大型集会是指规模大、人数多的会议，如庆祝大会、纪念大会、表彰大会、劳模大会、报告会等。这类会议属群众性活动，一般议程都比较简单，安排紧凑。

11.2.3.1　服务规程

大会开始前1小时一切工作准备就绪，迎接与会人员入场。饮水处要备有充足的茶水等（根据招待标准），茶水随用随添，保证卫生安全。会议开始后，休息厅仍要保留一定的饮水台，以保证与会人员随时用水。在群众性活动中厕所用量很大，因此要设专人管理，经常进行清扫，保证清洁无味。

11.2.3.2　服务工作要点

有些规格高的庆祝会、表彰会，由主办方邀请鼓乐团或少年儿童献花和夹道欢迎。在这种情况下，一是要认真检查与会人员行走路线的安全，保证地毯的平整和维护现场秩序；二是要提供良好的休息场所，保证他们的饮水。有些劳模大会，由于日程安排紧凑，主办单位一般采取中午在大会现场发放食品盒的办法解决午餐问题。遇到这种情况，现场的工作人员要积极配合。发放食品处尽量选择比较宽敞的地方，避免拥挤。休息厅的茶水要保证充足，温度要适当，不能太凉。休息厅周围多摆放一些口径大的果皮箱，做到随时清理，不积压成堆。对食品盒随时收回，及时送到垃圾站，特别注意防火。

在报告会上，要特别注意观察报告人的用水，保证供应。每次换报告人时，要换一杯水。在给报告人续水时，动作要轻稳，防止因声响过大，通过麦克风传入会场影响报告的效果。

有的庆祝会会后要演出文艺节目，在这种情况下，现场负责人要事先组织人员，迅速撤掉主席台上的桌椅和台坪。在撤台前，要有明确的分工，操作要有程序和条理，避免工作秩序忙乱，要保证按时演出。

在群众活动场所，要特别注意服务态度和服务质量，强调服务一视同仁，全心全意为群众服务。

11.2.4 展览会服务

展览会是采用集中陈列实物、文字、图表、影像资料等方式展示成果、产品、技术等业绩而组织的大型宣传活动。主办单位可通过实物、图片、现场讲解来加深参观者的印象，强化宣传效果；还可以借助多种媒介的宣传，提高自己的知名度，扩大影响。另外，主办单位通过与参观者面对面的接触，听取公众的意见，达到和目标公众进行双向沟通、交流的目的。因此，很多单位对展览会的组织工作以及参加展览会应遵循的礼仪规范都十分重视。

11.2.4.1 展览会的组织工作

1. 明确展览会的主题

任何一个展览会都应有一个鲜明的主题，明确展览会的对象、规模和形式等问题，并以此来进行策划、准备和实施，使展览会的宗旨和意图更加突出。

2. 确定时间、地点

在选择展览会举办的时间、地点时，要针对展览会的目的、对象、形式以及效果等多种因素综合考虑。地点的选择可根据参展单位的地理区域不同，选择在本地、外地或国外。另外，还应注意交通、住宿是否方便，辅助设施是否齐全等问题。

3. 确定参展单位

当展览会的主题、时间、地点确定后，就要对拟参展的单位发出正式邀请或向社会发布招商广告。邀请函或广告中应明确展览会的宗旨、举办展览会的时间和地点、报名参展的具体时间和地点、咨询有关问题的联络方法、参展单位要负担的基本费用等等，以便对方决定参展与否。在确定参展单位时，要注意不能以任何方式强加于对方，要做到两厢情愿。

4. 展览内容的宣传

展览会前，主办单位应设计好展览会的会徽、会标及相关的宣传标语，并就此以及展览会的主题、内容、时间、地点作广泛的宣传，吸引各界人士的注意。此外，主办单位还应成立一个专门的新闻发布机构，负责与新闻界的联系，提供有关的新闻资料，以扩大影响范围，增强展览会的效果。

5. 展览会的布展制作

对展览会的组织者来讲，展览现场的规划与布置是非常重要的事情，具体包括：展位的合理分配，文字、图表、模型与实物的拼接组装，灯光、音响、饰件的安装，展板、展台、展厅的设计与装潢等。布展的效果应达到展出的物品搭配合理、互相衬托、相得益彰，以烘托展览会的主题，给人一种浑然一体、井然有序的感觉。

6. 其他组织工作

展览会的组织者除做好以上的具体工作外，还应为大会提供相关的服务，如展品的运输、安装与保险，车、船、机票的订购，通讯联络设备的提供，展览会的安全保卫以及公关、服务人员的招聘与培训等等。

11.2.4.2 展览会的礼仪

展览会上，主办单位人员和服务人员应遵守大会秩序，时刻用礼仪规范来约束自己的言行，使展览会在友好、热烈的气氛中进行。

1. 主办单位人员的礼仪

主办单位的工作人员要注意自己的形象，穿着要庄重，仪容要整洁，举止要文雅。除此之外，还应搞好与各参展单位的关系，做好各项服务工作，如主动介绍展品，答复客户的咨询，并分发展品的有关资料及纪念品，齐心协力，共同把展览会办好。

2. 服务人员的礼仪

首先，展览会的服务人员要统一着装，胸前佩戴标明姓名的胸卡。礼仪小姐应身穿色彩鲜艳的单色旗袍，胸披红色彩带。

其次，用热情、诚恳、公平的原则接待每一位参观者。当参观者进入展位时，要主动与之打招呼，以示欢迎。对观众提出的问题要做到百问不烦，耐心回答。当观众离开时，应主动与其道别。

再次，展览会期间要坚守岗位，各司其职，不得东游西逛，扎堆聊天。最后，在向观众作讲解时，要注意语言流畅，语调清晰。对于介绍的内容要实事求是，不可任意夸大。讲解完毕，应向观众表示谢意。

会展业的繁荣带动了相关产业的发展，从 2001 年 1 月至 2002 年 7 月，上海先后举行了 595 个展览会，并以每年 20% 以上的速度递增。会展的繁荣带动着一系列相关产业的发展，欣欣向荣的会展业加快了上海国际化大都市的建设进程。会展经济为上海酒店、旅游业带来更多商机，上海国际会议中心的会议、客房、餐饮营业收入比 2000 年增加了 39%，一批"重量级"的国际会议已安排至 2004 年，创造了上海"会展产业"的新纪录。会展业是一项"朝阳"产业，它提供的是一种高品位、高档次的服务。上海会展业的繁荣，带动了相关产业的发展，这是为什么呢？

（资料来源 熊海钧：《上海迈向国际会展之都》，载《文汇报》，2002，09，07）

分析提示：上海会展业的蓬勃发展，反映出鲜明的时代特征：一是上海经济发展活跃，吸引中外工商机构以"会展"探路，纷纷开拓商机；二是上海展览业已形成五大场馆格局，做大、做强上海展览会规模，改变了多年来因场馆小而散而限制上海展览业发展的局面；三是与一大批高新技术产业、都市产业和支柱产业相关的展览会应运而生，占展览会总量的 30% 以上；四是一批与市民时尚生活贴近的展览会，如房地产展、建材展、国际家具展、食品博览会与卡通画展等，也显示出巨大的活力。上海正迈向国际会展之都的行列。

11.2.5 其他会议服务

11.2.5.1 座谈会服务

座谈会是人们为了交换意见及看法或为了纪念某一特殊的日子及事件而进行的一种会议。会议规模不大，与会者人数也不多。

座谈会前要求服务人员将会场布置成带有某种气氛的场所。所有正式的、高规格的座谈会都需要悬挂横幅，说明会议主题。座位一般围成圆形或半圆形。如有鲜花、盆景等。会议开始前 15 分钟，准备好茶水、毛巾等，并调节好空调设备与灯光。

会议进行中，做到勤添茶水，注意会议代表有没其他需要等。

会议结束后，先撤下茶水、毛巾，然后清扫、整理场地，最后关闭电源及门窗等。

11.2.5.2 新闻发布会服务

新闻发布会又称记者招待会。党政机关、企业、社会团体都可以公开举行新闻发布会，邀请各新闻媒介的记者参加。

1. 厅室布置

新闻发布会应选择一个良好的环境。室内温度、灯光要适宜，要有比较舒适的座椅，要安静而无噪音，最好不设电话分机。

在厅室正中上方设主席台，主席台由会议桌、扶手椅布置而成。面对主席台摆设椅子、茶几，供与会者使用。布置椅子时，要根据出席的记者人数而定，4~5 个椅子一组摆成若干排，留出走道。厅室两侧各摆一张长条桌，铺上台布。把冷饮容器擦净摆上桌，并用一玻璃杯放置吸管，供客人自取。

2. 服务规程

记者入场后，会议服务人员应热情照顾记者饮水。会前10分钟，把茶杯、冷饮、毛巾端上摆好。引领主席台人员入座，所有服务人员退到厅内两侧。

所有服务人员退到厅内两侧。

新闻发布会一般时间较短，服务程序也较简单，需要注意的是，当主持人入场时，会议服务人员要协助主办单位人员疏通走道。有些单位为了开好新闻发布会，事先准备好一些图表、画片、放大的照片、录音带、录像带等，会议服务人员应给予协助，以使记者在现场观看。

本章小结

本章简要地解释了会展服务的概念，阐明了会展服务的性质、内容、目标、特点和原则；对会展场所设计的原则、要素以及会展场所装饰的原则和厅室布置的要求也作了必要的阐述；具体说明了大型代表会议服务、中小型会议服务、大型集会服务、展览会服务等礼仪服务规范。

 课后思考与练习

（1）主席台座位应如何安排？
（2）中、小型会议应如何布置？
（3）展览会服务人员应注意哪些礼仪？

案例 分析

案例一：筷落风波

众多的宾客在恭维台湾吴老先生来大陆投资，吴老先生神采飞扬，高兴地应承着这些祝贺的话。宾主频频碰杯，服务小姐忙进忙出，热情服务。

不料，过于周到的服务小姐偶一不慎，将桌上的一双筷子拂落在地。"对不起。"小姐忙道歉，随手从邻桌上拿过一双筷子，褪去纸包，搁在老先生的台上。

吴老先生的脸上顿时多云转阴，煞是难看，默默地注视着服务小姐的一连贯动作，刚举起的酒杯一直停留在胸前。众人看到这里，纷纷帮腔，指责服务小姐。

小姐很窘，一时不知所措。

吴老先生终于从牙缝里挤出了话："晦气。"顿了顿，又说："唉，你怎么这么不当

心，你知道吗？这筷子落地意味着什么？"边说边瞪大眼睛："落地即落第，考试落第，名落孙山，倒霉呀，我第一次在大陆投资，就这么讨个不吉利。"

服务小姐一听，更慌了，"对不起，对不起"，手足无措中，又将桌上的小碗打碎在地。

服务小姐尴尬万分，虚汗浸背，不知如何是好，一桌人也有的目瞪口呆，有的吵吵嚷嚷地恼火，有的……

就在这时，一位女领班款款来到客人面前，拿起桌上的筷子，双手递上去，嘴里发出一阵欢快的笑声："啊，吴老先生。筷子落地哪有倒霉之理，筷子落地，筷落，就是快乐，就是快快乐乐。"

"这碗么……"领班一边思索，同时瞥了一眼服务小姐，示意打扫碎碗。服务员顿时领悟，连忙收拾碎碗片。"碗碎了，这也是好事成双，我们中国不是有一句老话吗——岁岁平安，这是吉祥的兆头，应该恭喜您才是呢。您老这次回大陆投资，一定快乐，一定平安。"

刚才还阴郁满面的吴老先生听到这话，顿时转怒为喜，马上向服务小姐要了一瓶葡萄酒，亲自为女领班和自己各斟了满满一杯。站起来笑着说："小姐，你说得真好！借你的吉言和口彩，我们大家快乐平安，为我的投资成功，来干一杯！"

思考题：

分析整个过程，阐述服务人员的语言的重要作用。

实训应用 →

实训项目：会展服务礼仪。

实训目标：通过对会展服务基础知识的讲解和会展服务座次、桌次摆放以及场景配置的训练，学生了解会展服务的技巧，掌握会展服务的程序与礼仪。

实训指导：（1）按照双边会谈和签字过程自己设定情节，编写剧本。

（2）内容应包含会见厅、会谈厅和签字厅的布置。

实训组织：（1）表演人员应着装整齐、仪表端庄。

（2）全班分成若干小组，结合双边会谈的实际，进行礼貌服务接待的模拟训练，

（3）模拟实际会见、会谈场景，并对茶座服务、场内服务、厅室服务、主席台服务进行模拟训练。

实训成绩评定：（1）衣着得体、仪态大方。（10%）

（2）服务过程中，言语符合要求、举止优雅、动作正确。（40%）

（3）布置桌次摆放正确及服务符合要求。（50%）

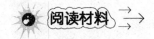

阅读材料

剪彩用具的选择

剪彩仪式上需要一些特殊的用具，要做到恰当地选择、仔细地准备。

红色缎带。即剪彩中的"彩"，是非常重要的物品。按传统做法，应由一整匹未使用过的红色绸缎，在中间扎上几朵大而醒目的红花而成。现在为了节约，一般使用2米左右长的红缎带、红布条作为变通。

新剪刀。供剪彩者剪彩时使用的剪刀，必须是剪彩者人手一把，而且是崭新、锋利的，避免因剪刀不好用，让剪彩者出洋相。

白色薄纱手套。这是供剪彩者剪彩戴的，以示郑重，但一般情况下可以不准备。如要准备，就要确保洁白无瑕、人手一副、大小适度。

托盘。托盘是供盛放剪刀、手套、剪下的彩球用的，最好是崭新的、洁净的，通常选银色的不锈钢制品。为了显示正规，还可以在使用时铺上红色绒布或绸布。在剪彩时，礼仪小姐可用一只托盘依次向各位剪彩者提供剪刀和手套，也可以为每一位剪彩者提供一只托盘，接剪下的彩球。

红色地毯。它主要铺设在剪彩者正式剪彩时站立之处，其长度可视剪彩者人数的多少而定，宽度应为1米。在剪彩现场铺设红色地毯，主要是为了提高仪式档次，营造一种喜庆的气氛。有时，也可不铺地毯。

（资料来源：杨眉．现代商务礼仪．大连：东北财经大学出版社，2000）

参考文献

［1］李丽. 现代旅游服务礼仪［M］. 北京：机械工业出版社，2008.

［2］曹培培. 旅游服务礼仪［M］. 北京：清华大学出版社，2015.